MIGUEL GUTIÉRREZ @lalibreta   ANTONIO PACHECO

SABER y EMPATAR

COMPENDIO DE CONOCIMIENTO ABSURDO SOBRE FÚTBOL (A DÍA DE HOY)

PRÓLOGO   ILUSTRACIONES
CARLOS MARAÑÓN   **LAWERTA**

CÓRNER

Primera edición: noviembre de 2020
Primera reimpresión: diciembre de 2020
© 2020, Miguel Gutiérrez y Antonio Pacheco
© de las ilustraciones: 2020, Lawerta
Diseño y maquetación: Ignacio Ballesteros

© de esta edición: 2020, Roca Editorial de Libros, S. L.
Av. Marquès de l'Argentera 17, pral.
08003 Barcelona
actualidad@rocaeditorial.com
www.rocalibros.com

Impreso por EGEDSA
Sabadell (Barcelona)

ISBN: 978-84-12063-72-1
Depósito legal: B-8768-2020
Código IBIC: WSJA

RE63721

DE MIGUEL

Para Charo. Para Paula.

Para Dani, que ya juega con las letras.

Para Mario, que ya le pega con la zurda.

DE PACH

A Nil, el jugador favorito de Julio, que una mañana de sábado le metió un *hat-trick* al Atleti y 27 puntos al Estudiantes.

A Marta. Manda narices que una barcelonista sea lo mejor de mi vida.

DE MIGUEL Y PACH

A Carlos, Nicolás, Guillermo y Alejandro.

A Elena Taboada, *in memoriam*.

SI LO SÉ, NO VENGO

NO VENGO

Por CARLOS MARAÑÓN

Conocí a Jordi Hurtado en el verano de 1998. Y ahí comenzó a escribirse este libro, mucho antes de que sus dos autores supiesen que el fútbol iba a unir sus desdichados caminos y a cruzarlos con el del insospechado e inmerecido, aunque muy apropiado, prologuista.

Recuerdo perfectamente aquel día. Pero no por el rutinario saludo al presentador, entonces reciente, de *Saber y ganar* (desde 1997), que por allí pasaba y del que todavía no se hacían bromas sobre su eternidad en pantalla: aún no era Dorian Gray, y los memes ni los olíamos. El apretón de manos fue sencillo, cordial y algo acartonado, así como el decorado del concurso de La 2 que también nos acercaron a conocer.

Sin embargo, recordaré para siempre esa jornada por otra razón: había ido a acompañar a mi padre a los estudios de Televisión Española en Cataluña, lo que se conocía como «desde Sant Cugat», para que el máximo goleador de la historia del Espanyol (no lo digo yo, lo dice este libro) comentase un partido de cuartos de final del Mundial de Francia 98. El fútbol. Siempre el puto fútbol. Arrasando con todo.

El día que conocí a Jordi Hurtado, Italia y Francia empataron. A cero.

Saber y empatar antes de *Saber y empatar*.

Naturaleza obliga, este prólogo, queridos lectores, va de saber y de empatar (y de Jordi Hurtado). No escribe de fútbol quien quiere, ni siquiera quien puede, sino quien sabe. Y estos dos tipos extraordinarios, la auténtica extraña pareja (olviden a Ramos y a Piqué) del fútbol español, los Faemino y Cansado de la *memorabilia* literaria futbolística, sabían demasiado, como Pepe Isbert y Tony Leblanc en la peli de Pedro Lazaga. Tanto como para tener licencia eterna para soltarle a cualquier advenedizo la frase mágica de los *connaisseurs* balompédicos: «No tienes ni puta idea». Así, capítulo a capítulo, ha llegado la hora de que nos muestren la verdad.

Vuelvo a Faemino y Cansado: no es por presumir, pero me gustan mucho los libros de fútbol. Los leo, los colecciono, los venero. Creo que por eso estoy aquí. Por eso… y por error. Cuando me ofrecieron escribir el prólogo, todavía no sabían de mi empate a cero con Jordi Hurtado. Como decía don Alfredo Di Stéfano y como Miguel habría querido recoger en sus *Frases de fútbol*: «No me lo merezco, pero lo trinco».

Ahora que los libros balompédicos han venido a España para quedarse, que ya no tenemos que pasar por Waterstones en Londres para surtirnos de rarezas, Gutiérrez y Pacheco van más allá del mero Trivia Book, o de autoproclamarse Biblia del fútbol o fútbol para *dummies*. Obviamente, beben de la experiencia de *La Pitipedia*, en la que Pacheco ya demostró junto con Piti Hurtado que el saber absurdo tampoco ocupa lugar, y del vitriolo de los anteriores libros de Gutiérrez, divertidos compendios de las mejores citas futboleras (*Frases de fútbol*) y de los fichajes más bochornosos de la historia (*Parecía un buen fichaje*).

Ecos de la genial *The Rough Guide to Cult Football*, rescoldos de esos libritos con los mejores peinados del fútbol británico y los One Cap Wonder de la selección inglesa, datos que harían palidecer a las misceláneas de John Motson y un (casi) proverbial respeto por la filosofía Against Modern Football pervierten lúcidamente estas páginas. En sus Maradonas por el mundo, en los jugadores de

película (fútbol y cine *forever*), en esa recopilación de anuncios inolvidables, en su alineación histórica de la canallesca, en la lista de héroes por un día con la Roja, en su humor, en su exhaustividad dis-
persa y en sus referencias imposibles no hay solo conocimiento enciclopédico y (buena) mala leche.
Que también. Lo que corona todo este vademécum futbolístico es una forma de entender el mundo
que compartimos un puñado de chiflados enamorados del balompié a través de la cultura popular,
a los que se nos quedan pequeños los referentes limitados al terreno de juego y aledaños. Somos
gente que recurrimos a cualquier argumento para llevar el fútbol a todos los rincones y, después
de solazarnos entre pares, seguir sorprendiendo a incautos y convirtiendo infieles a todas horas,
trasladando un balón a cualquier rincón de nuestras vidas para explicarlo todo, ofreciendo pases al
pie sin descanso para encontrar el resorte que obre el milagro y logre que empaticemos hasta con
el enemigo, y en su propio campo.

        Empatar es una forma de supervivencia, los procrastinadores lo sabemos bien. Un puntito
es un puntito. Acomodados en el espíritu del «menos da una piedra» y del «un empate es seguir
sumando», los amigos del buen conformar nos unimos para empatarle al fútbol y a la vida. Y mejor
si es con una sonrisa autoparódica y cómplice. Pero, ojo, solo es capaz de reírse del fútbol con funda-
mento aquel que lo ama y lo conoce a fondo, precisamente porque ha empatado con él, y mejor si es
en alguna redacción periodística o por esos campos de Dios. En realidad, ese es el espíritu que anida
bajo la superficie de la cultura pop. Porque *Saber y empatar* es el libro de fútbol pop por antonomasia.
También por las sensacionales ilustraciones, coloristas, luminosas, felices, de Lawerta (al que nada
más conocer me vi obligado a hacer hueco en *Cinemanía,* la revista *saberempatadora* que me acoge
desde hace años), como un Sorolla del fútbol, pegando pases desde el centro del campo de mi equipo
pictórico vital. Pero, sobre todo, por el empate creativo entre sus dos escritores.

    La primera vez que vi a Pacheco en mi vida, gracias a Carlos Ranedo, otro genio de las trian-
gulaciones pop, el hombre de las gafas de colores me regaló un libro con el relato de Robin Friday
y me contó la historia del Trinche Carlovich meses antes de que esos mitos colapsasen los blogs
de fútbol y de que los genios de *Informe Robinson* convirtiesen un susurro rosarino en una leyenda
mainstream. Entró directo a mi panteón de enamorados del fútbol. Creativo publicitario sin igual, es
capaz de apostillar cualquier charla con un dato que solo él conoce y mejora cualquier discurso con
la rara virtud de no resultar estomagante y caer bien al amonestado.

    Iguala el marcador Miguel Gutiérrez, La Libreta, al que conocí más tarde, en unas cenas *dekui-*
peras (por el estadio del Feyenoord) que organizaba el bueno de Iván Castelló a mayor gloria de unos
cuantos empalmados de la cultura futbolera. Miguel es el profesional que se ha autoprocurado una
mayor distancia (de seguridad) respecto de la Edad de Oro del periodismo deportivo español, esa
gran mentira, ¿o es *fake news*? Porque es educado, serio, cauteloso, honrado. Talentos inéditos en
nuestro país. Y, para colmo, en su libreta mezcla chispa (eso que tanto divierte) con brillantez (eso
que escasea). Es, y tenía que mezclar fútbol y cine en alguna parte, junto con Javier Ocaña (maestro
de ambos), el periodista y crítico más honesto que conozco. Vamos, que lo tiene muy jodido para
respirar en este mundo. Pero el tío no se arredra: con su *#Nodcast* (No Podcast), pone a los líderes
de opinión frente al espejo de sus propias palabras. Sin parar de señalar qué fue lo que pudo haber
ido mal. El Zavalita de cuando se jodió el periodismo deportivo. *A día de hoy.*

La combinación es explosiva. Un empate de sabiduría al que me he visto obligado a añadir a Jordi Hurtado para sentir que podía estar a su altura en estas páginas. Escuchaba al presentador de *Saber y ganar* ya en el transistor de mi madre con sus imitaciones en el concurso *Lo toma o lo deja,* mientras hacíamos tiempo para escuchar los deportes de Álex Botines en Radio Barcelona en los primeros años ochenta. De entonces viene una relación en la que compartimos *La radio al sol,* el *3x4* pre-Julia Otero, su doblaje de Epi en *Barrio Sésamo* y el concurso que mitigaba la tristeza de los domingos en los que no íbamos al campo de Sarrià: *Si lo sé, no vengo.*

Y, efectivamente, si lo sé, no vengo. No pinto nada aquí. Lo de prologuista de libros de éxito, que aparentemente parece tan chollazo como lo de segundo entrenador, senador o consejero de empresa del IBEX, sale muy de tarde en tarde y está fatal pagado. Así que compensa poco. Y aunque el destino me señaló como autor omnisciente de este prefacio, los que de verdad saben y empatan son Pach y @lalibreta, Antonio Pacheco y Miguel Gutiérrez. Solo quiero advertirles, a ellos y a ustedes, que saber (de fútbol), empatar (todavía no valía tres puntos la victoria, un empate era la vida) y Jordi Hurtado se habían reunido antes fugazmente, como un amor de verano, en *La Liga del millón,* microespacio de aquel *Estudio Estadio* de finales de los ochenta. Ese, como luego les van a contar, era el lugar en el que nos habría gustado vivir a todos los que vamos a gozar con este libro. Lo más parecido al paraíso en la Tierra. Aquello en lo que ahora, décadas después, se convierte sin remisión y por los siglos de los siglos este glorioso *Saber y empatar.*

SABER

Por MIGUEL GUTIÉRREZ

¿Qué es saber de fútbol?

Al principio pensé que saber de fútbol era acumular conocimiento, una suerte de síndrome de Diógenes, pero un poco mejor visto: recitar alineaciones sin respirar; reunir todos los cromos, mejor cuanto más exóticos; descubrir a tus amigos quién era Del Piero antes de un Juventus-Real Madrid y que, en apenas unos minutos, todos estuvieran diciendo lo bueno que era, como si lo conocieran desde cadetes.

Más tarde creí que entender de fútbol era ser capaz de descifrar un partido y diseccionarlo. Llegué a admirar a algunos que yo pensaba que tenían esa habilidad, hasta que caí en la cuenta de que, en demasiadas ocasiones, no hacían sino amoldar los hechos a sus tesis: victorias de los jugadores y derrotas del entrenador (o viceversa, si el técnico es de la cuerda), estilos irrenunciables a los que no cuesta mucho renunciar, equipos imperiales a los que les cae encima el viejazo en noventa minutos de una final de Champions perdida.

Así que pensé que saber de fútbol era justo lo contrario: anticiparse. Vaticinar quién va a ganar un partido y de qué manera, si dominando o a la contra, si por una banda o por la otra... Como la quiniela te dejaba en mal lugar cada domingo, te justificabas con que la grandeza del fútbol radica en que es imprevisible. Ya. Qué listo.

En cualquiera de aquellos tres momentos, por supuesto, yo pensaba que sabía de fútbol.

La mayoría de los aficionados no saldrán del engaño en toda su vida. Pero, con suerte, llega un día en que concluyes, asimilas y aceptas que no tienes ni idea de fútbol. Es más fácil de lo que parece, porque descubres que no estás solo: nadie sabe de fútbol. Y ese día, al fin, estás un poco más cerca de llegar a comprender algo.

Pese a todo, se puede reivindicar el fútbol como fuente de conocimiento. De conocimiento absurdo a veces. Antonio Pacheco, mi secuaz en este asalto a la gloria editorial, posee un don sobrenatural: es capaz de recordar el año de nacimiento de cientos de futbolistas. No eres un jugador relevante si Pach no se sabe tu año, ya te llames Ricardo Zamora o Ansu Fati. En la universidad, un profesor le dijo: «Pacheco, si liberara usted de la cabeza tanto conocimiento inútil...».

Como no le hizo caso, hoy existe este libro.

Yo carezco de habilidades así, pero también almaceno un gran volumen de conocimiento absurdo. Está mucho más disperso, eso sí, fraguado mediante extrañas asociaciones. Recuerdo que el Muro de Berlín cayó en 1989 porque unos meses más tarde Alemania levantó la Copa del Mundo en

Italia 90 y en TVE José Ángel de la Casa citó una frase de su seleccionador, Franz Beckenbauer: «Con la reunificación, seremos invencibles». Llegué hasta *Alta fidelidad* y Nick Hornby de rebote, tirando del hilo, solo porque antes había caído en mis manos *Fiebre en las gradas*. Gracias a una columnita en *El País* de los lunes descubrí a Enric González, un periodista monumental que antes de escribir sus *Historias del calcio* apenas había sido corresponsal del periódico en París, Nueva York y Washington.

En *Los puentes de Madison*, cuando Meryl Streep se sorprende de que Clint Eastwood conozca Bari, yo me pregunto cómo es posible no conocerlo, cuando ha tenido tantos años equipo en la Serie A (Platt, Boban, Zambrotta, Protti, Cassano...) y en su estadio, San Nicola, le ganó el Estrella Roja la final de la Copa de Europa 1990/91 al Olympique de Marsella.[1] Te sitúo en el mapa Olomouc, Timisoara y Dortmund con un margen de error bastante digno. Soy capaz de escribir correctamente Schweinsteiger, Răducioiu y Salihamidžić sin copiar y pegar de Google. Si tú me gritas: «¡Philemon!», yo te contestaré: «¡Masinga!».

¿Será esto saber de fútbol? Seguramente no, pero yo me conformo.

Firmo el empate.

---

1. Estaríamos ante un flagrante boquete de guion de no ser porque la película está ambientada en el Iowa de 1965.

1.
LOS MELÉNDEZ

«En el fondo, para ser portero tienes que ser un poco masoquista.
Y también un poco egocéntrico.»

GIANLUIGI BUFFON

Si tuviéramos que diseñar una oferta de trabajo en Infojobs para fichar un portero suplente, ¿cuáles serían nuestros requisitos?

EQUIPO DE FÚTBOL PROFESIONAL SELECCIONA PARA SU PRIMERA PLANTILLA PORTERO SUPLENTE CON 3-4 TEMPORADAS DE EXPERIENCIA CALENTANDO BANQUILLOS. SE VALORARÁ:

Destreza en el calentamiento al portero titular.

Estar preparado para jugar amistosos y primeras eliminatorias de Copa del Rey, como mucho.

Capacidad para saltar al campo sin calentar. Si sabe salir en frío y detener un penalti, mucho mejor.

Actitud *cheerleader* hacia los compañeros que sí que juegan.

Intimidación no verbal del cuarto árbitro.

Efusividad en el choque de manos a los compañeros sustituidos.

Generación de competencia con el guardameta titular, pero sin pasarse.

Rápida adaptación de glúteos a las diversas superficies banquilleras.

Los porteros suplentes, caracterizados en *Saber y empatar* en la figura de Meléndez, son personajes imprescindibles en el correcto desarrollo de un deporte por el que pasan sin recibir el cariño que merecen. Desarrollan sus carreras deportivas como los «sufridores en casa», aquel invento de Chicho Ibáñez Serrador en el *Un, dos, tres...*: una pareja, desde su domicilio, ganaba el mismo premio que la pareja que estaba concursando de verdad. Sufrían viendo cómo dejaban pasar grandes premios y no podían hacer nada. No les permitían salir a jugar.

CARLOS MELÉNDEZ

Athletic (1979-86), Espanyol (1986-92).

El joven Meléndez no sospechaba que iba a acabar siendo un Meléndez. Hasta hubo un tiempo en que se postuló como sucesor de Iribar. El otro aspirante, Aguirreoa, había encajado siete goles en el Bernabéu y nuestro héroe vio el cielo abierto. Fue titular durante seis partidos, pero un 5-4 en Murcia y una cantada antológica en una salida (gol de Urbano, del Espanyol) le condenaron. «La prensa se ensañó conmigo. Un solo fallo me apartó para siempre de la portería del Athletic.»[1]

Meléndez ya nunca salió del banquillo: en las siguientes diez temporadas solo jugó cinco partidos. Cedrún y Zubizarreta en el Athletic, N'Kono y Biurrun en el Espanyol... Meléndez siempre era «el otro». Y «Macario», por su parecido con el muñeco de José Luis Moreno.

Solo un día Meléndez dejó de ser Meléndez. Javier Clemente, admirador de sus cualidades banquilleras, se lo había llevado a Sarrià. El Espanyol (aún llamado Español) de Juanjo Díaz se jugaba el ascenso en la promoción ante el C. D. Málaga (aún llamado C. D. Málaga, pues se disolvió dos años después). La eliminatoria llegó a los penaltis y la tanda, al octavo lanzamiento. Golpea Manolo Villa. Para Meléndez. Adelantándose un pasito, las cosas como son. El Espanyol vuelve a Primera y el mostachudo cancerbero sale al fin de las sombras: «El "otro" ha demostrado su capacidad a muchos que igual ni siquiera me conocían. En adelante no hay que tener miedo cuando no esté N'Kono».

Nunca volvió a jugar un partido de Liga.

---

1. *Gara*, 27 de enero de 2017.

MONCHI

Sevilla (1988-99).

¿Quién iba a pensar que ese portero suplente, y no muy bueno, iba a convertirse en una de las figuras más importantes en la historia del Sevilla? A la sombra de Juan Carlos Unzué durante un lustro, si Monchi adquirió notoriedad durante su etapa como jugador fue gracias a una parodia que ni siquiera era tal en el programa *Al ataque*, de Antena 3. Al cómico Sergi Mas le había hecho gracia su nombre y lo había convertido en personaje un día que les faltaba un minuto por rellenar en el programa *Força Barça* de Televisión Española en Cataluña. Mas no le imitaba, porque nadie conocía su voz (ni siquiera él), ni usaba una de las habituales máscaras del programa, porque nadie conocía su cara. Simplemente, se calaba una gorra, ponía voz aflautada con acento andaluz y cara de poco espabilado. Como director deportivo, desde luego, Monchi resultó todo lo contrario.

PEDRO OTXOTORENA

Real Sociedad (1977-84), Logroñés (1984/85).

Como Meléndez, fue bicampeón de Liga sin jugar un solo partido. En San Sebastián, Arconada era mucho Arconada. Indiscutible, no se lesionaba nunca y acabó por exiliar a una ilustre nómina de porteros: Cervantes, Artola, Urruti... Pedro Otxotorena (no confundir con José Manuel Ochotorena, que jugó en el Real Madrid y el Valencia) abrazó la suplencia como modo de vida; durante sus siete temporadas en la Real,

solo jugó tres partidos oficiales, los tres en la Copa, en tres temporadas distintas. Cuando Arconada al fin se lesionó..., él estaba en la enfermería también. Acabó su carrera en el Logroñés, con el que jugó diez partidos en segunda. No era cosa de contraer a la vejez viruelas.

MIGUEL *PECHUGA* SAN ROMÁN

Atlético de Madrid (1958/59, 1961-70), Rayo Vallecano (1959/60), Murcia (1960/61).

Convertirse en leyenda de un equipo en el que uno pasa diez temporadas es relativamente sencillo. Conseguirlo jugando solo 47 partidos oficiales está únicamente al alcance de los elegidos. El Pechuga lo era. Un portero de tantos, pero un personaje único, idolatrado por sus compañeros, que dejó huella no solamente en el Atlético, sino entre quienes lo trataron. Y, dado su don de gentes, esos fueron muchos. Como empresario del espectáculo llevó por primera vez a Camarón de la Isla a cantar en Madrid, cuando dirigía el tablao de Los Canasteros, y hasta trajo a España a Muhammad Ali. Como futbolista ganó dos Ligas, una Copa y una Recopa, casi siempre de lejos: «Nada hay más duro que topar con un técnico que anule al futbolista; porque le cae mal o porque hay otros mejores, tanto da; entrenadores con pito y con gorrilla, casados con los titulares y desdeñosos con el resto hasta lo ofensivo. Lo inaguantable es la sensación de superficialidad, de ser sobrante, perfectamente prescindible, reserva, suplentón, militante activo del Carro del Pescao. Invisible. Lo duro, lo más duro, es envidiar cada lunes los dolores de los que juegan el domingo».[2]

2. José Antonio Martín Otín, Petón, se erigió en la voz de San Román para narrar en primera persona su intensa vida en *Blanco ni el orujo*, editado por Córner (2015).

ANTONIO

Salamanca (1975-82), Jaén (1983/84).

Así por el nombre de pila, Antonio, quizá no caigan. Si les decimos que su nombre completo es Antonio González Arroyo..., pues tampoco. Pero si a eso añadimos que era el eterno suplente de Jorge D'Alessandro[3] durante siete años en el Salamanca... ni por esas, ¿no? En cinco de esas siete temporadas en El Helmántico no tuvo ni que enfundarse los guantes. Apenas jugó 28 partidos, pero los buenos (y veteranos) aficionados de la Unión recordarán uno: la visita al Santiago Bernabéu en la Liga 1977/78. Con D'Alessandro lesionado, Antonio fue el artífice del 0-0 en campo del líder. Hasta le paró un penalti a Juanito.

3. Sí, ese señor que grita tanto en *El chiringuito* fue portero, y bastante bueno.

JAVIER ETXEBARRIA, BARRABÁS

Basconia (1959-61), Athletic (1961/62 y 1963-66), Indauchu (1962/63), Sabadell (1966-69), Osasuna (1969/70).

Siempre tuvo claro su papel: «Yo fui como el marido de la duquesa de Alba». Primero se topó con Carmelo Cedrún, padre de Andoni Cedrún y titular de España en el Mundial de Chile 62. Y luego con el Txopo, nada menos: «Cuando jugábamos contra el Betis, era la única vez que rezaba para que Iribar no se lesionara. Soy daltónico, y para mí las rayas rojiblancas del Athletic y las verdiblancas del Betis eran todas iguales», contó en una entrevista.[4]

Jugó tres partidos oficiales, pero los amortizó. «Se me acababa el contrato y en un córner bloqué con seguridad y pensé por dentro: "Me acabo de embolsar un año más"». Y así fue: renovado. El tercer y último partido lo jugó por lesión de Iribar, que se recuperaba en el hospital tras haberse cortado en un dedo del pie y que, de repente, vio que tumbaban a su amigo y suplente en la cama de al lado. Guillot, delantero del Valencia, le había roto la nariz.

AMADOR

Pontevedra (1972/73), Real Madrid (1976-78), Hércules (1978-80), Barcelona (1980-86), Murcia (1986-90).

Amador Lorenzo no es un Meléndez al uso, pues durante varias temporadas fue titular en el Hércules y en el Real Murcia. Sin embargo, su paso por los dos grandes fue casi testimonial. El Real Madrid lo fichó muy joven como tercer portero y solo jugó un partido en dos años, por lesión simultánea de Miguel Ángel y García Remón. «Antes de salir al campo [en casa, contra el Valencia] estaba muy nervioso. Todos me animaban, me decían que no me preocupara, y lo único que conseguían era ponerme más nervioso.»[5] Luego se le pasó y dejó la portería a cero.

El Barça lo fichó del Hércules, pero en el Camp Nou tuvo por delante a Artola y a Urruti (sí, dos de los exiliados por Arconada, lo que a su vez convierte a Amador en una nueva víctima colateral del mito realista). Jugó siete partidos de Liga en seis temporadas, aunque engrosó un palmarés muy majo: una Liga, dos Copas, una Recopa... Le quedó, eso sí, la amargura de la final de la Copa de Europa perdida en Sevilla ante el Steaua, que vivió (claro) desde el banquillo.

SALVA

Real Betis (1982-88), Tenerife (1988/89), Recreativo (1989-91), Poli Ejido (1991/92).

A Salvador Navarro se le recuerda como el eterno suplente de José Ramón Esnaola en el Betis. De hecho, se le atribuye una frase que refleja el humor con que lo asumía: «Si Esnaola me deja, jugaré la segunda parte de mi partido de homenaje». Salva no contaba con que, tras la retirada de Esnaola, le cerrara el paso Cervantes. Sí, los brazos de Arconada llegan a todas partes.

---

4. *Hilero Zornotzan*, febrero de 2013.

5. *ABC*, 10 de noviembre de 1977.

2.
LA SELECCIÓN ESPAÑOLA DE PERIODISTAS DEPORTIVOS

«La maldad y la crueldad que hay en la prensa española no existe en ningún lado. Y en el elogio, igual. Van a hacerte daño y saben cómo hacerlo.»

JOSEP GUARDIOLA I SALA

Hay quien cree que el periodismo deportivo español no tiene parangón en el mundo. A usted quizá le sorprenda, pero no se trata de una opinión aislada, sino apoyada por varias voces. ¿Quieren ejemplos? A mandar: «Yo creo que el periodismo deportivo que se hace en España es, de largo, el mejor que se hace en el mundo», opina Manolo Lama; «El periodismo deportivo que se hace en España es el mejor del mundo», sostiene Felipe del Campo; «El periodismo deportivo que se hace en España es el mejor periodismo deportivo que se hace en el mundo», proclama Jesús Gallego.

Sí, de acuerdo, los tres son periodistas deportivos. Les habíamos dicho que eran varias voces, no que fueran desinteresadas. Ninguna persona en su sano juicio que no sea periodista deportivo, valga la redundancia, sería capaz de concluir algo así.

Los aficionados al deporte en España no sabemos lo afortunados que somos. No solo hemos disfrutado de una generación de oro con los Nadal, Alonso, Gasol, Casillas e Iniesta, sino que disfrutamos de unos periodistas que no nos merecemos. Sirva este capítulo como humilde homenaje a estos monstruos de la información que han conquistado la cima de su profesión y están en condiciones de mirar por encima del hombro a sus colegas del resto del mundo.

Capítulo escrito por MIGUEL

JOSÉ MARÍA GARCÍA
Padre y maestro

Es el único de nuestros convocados que no sigue en activo, pero el considerado padre del periodismo deportivo español no podía quedarse fuera de la lista. Durante varias décadas fue una de las personas más populares e influyentes del país. Otro periodista, Carlos Toro, lo resumía en un detalle: «En un país con millones de Garcías, llegó un momento en que bastaba decir "García" para identificarle, como si no hubiera otro sobre la Tierra».

La frase procede de *Buenas noches y saludos cordiales*, una magnífica biografía escrita por Vicente Ferrer Molina,[1] ideal para conocer las luces y sombras del personaje. Porque Supergarcía, que dejó la radio en 2002 con solo cincuenta y ocho años, es recordado ahora por sus cualidades y logros, que no niegan ni sus enemigos más acérrimos, pero no por su pronunciado lado oscuro, que parece haber caído en el olvido.

La radio en la que empezó García era puro envoltorio: voces bonitas y poco más. Le confinaron a la medianoche y él vaticinó: «No nos van a escuchar ni nuestras familias». Décadas más tarde, las principales emisoras siguen reservando esa franja al deporte. Primero en la Cadena SER y luego en Antena 3 y en la Cope, García se inventó eso y mucho más: «el partido de la jornada», las conexiones con los vestuarios y el palco, los falsos directos... Además, destapaba numerosos casos de corrupción en las federaciones, hoy olvidadas por unos medios enfrascados en las polémicas del Real Madrid y el Barcelona (creadas a menudo por ellos mismos).

Conforme pasan los años, en contraste con el panorama actual, ha trascendido el (falso) recuerdo de García como adalid del periodismo puro y limpio. Se olvida que exigía a los deportistas obediencia extrema, so pena de hundir sus carreras. Al que no estaba con él lo destrozaba, se llamase como se llamase: Míchel, Pedro Delgado... No tenía el menor problema en mentir a un entrevistado y saltarse un *off the record* si así daba una noticia.

Desde que colgó el micro en Onda Cero, García solo se ha dejado ver en los medios como entrevistado, repitiendo una y otra vez las mismas anécdotas sobre Aznar, Zaplana o Florentino Pérez. Sus entrevistadores, afectados por esa memoria selectiva, se refieren siempre a él como un maestro de periodistas. Y él, como explicó una vez,[2] no está de acuerdo: «Yo voy a los sitios y me dicen "maestro". ¿Maestro de qué? ¡Con lo que he dejado! Muchos de los que están ahora son amigos míos. [...] Maestro es el que enseña a unos alumnos que lo siguen. Yo he tenido a Roberto Gómez, yo he tenido a Pipi Estrada... He tenido a Siro López y hoy es *hooligan*, un esbirro de Florentino. Entonces dices... ¿yo en qué he fallado? ¿Esto es lo que han aprendido? ¿Esto es lo del

---

1. Y publicada por Córner en 2016. Magnífica de verdad.

2. En el programa *Quan s'apaguen els llums*, de TV3, noviembre de 2017.

maestro García? De maestro no tengo absolutamente nada de nada de nada».

Greatest hit: en 1990, el Gobierno de Felipe González le concedió un indulto parcial por dos condenas por desacato. García había llamado «payaso» al ministro Pío Cabanillas y había acusado de «robar 219.000 pesetas al pueblo de Zaragoza» a José Luis Roca,[3] diputado de las Cortes de Aragón y presidente de la Real Federación Española de Fútbol. Evitó cuatro meses de cárcel pagando una multa de 600.000 pesetas.

JOSÉ RAMÓN DE LA MORENA
El hombre que lo cambió todo

En YouTube se puede encontrar el primer programa de *El larguero* que José Ramón de la Morena presentó en la Cadena SER. Si lo escuchan, viajarán tres décadas atrás en el tiempo..., salvo que sean oyentes de *El transistor*, su actual programa en Onda Cero. Ambos suenan igual. Exactamente igual. Increíblemente igual. Como si el estudio de radio fuera en realidad una puerta temporal y Joserra nos hubiera estado hablando siempre desde el Brunete de 1989, sin nosotros saberlo.

De la Morena ha pasado a la historia por

destronar a Supergarcía, líder indiscutible de audiencia hasta bien entrados los noventa. Fue el hombre que lo cambió todo, y luego, durante treinta años, no cambió nada. Su lampedusiana aparición revolucionó la medianoche y conectó con un público más joven. Demasiado joven e inocente, quizá. Fueron los años en los que, como escribió Enrique Ballester,[4] el Grupo Prisa (propietario de la Ser) nos hizo «odiar a Javier Clemente casi por inercia», aunque luego nos acabó cayendo bien. Durante los años del entrenador de Barakaldo, la selección se convirtió en un campo de batalla entre De la Morena y Supergarcía, que tuvo su momento cumbre cuando Clemente soltó un guantazo a Jesús Gallego, de la SER, tras un España-Rumanía de la Eurocopa 96.

El tío Nicasio, el padre Daniel, el torneo alevín, la borrica a brincos, el sanedrín, la orina del enfermo, cómo caza la perrita, Café Quijano, tu cerebro es tuyo y te lo alimentas tú, quedad con Dios... Tras más de un cuarto de siglo haciendo lo mismo en la Cadena SER, casi todos creíamos que la fórmula estaba agotada, pero alguien en un despacho de Onda Cero debió de pensar lo contrario. Lejos de reinventarse, Joserra siguió haciendo lo mismo, pero en otra emisora y con menos audiencia. Lo único que cambió, por temas legales, fue el nombre del programa, que en un claro guiño a los «milenials» decidió llamar *El transistor*. ¡Ra, ra, ra!

Greatest hit: en 2016, durante la tertulia semanal que organizaba en *El larguero* con niños futbolistas de doce y trece años, Joserra les preguntó por el «caso Torbe» (en realidad,

---

3. García le apodaba «Pedrusquito».

4. Escribe Ballester en *Barraca y tangana* (Libros del KO, 2018): «Nos moldeaban en compartimentos estancos. El paquete era indivisible: amar a Valdano, Víctor Fernández, José Tomás, Banesto y el Chava Jiménez; y odiar a Clemente, Van Gaal, Vía Digital, la ONCE y Abraham Olano. Construían una historia tan simple de buenos y malos que nos convertían en clichés andantes».

dijo «Tarbe»), empresario de la pornografía que acababa de ingresar en prisión preventiva por los presuntos delitos de, entre otros, pornografía infantil y trata de seres humanos.

ROBERTO GÓMEZ
El gladiador

Muchos años después, frente al pelotón de fusilamiento, Roberto Gómez había de recordar aquella tarde remota que le llevó a autodenominarse «el mejor reportero deportivo español». Sucedió en el Estadio Azteca de México, cuando Argentina ganó el Mundial 86 y él tuvo la ocasión de entrevistar a Diego Armando Maradona. Bobby, como se le conoce en la profesión, insiste en que él fue el único periodista español que lo consiguió. En *Saber y empatar* ni confirmamos ni desmentimos. Natural de Trujillo (Cáceres), como Máximo Décimo Meridio,[5] Gómez fue en su juventud un gladiador de la información que con el tiempo, lástima, abandonó la arena del reporterismo y se entregó al libertinaje de la tertulia.

Durante los ochenta, en la Cadena SER, Gómez tuvo como becarios a José Ramón de la Morena o Manolo Lama. En los noventa fichó por el equipo de José María García, primero en la Cope y luego en Onda Cero. Fueron míticas algunas de las broncas que García le echó en antena exigiéndole que confirmara la información y profundizara en ella antes de soltar lo que le contaban sin más. Tras la retirada de García, Gómez tardó unos años en encontrar su sitio, incluido un paso por el informativo territorial de Televisión Española en Madrid. Alejado ya de la primera línea informativa, resucitó como animal de tertulia en *El rondo*, de Televisión Española. Allí contó una de sus grandes primicias: cuando Jesús Navas sufría problemas de ansiedad que le impedían ser seleccionado con las categorías inferiores de España, Gómez desveló que un equipo de la Premier League estaba dispuesto a ficharle «montando un dispositivo especial para entrenar en Sevilla y viajar a Inglaterra solo para jugar».

Gómez es imbatible en tertulia: cuando se enciende el pilotito rojo, se juega siempre a lo que él quiere. El moderador es irrelevante, porque el verdadero conductor de la conversación siempre es él. Y no se esfuerza demasiado en disimular los bruscos tirones con los que consigue llevar cualquier ascua a la sardina de sus numerosas filias y fobias, que pueden cambiar según tenga el día. O incluso en menos de veinticuatro horas.

Al cierre de esta edición, mantiene una sección al final del programa *El transistor* de su antiguo becario De la Morena. En ella se dedica a contar «noticias» (muchas de las cuales se contradicen con las de la parte «seria» del programa) y a mandar numerosos saludos a entrenadores, modistos, cantantes olvidados, restauradores, políticos (normalmente del PP), mandos de la Guardia Civil y la Policía, toreros y empresarios taurinos. Bobby, por encima de todo, es amigo de sus amigos.

---

5. En la versión doblada de *Gladiator* (Ridley Scott, 2000) estrenada en España alguien debió de pensar que Trujillo no tenía suficiente fuste y situó en Emerita Augusta el origen del personaje interpretado por Russell Crowe.

Greatest hit: durante el verano de 2001, en su primera etapa en Onda Cero, desmintió que Zinedine Zidane pudiera fichar por el Real Madrid: «Eso es una milonga. Los de *Marca* no se lo creen ni en pintura. Le diría a nuestro queridísimo Manolo Saucedo [director del diario] que deje de tirarse piscinazos porque ni él mismo se lo cree. Es una tomadura de pelo a los lectores de este prestigioso diario. [...] Es una milonga que no se cree absolutamente nadie. [...] Es una milongaza que, por respeto a los lectores, habría que cortar. Ni Zidane piensa en venir al Real Madrid ni en ningún momento, más que para vender un poco de imagen y una cortina de humo, Valdano ni Florentino Pérez han pensado que el mejor jugador del mundo podría venir a la capital de España. [...] De un millón de posibilidades, de que Zidane venga a España no hay ni una». Lo que pasó después te sorprenderá.

MANOLO LAMA
El que nunca pierde

«Soy muy cabezón, extremadamente cabezón. No os podéis imaginar lo cabezón que soy», se define a sí mismo Manolo Lama.[6] Quien no se lo pueda imaginar será, seguramente, porque no le ha escuchado nunca.

Primero en la Cadena SER y luego en la Cope, en Cuatro o Gol, sus compañeros valoran su enorme capacidad de trabajo y sus dotes de organización, entre otras muchas cualidades. Y se desesperan cuando tienen que debatir con él. Lama jamás pierde una discusión. Como mucho concede el empate, en contadas ocasiones. Posee además una gran habilidad para dar la vuelta a una discusión y acabar ganándola con gol en el 93, como su adorado Sergio Ramos. «El camero» es uno de sus protegidos en las narraciones, como antaño Iker Casillas («El santo») o Raúl («El que nunca hace nada»). No han gozado de ese manto De Gea («¡Vete a tu pueblo!»), Fernando Hierro o José Mourinho, al que acusó de emplear «técnicas de la Gestapo».[7]

Contó una vez que, en uno de sus primeros días como becario en la SER, Roberto Gómez le encargó bajar a la Gran Vía y llevarle un helado. Le dio treinta pesetas y le dijo que se comprara otro para él. Lama tuvo que poner veinte pesetas de su bolsillo para llegar a las cincuenta que costaba el helado. Cuando se lo subió, Roberto le preguntó: «¿Y tú no te has comprado nada?».[8]

Manolo Lama aprendió de los mejores.

Greatest hit: le perseguirá siempre aquella conexión en directo con Hamburgo, donde el Atlético de Madrid jugaba ese día la final de la Europa League 2009/10 contra el Fulham. No tuvo mejor idea que hacer protagonista a un hombre que mendigaba en un puente, abrigado con una manta. «Quiero que los atléticos tengan un detalle con él. Vamos a ir echando pasta al amigo. ¡A ver la pasta! ¡Que este hombre sea feliz, joder!», decía mientras

---

6. *Los Manolos mano a mano* (Planeta, 2013).

7. Cadena Cope, 5 de noviembre de 2012.

8. De hecho, el del helado era un rito iniciático que Bobby solía practicar con los *rookies*. Paco González contó que le hizo lo mismo.

los aficionados se reían del hombre y echaban en su platillo algunas monedas, un teléfono móvil, una bufanda rojiblanca y una tarjeta de crédito. Una semana después, el canal alemán RTL emitió un reportaje sobre el suceso. Lama se disculpó: «Jamás se me ocurrió menospreciar, humillar o maltratar a aquel mendigo. Era un directo: intenté hacer algo que no me salió».

JOSEP PEDREROL
El Sorkin español

¿Cree que los programas deportivos hablan cada vez menos de deportes? ¿Tiene la impresión de que los debates cada vez son más forzados y superficiales? ¿De que los tertulianos gritan más y aportan menos que nunca? Si ha respondido que sí a alguna de estas preguntas, puede dar las gracias a Josep Pedrerol, el gran artífice de la «chiringuitización» de nuestra querida prensa deportiva.

Josep ha importado a España la figura del *showrunner*, tan frecuente en la ficción televisiva anglosajona. Aaron Sorkin era el factótum de *El ala oeste de la Casa Blanca*, Charlie Brooker es el cerebro detrás de *Black mirror* y Pedrerol es el padre de *Punto pelota* primero y de *El chiringuito de jugones* después.[9] Pedrerol no solo presenta y dirige, sino que supervisa cada faceta y se responsabiliza del producto completo. Se encarga del *casting*, de las tramas, de los subtextos, de los arcos de los personajes y hasta de realizar los programas en directo («¡Mírame! ¡Mírame!»). Hace programas de autor.

El espectáculo funciona como un reloj. Su intento de labrarse una imagen de periodista agresivo e insobornable, no tanto: el azote impenitente de Iker Casillas o Pep Guardiola se aterciopela a ojos vista cuando se trata de fiscalizar a Florentino Pérez. En cada entrevista repite que la objetividad no existe (así no hay que perder el tiempo buscándola) y se parapeta tras un eufemismo, «debate apasionado», en el que cabe lo mismo una discusión a berridos entre Paco Buyo y el Lobo Carrasco que una amenaza de muerte del Loco Gatti a Cristóbal Soria. Si a usted este estilo no acaba de agradarle mucho, el manual de Pedrerol también tiene respuesta: es usted rehén del «periodismo antiguo». No sea usted rancio, hombre, y abrace la modernidad de una vez. ¡Chiringuitícese!

Greatest hit: en uno de sus arrebatos, una noche en que los fallos de realización le sacaron más de quicio de lo habitual, Pedrerol amenazó con no presentar el programa al día siguiente y soltó su célebre alegato contra los becarios: «Nos ha tocado un becario hoy para hacer el programa, no puede ser esto, tú. ¡Ya está bien! Si mañana no tenemos al equipo habitual de *Punto pelota*, yo no hago el programa. Es la última vez que me toman el pelo, ¿vale? Sobre todo a la audiencia. No podemos tener a becarios haciendo el pro-

---

9. *El chiringuito de jugones*, quizás uno de los títulos más alucinantes en la historia universal de la comunicación social.

grama, con todo el cariño, pero becarios no. Becarios no. Nunca más».

MANU CARREÑO
Tu cuñado

Durante diez años, Manu Carreño formó junto a Lama la aclamada pareja televisiva «Los Manolos», en Cuatro. De hecho, en el célebre vídeo de Hamburgo se oye su risa desde el estudio en el momento en que un aficionado lanza su Visa al mendigo.

El Manolo joven es pura campechanía, el presentador ideal para acercarnos el deporte. Un tipo cercano, majo, que se come la «d» del participio y vibra con los éxitos de Nadal y La Roja. Es una estrella de la tele, sí, pero podría ser tu compi del curro, tu cajero del banco, tu asesor fiscal... Tu cuñado.[10]

Carreño pertenece además a ese selecto grupo de periodistas que ha alcanzado tal estatus que la industria no puede permitirse desaprovecharlo en un solo trabajo. En los últimos años ha compaginado Cuatro con la SER, donde ha dirigido *Carrusel deportivo* y *El larguero*, como sucesor de De la Morena. En este último programa ha adquirido la costumbre de adjudicarse primicias que en realidad han dado otros medios.

«Yo sé que Manu, de pequeño, se cayó en la marmita del periodismo, como Obélix», escribió[11] sobre él José Antonio Ponseti, compañero y, como se aprecia, gran amigo suyo.

Greatest hit: en el Mundial de Brasil 2014 se encargó de escribir algunos comentarios «de experto» en la guía que Mediaset publicó sobre el torneo. Por su interés, reproducimos el correspondiente a la selección de Australia: «La verdad es que no tengo ni idea de la actuación que puede hacer Australia en el Mundial de Brasil. Antes de viajar tendré que preguntar a Maldini para que me diga que [sic] aborígenes ahí [sic] allí que sean unos *cracks*. Todavía no he visto ningún partido suyo, pero dudo mucho que a España le ponga demasiadas complicaciones».

SANTIAGO SEGUROLA
Su santidad

¡Oh, sacrilegio! ¿Cómo puede estar aquí Segurola? ¿Cómo se atreve *Saber y empatar* a meterlo en el mismo saco que a esos otros especímenes?

El primer incomodado por la convocatoria será él mismo, al que la horizontalidad del debate, eso de que se escuche otra voz

---

10. *Copyright* de la frase cedido por Eduardo Casado (@educasado).

11. Frase extraída también de *Los Manolos mano a mano*. Como se puede apreciar, ese libro es una joya.

después de la suya, no acaba de agradarle. Pero, miren…, ¿por qué no? Segurola es autor de fantásticas crónicas, reportajes y entrevistas, pero su reino sigue siendo de este mundo. Le hemos leído cosas espléndidas, y también afirmar que Rivaldo o Bale no saben jugar al fútbol, o que Franz Beckenbauer fue una rémora para el fútbol alemán. Y tiene sus neuras, como cualquier hijo de vecino, con el agravante de que las disimula regular. Es capaz de machacar a Fabio Capello por dejar a David Beckham en la grada tras firmar por Los Angeles Galaxy y de aplaudir a Marcelo Bielsa (íntimo amigo suyo) por aplicar idéntico castigo en el Athletic a Fernando Llorente, comprometido con la Juventus.

Segurola, en efecto, es considerado una eminencia, también por sí mismo. En varias entrevistas se precia de haber «dignificado» el periodismo deportivo durante su etapa como jefe de deportes de *El País*, sin duda una referencia de calidad en aquellos años. No obstante, quizá resulte excesivo asegurar, como hizo él, que el periódico «contribuyó mucho» a asentar en España «un buen debate periodístico» y «una dialéctica potente» capaz de cimentar, nada menos, que el éxito de la selección en el Mundial de Sudáfrica 2010. En el mismo reportaje[12] en que decía esto, Jorge Valdano (íntimo amigo suyo) citaba entre las claves de esa era dorada a «un grupo de periodistas con un nuevo discurso que cambió la cultura de fútbol de la sociedad española». Vayan desde aquí nuestra enhorabuena y nuestro agradecimiento a ambos.

Greatest hit: en una tertulia posterior a un Atlético de Madrid-Chelsea,[13] Segurola se refirió a José Mourinho (Guardiola, íntimo amigo suyo) como «un chuflas» y dijo que el partido del equipo inglés había sido «una mierda». Sí, dijo «una mierda». Eleonora Giovio replicó que, en su opinión, cada equipo juega con sus armas, y Segurola marcó distancias de inmediato avisando a todos de que Giovio había sido «becaria» suya: «No soy tan sectario como tú te crees. Llevo cuarenta años viendo fútbol. Lo que quieras saber de mí, te coges los periódicos y te los lees. Pero desde luego tú no me vas a dar ninguna clase». Zanjó la conversación otro periodista italiano, Filippo Ricci: «¿Y yo qué hago, Santi? ¿Te doy un beso por todo lo que sabes de fútbol?».

DIEGO TORRES
El realismo mágico

Aunque es argentino, Diego Torres juega con nosotros desde hace muchos años. Su pluma es, posiblemente, la mejor del periodismo deportivo que se hace en España. Nadie maneja tantos recursos técnicos para narrar una historia ni tanta información. Es un digno heredero del realismo mágico surgido en Hispanoamérica a mediados del siglo xx.

---

12. Revista *Panenka* (los panenkitas) número 9, junio de 2012.

13. *Al primer toque*, de Onda Cero, 23 de abril de 2014.

Él mismo contó una vez[14] que Florentino Pérez le dijo: «Vargas Llosa empezó como tú y acabó escribiendo *La fiesta del chivo*».

Torres es un reportero de colmillo afiladísimo y jamás suelta una presa. Hace años se obsesionó con Raúl, luego con José Mourinho, y siempre con el propio Florentino. Se hizo popular para el gran público durante los tres años del portugués en el banquillo del Real Madrid. En ese tiempo, se las ingenió para sacudirle casi a diario, desvelando interioridades del vestuario con un nivel de detalle increíble. El episodio más recordado[15] es el estallido de furia de Mourinho, que según su relato estampó contra la pared una lata de Red Bull «con sabor a frutos del bosque, azúcar y cafeína»: «Al estrellarse, el recipiente se partió y liberó el líquido gaseoso con un efecto de lluvia. Bañados con esta, algunos jugadores se quedaron perplejos», escribió Torres. En la autobiografía de Jerzy Dudek,[16] presente en aquel vestuario, lo que lanzó Mourinho era una botella de plástico y no se menciona efervescencia alguna. Dudek necesita un buen editor, sin duda.

Greatest hit: el 10 de marzo de 2019, a menos de veinticuatro horas de que se confirmara el regreso de Zinedine Zidane al Real Madrid, Torres publicó que el entrenador francés había rechazado la oferta: «La sonda se hundió en un pozo sin fondo. Zidane no quiere entrenar en las actuales condiciones. [...] Fue apenas un tanteo. Menos realidad que *show* para alimento de los medios de comunicación. [...] El contacto resultó poco fructífero. El técnico no se ha sentido bien

tratado por el club últimamente». Esto le valió una dura reprimenda del defensor del lector de *El País*, Carlos Yárnoz: «Pocas cosas dañan más la reputación de un periódico que tener en los quioscos una noticia impresa con un titular que los hechos desmienten el mismo día».

ALFREDO RELAÑO
El villarato existe

Si les sometiéramos a ustedes, lectores, a uno de esos test *top of mind* en los que el sujeto debe responder con la primera palabra que se le viene a la mente, es probable que la reacción más repetida al estímulo «Alfredo Relaño» fuera «villarato».

Antes que un destacado periodista, Relaño ha sido un destacado hombre de empresa. Se inventó los deportes de *El País* y los de Canal+, que se dice pronto, y en 1996, cuando Prisa compró el diario *As*, se hizo cargo de su dirección hasta 2019. Desde entonces mantiene su columna, en la que durante más de dos décadas nos ha regalado un sinfín de «relañadas»: decuplicar, distefanear, enñoñecer, preterir, atarugarse, retardatario, chandrío, feroche, fastrupia, babedurre, trujamán, picaronazo, perdulario, rebuño, cebollinaje, chorlitada, chinchorrado, amillonado, desavío, servomando,

---

14. Durante la presentación en Madrid de su libro *Prepárense para perder* (Ediciones B, 2013).

15. *El País*, 14 de agosto de 2001.

16. *A big pole in our goal* (Trinity Mirror Sport Media, 2016).

estaribel, cabulera, retambufa, güelfos y gibelinos, corruscantes, barullón y barullete.

En esa columna se forjó, decíamos, el villarato, una doctrina conspiranoica que venía a decir que los árbitros que favorecían al Barça o perjudicaban al Real Madrid tenían más posibilidades de hacer carrera con el presidente de la Real Federación Española, Ángel María Villar. Cuando Joan Laporta votó a Villar para ser reelegido en 2004,[17] el *As* tuvo la coartada perfecta para justificar la supremacía del Barça en la Liga, primero con Frank Rijkaard y luego con Pep Guardiola. En 2012, Alfons Godall, vicepresidente de Laporta, validó esta teoría[18] y Relaño vio el cielo abierto. Hábilmente, abandonó esta cruzada dándola por ganada y posó su punto de mira en Florentino Pérez.

Greatest hit: madridista confeso, Relaño indignó a buena parte de sus correligionarios al calificar como «un poco vergonzante» la conquista de la novena Copa de Europa blanca, en 2002 ante el Bayer Leverkusen: «Fue un partido que al Madrid no le añadió una gran gloria. En el fondo, siendo en el mismo escenario [el Hampden Park de Glasgow] en que fue el 7-3 [de la final de la Copa de Europa de 1960], es una victoria un poco vergonzante: a la contra, escatimando esfuerzos, jugando con la calidad de sus jugadores...».

17. El problema en realidad no es que Laporta votara a Villar, sino que lo hizo riéndose de la Asamblea de la LFP, que había elegido al otro candidato, Gerardo González Otero. Esta disciplina de voto se acordó porque no todos los clubes de la LFP tenían derecho a participar en las elecciones de la RFEF.

18. En marzo de 2012, Godall, ya fuera del club, aprovechó el contexto para sacudir al presidente, Sandro Rosell. El Real Madrid era líder, Gerard Piqué había sido expulsado en un partido ante el Sporting y el Barça se iba a quedar sin ganar la Liga por primera vez en cuatro años. «Las buenas relaciones con la Federación y con el comité de árbitros nos ayudaron», dijo Godall a La Sexta.

TOMÁS RONCERO
Rey de Europa

De las glorias periodísticas que campean por España, ninguna personifica como Tomás Roncero el periodismo de camiseta, valga el oxímoron. Ese periodismo rentablemente estrábico que no busca una conclusión a través de los argumentos, sino argumentos que justifiquen una conclusión.

Roncero comenzó su carrera como corresponsal en Madrid de *Mundo Deportivo*, lo que son las cosas, y como periodista polideportivo en *El Mundo*, con el que cubrió incluso los Juegos Olímpicos. Pero a medida que se iba dejando ver en tertulias, el personaje iba pidiendo paso y acabó engullendo al periodista. Cuando Relaño le ficha para el diario *As* empieza a ejercer ya de madridista sin el menor tapujo, pero es en la televisión donde explota todos los registros: discursos incendiarios, gritos, aspavientos, carcajadas, dedos amenazantes, ronquera, ojos vidriosos, sudor, lágrimas, cantar, bailar..., lo que corresponda. Tras una gran derrota del Real Madrid, los antimadridistas encienden la televisión para ver qué cara se le ha quedado a Roncero y por dónde nos sale. Su repertorio, como se ve, es variado en la forma, aunque bastante menos en el fondo. Y si alguna vez se ve apurado, no duda en recurrir al comodín: «¿Cuántas Copas de Europa tenéis vosotros?».

Greatest hit: la conquista de la décima Copa de Europa por parte del Real Madrid fue un momento largamente esperado por sus aficionados,[19] tanto que Roncero lloró a moco tendido en conexión con *El chiringuito* desde Lisboa, equipado con la camiseta de su equipo y una gorra de la selección española: «Mi chiquitín se me ha echado encima: "¡Papá, ya está aquí la décima! ¡No sufras más!"».

EDUARDO INDA
El lado oscuro

Durante cuatro años, Eduardo Inda se empeñó en convertir a *Marca* en el hazmerreír de la prensa deportiva española. No se puede decir que lo consiguiera, porque la competencia era atroz, pero sin duda compitió como el peor. Por suerte, su etapa en el diario no supuso un antes y un después, sino más bien un negro paréntesis.

Como buen prohombre, Inda fomentó el culto a su personalidad en las páginas del periódico. Cada día aparecía en más fotos que Cristiano Ronaldo: aquí haciendo una entrevista, aquí en una conferencia, aquí entregando un premio... Porque entregó muchos, muchos premios. Hasta se inventó uno (mejor deportista de la década) para poder hacerse una foto con Roger Federer.

Empleaba su columna semanal, una sábana lisérgica titulada «Los puntos sobre las íes», para sacar brillo a sus protegidos (José Mourinho) y a sus protectores (Florentino Pérez) y en machacar a sus enemigos (Ramón Calderón, Manuel Pellegrini, Pep Guardiola). Sus campañas de trazo grueso, sin el menor sentido de la sutileza, eran más visibles en sus esperpénticas portadas, que a menudo echaban por tierra el trabajo de la redacción con enfoques agresivos que no encontraban continuidad en los textos de las páginas interiores. Inda representa el lado más oscuro del oficio periodístico, sin ninguno de los atractivos que adornan a Darth Vader.

Greatest hit: el Real Madrid y el Barcelona, empatados a puntos, se enfrentaban en el Bernabéu. Inda citó los dos requisitos para que los aficionados blancos pudieran celebrar el triunfo: «Cruzar los dedos para que los suyos tengan más puntería que en el partido de ida. Con eso y con frenar a Messi, por lo civil o por lo criminal, a lo mejor tal vez baste».

---

19. Sucedió en 2014, doce años después de la victoria «un poquito vergonzante» ante el Bayer Leverkusen.

3.
ESTRELLAS DE YOUTUBE

«No me involucro en la contratación como la gente piensa.
Dicen que voy a YouTube a elegir jugadores, y no lo hago, es un mito.»

ED WOODWARD, vicepresidente del Manchester United

Las redes sociales se crearon para encumbrar a cualquier futbolista capaz de hacer un par de túneles y una rabona. Un montaje correcto, un musicón importante y la magia de YouTube permiten transformar a cualquier proyecto de Secretário en el nuevo Messi, aquel que viene a liderarlo todo.

La traslación de estos videojugadores al fútbol de verdad no suele estar acompañada del éxito. Sin embargo, en un mundo en el que la juventud prefiere ver un Manchester City-Bournemouth en el FIFA y jugado por DJ Mariio que un Madrid-Barça en directo o en la tele, seguramente el camino correcto sea este.

Mientras tanto, los viejunos continuaremos utilizando YouTube para recordar a aquellos jugadores que nos maravillaron y a los que jubiló la edad, pero no nuestro recuerdo.

VASSILIS HATZIPANAGIS

En los albores de Twitter, el indispensable Sergio Cortina nos descubrió un personaje cuya calidad futbolera *youtubera* merecía alabanzas a niveles maradonianos. Todos los que nos encontramos con Vassilis Hatzipanagis gracias a ese post en *Diarios de Fútbol* le estamos eternamente agradecidos.

Superficialmente, Hatzipanagis parecía un Diego Armando de garrafón, un Maradona pasado por el tamiz de *La Hora Chanante*. Pelo aún más ensortijado que el Pelusa (más Néstor Gorosito, si gustan), dimensiones reducidas, pantalón corto realmente corto, remangado para ser aún más corto, tranco corto y poderoso, zurdo cerradísimo de los de la derecha para apoyarse. Al darle al *play* pensábamos: «Ya, otro Maradona de liga regional: dos caños, dos faltas a la escuadra y la gente ya empieza a decir que solo le falta tener dos hijas que se llamen Dalma y Gianninakis para ser igual que el Diego». Pero, al iniciar la acción, quedamos hipnotizados. Lo tenía todo: regate para irse de cualquiera, *slalom* estilo «barrilete cósmico de qué planeta viniste», vaselinas inmaculadas, trallazos desde fuera del área, asistencias en modo Laudrup... ¿Cómo es posible que no conociéramos a este tipo?

No le conocíamos porque la historia vital de Hatzipanagis tiene tela. Nació en Taskent, bella localidad que entendemos que todos ustedes conocen como la capital de Uzbekistán. Sus padres (chipriota y turca) se exiliaron primero en Grecia y después en la Unión Soviética durante la Segunda Guerra Mundial. De hecho, Hatzipanagis debuta con la selección olímpica soviética que consiguió la medalla de plata en Montreal 76 (en la que destacaba Oleg Blokhin), pero no es convocado para el torneo final porque decide volver a Grecia. Allí la dictadura ha finalizado y sus padres pueden regresar del exilio. Vassilis decide llevarles de vuelta. Es 1975, no se atisba una ley Bosman, no existe Jorge Mendes... Pero sí un tal Makatetsian que organiza su salida cuando aún estaba prohibida a los jugadores que actuaban tras el Telón de Acero. Le hace renunciar a la nacionalidad soviética y firma por el Iraklis. Lo que él no sabía es que ese contrato iba a enterrar su carrera futbolística.

En Grecia, como en España, el derecho de retención estaba en pleno apogeo. Lo que era un contrato por dos años acabó siendo una esclavitud futbolera de por vida y cualquier propuesta que llegaba (Arsenal, Stuttgart, Lazio, Porto...) parecía que nunca acababa de estar acompañada por la suficiente cantidad de dracmas. Tanto es así que, cuando el Iraklis descendió en 1981 por un asuntillo de unos sobornos, Hatzipanagis decidió que en Segunda no jugaba e intentó forzar un traspaso al Panathinaikos, del que recibió un ofertón. Pues no. Estuvo año y medio sin jugar, entrenando en Alemania con el Stuttgart, intentando salir del Iraklis como fuera. Acabó rindiéndose y ganaron los supervillanos, cortando su proyección para siempre.

Y tampoco tuvimos la oportunidad de verle liderando la selección griega. Tras debutar en un amistoso contra Polonia, la FIFA le declaró no seleccionable por haber jugado ya con la selección olímpica de la URSS. Ni Eurocopas, ni Mundiales, ni siquiera fases de clasificación para el mayor talento de la historia del fútbol griego.

XAVI SIMONS

El común de los mortales supo de la existencia de Xavi Simons cuando se produjo su salida del F. C. Barcelona al Paris Saint-Germain en julio de 2019. Hasta ese momento, el universo futbolístico viejuno permanecía de espaldas a la realidad *instagramera* de este fenómeno de masas sociales: más de dos millones doscientos mil *followers* siguen al cadete estrella de pelo *bisbalero*.

Como suele pasar en estos casos, Xavi Simons era la gran esperanza del Barça, la perla que iba quemando etapas en La Masia. Pero en el momento en el que se produce su salida, resulta que era la tercera, cuarta, quinta o sexta promesa de su equipo, depende de a quién le preguntes. Los buenos, decían fuentes de la cantera *blaugrana*, eran nuestro Ansu Fati (al cabo de dos meses se convirtió en la gran revelación de la Liga y se colocó ante el gran abismo al que se asoman los futbolistas precoces: Casillas o Bojan) e Ilaix Moriba, proyecto de Pogba a la catalana. Así que, si se va Simons, solo se va un *youtuber* que aún no le ha empatado a nadie. Y aquí no ha pasado nada. Que los clubes de fútbol no viven de *likes*, sino de títulos.

HACHIM MASTOUR

La historia de Hachim Mastour se cuenta entre dos vídeos de YouTube:

Hachim Mastour *vs.* Neymar Jr. *Freestyle football juggling battle* Red Bull (2014): 10.100.000 visualizaciones.

What the hell happened to Hachim Mastour? (2019): 547.000 visualizaciones.

Entre uno y otro solo hay cinco años. Una nimiedad en términos *jordihurtadísticos*, pero una auténtica eternidad en el universo *youtubero*.

¿El nuevo Ronaldinho? ¿El Messi marro-

quí? Hachim Mastour, precoz pelotero milanista, reventaba las redes sociales con solo quince añitos. Un maestro de los malabares que arrasa con sus increíbles controles, hasta el punto de que Red Bull le contrata para enganchar con sus vídeos virales a la audiencia aún no adicta a la taurina. Claro que una cosa es hacer jueguito, y otra, jugar.

Debuta con dieciséis en la selección de Marruecos y al año siguiente aterriza en el Málaga *althanista* como cesión mediática con escaso éxito:[1] seis minutos de juego en una derrota 1-0 frente al Betis. De ahí, al Zwolle holandés: seis partidos. Vuelta al Milan: temporada en blanco. Traspaso al Lamia griego: otros seis partidos en una temporada. En la temporada en que se publica este compendio está jugando en la Reggina 1914 en Serie C. Y todavía tiene veinte años.

ONÉSIMO

A los regateadores como Onésimo se les adjudica con demasiada ligereza el calificativo «revulsivo» y se les destierra al banquillo en espera de unos minutos en la segunda parte que no siempre acaban de llegar.

Y así, poco a poco, nos hemos cargado a los Onésimos. Ya no hay regateadores como los de antes, de esos que te encaran, mueven un poco la cadera y ya estás con el trasero a ras de suelo. Ya no quedan. Y por eso tenemos que buscarlos en YouTube, nuestra nueva pantalla amiga. Una lástima que no se encuentre por ningún lado el vídeo de su primer partido como titular con el Valladolid contra el Zaragoza. García Cortés, fino lateral estilista donde los haya, se encargó

---

1. Véase el capítulo «Los 40 lamentables».

de su marcaje y desplegó un amplio catálogo de patadas para tratar de detener los avances del habilidoso delantero de solo diecisiete años.[2] Acabó desquiciado.

En estos tiempos *ansufatistas* que vivimos, Onésimo habría sido internacional en la siguiente convocatoria. Pero nunca pasó.

Al igual que Hatzipanagis, el biotipo de Onésimo también nos entrega reminiscencias maradonianas (gordete, pelo rizado, centro de gravedad bajo), pero con un sesgo más de probo labrador que de *hippy* ligeramente trasnochado, como en el caso del griego. Futbolísticamente, sin embargo, son completamente distintos: Onésimo es el último de esa especie que lleva el balón adherido al pie con pegamento Imedio, se libra (casi siempre) de catorce defensas que le arrinconan junto al banderín de córner y, cuando entra en el área, cae desplomado como si Lee Harvey Oswald hubiera hecho lo suyo desde el primer anfiteatro.

Onésimo era poco más que eso. Pero qué *Estudios Estadios* nos regalaba, madre mía.

ADEBAYO AKINFENWA

¿Cuántos jugadores de League Two o de League One conocen ustedes? Resulta necesario un grado de *paraboliquismo* bastante extremo para saberse la vida y milagros de los jugadores que pululan por las divisiones inferiores del fútbol inglés.

Sin embargo, a Adebayo Akinfenwa le conoce casi todo el universo futbolero. No por los goles que ha marcado en su paso por los trece equipos

profesionales a los que ha dado lustre con sus dotes anotadoras,[3] sino por ser un jugador increíblemente *mazao*, según la nomenclatura de nuestra generación, o *remamadísimo*, según la actual. Akinfenwa desplaza, en modo elefante en cacharrería, sus ciento dos kilos macerados en el acero con el que se fabrican los barcos, decidido a embestir a cualquier *stopper* que se le ponga por delante. Imaginen a un Ronaldo (el bueno), pero con la grasa transformada en músculo.

Con esos atributos físicos, es normal que el FIFA 15 le nombrara el «Futbolista más fuerte del juego». De ahí al estrellato *youtubero* solo hacen falta algunos millones de visualizaciones, que nuestro héroe consiguió sin ningún esfuerzo, aunque se quedó corto en su asalto a los cielos de la Premier. Le hubiera gustado comprobar en directo que sus brazos «son del tamaño de las piernas de John Terry»,[4] como presumía, pero no pudo ser.

DAVIDE MOSCARDELLI

Nada resume mejor la percepción *youtubera* sobre Davide Moscardelli que el título de un vídeo de JM Play: «Davide Moscardelli, no es Balón de Oro porque no quiere».

Colas de vaca, rabonas, regates inverosímiles, bicicletas, caños, chilenas, vaselinas... ¡Traigo de todo, oiga! ¡Traigo de todo y lo traigo bueno! Es cierto, ves una demo en YouTube con sus mejores jugadas y piensas que estás ante la reencarnación en hípster de Ronaldo (el bueno) y que, efectivamente, no es Balón de Oro porque no le ha venido bien. Como dice Alessandro Costacurta: «*in quanto a bellezza dei gol che realizza, Moscardelli non ha nulla da invidiare a Ma-*

---

2. Su entrenador, Xabier Azkargorta, declaró: «García Cortés cometió veinticinco faltas sobre Onésimo, y eso merecía otra amarilla y la expulsión». Pocas nos parecen.

3. Ahora mismo, 196 goles en 693 partidos.

4. Entrevista con Barney Ronay en *The Guardian*, 22 de marzo de 2013.

radona o a Messi». Palabra de central del Milan de Sacchi, te alabamos, Señor.

Moscardelli pasó por todas las divisiones del fútbol italiano hasta llegar a la Serie A con el Chievo ya cumplidos los treinta, donde comenzó a destacar, pero más en las redes sociales que sobre el terreno de juego. Su habilidad técnica está diseñada justo para la duración de un vídeo de estos de visionar y tirar, y su dirección de arte personal como adalid del estilo dejado-*hipsterista* le posiciona como el TOP 1 en cualquier *ranking* de futbolistas barbudos que se precie. Situación que el algoritmo de YouTube aprecia en lo que vale y le posiciona muy arriba en el menú de sugerencias de los aficionados al deporte rey.

De ahí a la eternidad socialmediática.

ALEN HALILOVIĆ

Halilović se retirará con treinta y siete años en el Dinamo de Zagreb, veremos fotos de su partido-homenaje y nos parecerá que sigue teniendo catorce. Como mucho.

Con solo dieciséis años, la aniñada perla croata se presentaba a los espectadores de *Fiebre Maldini* como un talento imparable. Sus *slaloms* por el Estadio Maksimir, su visión de juego y su capacidad para desbordar rivales sin cambiar de velocidad pronto le hicieron granjearse el merecido apodo del «Messi croata», la versión milenial del «Maradona de...». Tenía toda la pinta. O, en el peor de los casos, podría llegar a ser un Modrić mejorado. Menos, no.

Pero, por azares del fútbol, parece que su talento no está llamado a conquistar Champions Leagues, sino visualizaciones en YouTube de sus grandes habilidades. *Skills*, las llaman

los modernos. En estos vídeos observamos a un Príncipe de Beukelaer tamaño mini que asombra con su facilidad para jugar a esto del balón redondo, pero que va de un club a otro sin encontrar su sitio. Quizá nunca se debió mover de Gijón, donde jugó a buen nivel la temporada que estuvo cedido por el Barça y se ganó uno de los apodos más certeros de la historia del fútbol: Guajilovic.

«Tengo la sensación de que aún puedo ser tan bueno como Modrić.»[5]

MÁGICO GONZÁLEZ

El Bambino Veira cuenta una anécdota que define el carácter de Mágico: «Un talento, un monstruo, un *crack*. Yo ponía los entrenamientos a las once y él llegaba a las doce. Los ponía a las doce y llegaba a la una. Le regalé un despertador enorme del Pato Donald, puse el entreno a las doce y llegó a la una y media. ¿Saben qué hice? Contraté una orquesta flamenca que fue a

---

5. Declaraciones a *Voetbal International* recogidas por *As,* 27 de septiembre de 2019.

cantarle a su casa: "¡Mágico, Mágico, tenemos entrenamiento, Mágico, Mágico...!". ¿Qué hizo él? Salió despacito a la ventana y dijo: "Me levanto porque me gusta la música"».

El Mago es el genio consentido que encontró en Cádiz el nivel de mimos y permisividad que su cuerpo necesitaba para convertirse en una leyenda admirada por todos. Cruyff, Maradona y David Vidal presidieron su club de fans. ¿Pudo llegar a más? Claro que sí. ¿Le hacía falta? Desde luego que no. Lo único que importaba era divertirse y divertirnos.

El fútbol de Mágico es atemporal. Pasan los años y ahí sigue, regateándose a YouTube entero, volviéndonos a engañar con sus vaselinas. Tirando faltas sin despeinarse, ascendiendo un poco más al olimpo futbolístico con cada visionado. Qué suerte tenemos de que lo *vintage* vuelva a estar de moda.

MATT LE TISSIER

En ocasiones, el algoritmo de YouTube tiene días buenos y te sitúa un vídeo de Matt Le Tissier arriba en la página de inicio. Le das al *play* y la vida te sonríe un rato.

En Southampton le llamaban «Le God»[6] y se quedaban cortos. Es extraño que no se hayan planteado crear la Iglesia Le Tissieriana a imagen y semejanza del culto maradoniano. Por si acaso, aquí les dejamos una propuesta para sus diez mandamientos:

1. Golpearás el balón a puerta nada más pasar el medio campo.

2. Santificarás los libres directos.

3. No cambiarás de club, así en ligas de la Tierra como en las del Cielo.

4. Elegirás jugar con Inglaterra aunque te convoquen poco.

5. Honrarás tu cuerpo de descargador de muelles.

6. No codiciarás la camiseta de los grandes.

7. Meterás los penaltis.[7]

8. Serás el ídolo de Xavi.

9. Correrás lo justo y necesario.

10. No utilizarás el nombre de Le God en vano, nada de compararle con jugadores terrenales como Maradona o Zidane.

---

6. «Cuando me llamaban Dios, no sabía qué decir, sobre todo si me cruzaba con un cura... Yo no era Dios, claro. Imagínate que Dios siguiera mi dieta de cerveza y hamburguesas», *Jot Down*, enero de 2012.

---

7. Cuarenta y nueve de cincuenta en toda su carrera. Un 98 % de acierto.

4.
ANTROPOLOGÍA DEL MÍSTER

«Creo que el entrenador tiene que pelear por ser, no por estar.
Y creo que, hoy en día, con tal de estar, el entrenador deja de ser.»

JUAN MANUEL LILLO

A ojos del avezado espectador que los otea desde el chopo hueco de su localidad, los entrenadores se presentan como unos seres gesticulantes, atribulados, irascibles, caminantes encerrados en una línea discontinua que les impide (como bien les gustaría) salir ellos mismos a despejar ese balón que el central de turno es incapaz de sacar con criterio. A corregir mediante una colleja la posición de ese mediocentro al que siempre le cogen la espalda. A correr la banda como si no hubiera un mañana esperando esa asistencia que el mediapunta pinturero tiende a retener. O, por qué no, a intercambiar alguna palabra intimidatoria con el director de la contienda y/o su delegado de gobierno en la banda, el cuarto árbitro.

En la rueda de prensa nos parecen hoscos, divertidos, pasionales, ilustrados, ventajistas, intimidadores, tribuneros, justificadores de todo lo injustificable…, en fin, unos ejemplares humanos interesantísimos desde el punto de vista antropológico. Aunque en ocasiones nos parezca que su gusto por el juego de posesión en Segunda regional, en un campo de césped sintético con más goma que hierba *fake*, en un partido de domingo a las nueve de la mañana de un 14 de diciembre, con esférico Heredero de Mikasa, resulta demasiado obsesivo.

Procedamos a su disección.

HOMO MILUTINOVICUS

El *Homo Milutinovicus* es una especie relativamente difícil de observar. Solo sale a la luz cada cuatro años, en época estival, cuando el calor acecha y la temporada futbolística ya está concluida. Entonces, el *Homo Milutinovicus* sale de la guarida en la que había estado hibernando durante la fase de clasificación, se enfunda su mejor chándal de táctel y selecciona, con gran criterio (aunque no los haya visto jugar en su vida), a varios jugadores de una misma nacionalidad que van a sobrevivir como soldados de fortuna en un Campeonato Mundial de Fútbol.

MUNDIAL	SELECCIÓN	RESULTADO
México 86	México	Cuartos de final
Italia 90	Costa Rica	Octavos de final
Estados Unidos 94	Estados Unidos	Octavos de final
Francia 98	Nigeria	Cuartos de final
Corea del Sur/Japón 02	China	Primera fase

Debe su denominación, cómo no, al sensacional Velibor *Bora* Milutinović. Tras ese aspecto de *playboy* marbellí siempre bronceado estilo Marc Ostarćević, podemos descubrir a un figura capaz de dirigir a cinco selecciones diferentes en cinco Mundiales y no pasar NUNCA de cuartos de final, con el agravante de que en dos ocasiones dirigió a la selección anfitriona. Un genio táctico.

Lamentablemente, sus otras aventuras como seleccionador en Honduras, Jamaica e Irak no acabaron en clasificación para el Mundial, objetivo vital imprescindible de cualquier *Homo Milutinovicus* de pro.

Esta habilidad para conseguir resultados de primer nivel con combinados tan diversos hace que resulte extraño que en las crisis de entrenadores el *trending topic* sea #SuenaMichel en lugar de #SuenaMilutinovic. Incluso otros miembros de la misma especie como el adorado por el madridismo Carlos Queiroz (Portugal, Emiratos Árabes Unidos, Sudáfrica, Irán, Colombia), Carlos Alberto Parreira (Ghana, Kuwait, Brasil, Emiratos Árabes Unidos, Arabia Saudí, Sudáfrica), Henri Michel (Francia, Camerún, Marruecos, Emiratos Árabes Unidos, Túnez, Costa de Marfil, Guinea Ecuatorial, Kenia), Guus Hiddink (Holanda, Corea del Sur, Australia, Rusia, Turquía) o nuestro Javi Clemente (España, Serbia, Camerún, Libia).

HOMO AMARRATEGUI

Esto del fútbol es mucho más simple de lo que nos quieren hacer creer los *parabólicos*, los *pa-*

nenkitas y los demás miembros de las nuevas castas balompédicas. Para ganar, simplemente tienes que meter un gol más que el rival. Y si el susodicho no perfora tus mallas, ya llevas mucho avanzado.

El *Homo Amarrategui* piensa más en el bien de su club que en el suyo propio. A todos nos gusta que los estadios ovacionen con olés las combinaciones interminables de nuestros equipos. Que, al acabar el encuentro, tengamos que salir al centro del campo a saludar en modo José Álvarez *Juncal* en una buena tarde. Pero aquí no se trata de lucirse, sino de ganar. O empatar, si acaso. Y si hay que dar un patadón y que el balón vuele más allá del tercer anfiteatro, se da. Y si hay que quitar al delantero centro en el minuto cincuenta y siete para meter un cuarto central porque la cosa tiene mala pinta, se le quita y santas pascuas. Te pite quien te pite. Ya te lo agradecerán cuando salves al equipo a falta de una jornada por diferencia de goles en los enfrentamientos directos.

El Homo Amarrategui cree en su profeta, José María Maguregui, y le tiene en un altar, como corresponde, mientras se entrega con devoción a seguir sus mandamientos:

Un gol se puede marcar en cualquier momento. Y si no, por lo menos habremos empatado.

Aparcaremos el autobús en el área chica.

Utilizaremos la táctica del murciélago.

Es más fácil conseguir un título que la permanencia.

Los partidos en la pizarra se suelen ganar por 6-0, y luego, en el campo, sucede todo lo contrario.

Durante noventa minutos hará usted lo que yo le mande. Y al final del partido llegará el momento del espectáculo: se va usted al centro del campo y se baja los pantalones.

Simplificar, simplificar y simplificar. Ya lo decía nuestro profeta en esta anécdota transcrita por Eduardo Rodrigálvarez,[1] con motivo del triste fallecimiento del Mago:

«Cuenta la leyenda (a mí me lo contó un amigo) que en un partido trascendente del Racing, quizá contra el Madrid, quizá contra el Barça, Maguregui, corría la temporada 1984/85, durante la charla previa en el vestuario, aleccionó a los futbolistas con una táctica sencilla: "Si hay un saque de banda, se la damos a Setién; el portero saca y se la da a Setién; si hay una falta lejana al área rival, se la damos a Setién; si hay una falta directa, la tira Setién; si hay un córner, lo saca Setién y se la pone a Setién para que remate". "Míster —dijo Setién—, yo no puedo hacer las dos cosas". "Mire, si usted no se siente preparado para este partido, no juega."»

Mejor le iría a este fútbol moderno si mezclara los *tiki takas* que asolan el panorama con perfiles amarrateguis como Nereo Rocco, archiduque del *catenaccio*; Diego Simeone, máximo exponente actual de este perfil; Otto Rehhagel, emperador de la Grecia Campeona de Europa con cerrojazos impenetrables; Marcello Lippi, exportador del *catenaccio* a China; Javier Clemente, inventor del triple pivote en medio campo compuesto por tres centrales; Fabio Capello, dos veces campeón de Liga con el Real Madrid con un fútbol sinceramente rancio pero efectivo; Carlos Salvador Bilardo, pisalo, pisalo; Lucas Alcaraz, opción de febrero-marzo cuando los descensos acechan de manera insoportable y ya da igual todo.

---

1. *El País*, 30 de diciembre de 2013.

HOMO FILOSOFENSIS

Cuanto más te aproximas al portero, más te alejas del gol. Dime con qué mediocentro juegas y te diré qué equipo eres. Messi representa el paradigma sistémico y contextual. Todos estamos en el contexto, y el contexto está en nosotros. Messi es la prueba más evidente. No es lo mismo la posibilidad que la probabilidad; a mí me gustan los equipos que buscan la probabilidad. La duda es sabiduría, pero los técnicos no tenemos derecho a mostrarla. No hay que atender a los dibujitos. Para mí en el 4-1-4-1 hay tres delanteros. Y es que, en cuanto se mueve el balón, el dibujito se fue al carajo. No arriesgar es lo más arriesgado, así que, para evitar riesgos, arriesgaré. El fútbol se ha convertido en un consolador social. Iniesta representa el todo, y Messi, la parte. Messi necesita más a Andrés que Andrés a Messi. Tu rival también es parte de ti. El fútbol no es una isla, es un continente.

El fútbol es la vida. Cada cambio, cada gesto, cada rueda de prensa, cada alineación creada por el *Homo Filosofensis* se convierte en una auténtica lección vital de cuyo verdadero significado nosotros, espectadores desnortados, no somos capaces de aprehender ni un mísero

0,01 %. No entendemos nada. ¿De verdad es imprescindible marcar goles teniendo un 86 % de posesión? ¿Es el gol la necesidad última? ¿Por qué somos tan primitivos? ¿Cómo es posible que lo midamos todo en función de victorias/derrotas? ¿No existe un bien superior al que orientar nuestras cuitas deportivas?

Existe, claro que existe. Y entrenadores como Juan Manuel Lillo, Pep Guardiola, Jorge Valdano, César Menotti, Paco Jémez o Pacho Maturana iluminan nuestro camino hacia él.

HOMO VARONDANDY MINGITORIBUS MAXIMUS

El *Homo Varondandy Mingitoribus Maximus* se caracteriza por seguir al pie de la letra la pegadiza letanía de Vicente Fernández: «Con dinero y sin dinero, hago siempre lo que quiero, y mi palabra es la ley». Y no solo eso: su palabra es la ley porque siempre le asiste la razón, basada en unos valores humanos incuestionables que le permiten despreciar cualquier forma de comportarse que no sea la suya.

El *Homo Varondandy Mingitoribus Maximus* camina a unos cincuenta centímetros por encima de la superficie terrestre mientras se queja de la no esfericidad del esférico: «Es imposible marcar con un balón como este, y puedo decirlo ahora porque hemos ganado, no estoy poniendo excusas. Todos mis jugadores han dicho: "¿Qué es esto?". Lo siento, pero no es un balón serio para una competición seria. Es *marketing*, dinero. OK, pero no es aceptable. No pesa nada».[2]

O de la actuación arbitral, aunque hayan manifestado previamente que jamás hablarán de los trencillas («Prefiero decir en alto que no hablo de árbitros porque así luego no podré quejarme y quedar como uno que solo lo hace cuando le conviene»):[3] «Le dije al colegiado que era gol. El año pasado, contra el Mónaco, con el 1-1 en el marcador, Agüero se iba contra el portero... Y era el mismo árbitro. Lo conozco de España. Es diferente irse 2-0 al descanso que 1-0. En esta competición, este tipo de acciones marcan la diferencia. El año pasado expulsan a Vidal contra el Real Madrid en el momento en el que mejor estaban jugando».[4]

O de que su Manchester City no compite en igualdad de condiciones, cuando todos sabemos que es un club que se nutre exclusivamente de la cantera: «A veces has de tener suerte en una temporada y no tener lesiones graves. O tener una plantilla con veintidós jugadores top para competir en cuatro frentes. Y para tener estos veintidós jugadores top, quizás hace falta tener el dinero que nosotros no tenemos».[5]

El *Homo Varondandy Mingitoribus Maximus* tiene un porcentaje de efectividad en sus decisiones incluso superior al cien por cien que se le atribuye al santo padre. Y en el dudosísimo

caso de que se equivoque, la culpa es siempre del empedrado de turno.

El *Homo Varondandy Mingitoribus Maximus* es, ya lo habrán adivinado, único en su especie.

HOMO GENIUS TACTICI

La principal virtud del *Homo Genius Tactici* es su capacidad innovadora. Generar tendencias y esquemas revolucionarios en el mundo del fútbol, que necesita a estos indómitos exploradores tácticos para no quedarse anclado en el tiempo del patadón y tentetieso. El *Homo Genius Tactici* sufre a menudo críticas injustas motivadas, sin duda alguna, por los envidiosos a los que les sacas del 4-4-2 o del 4-3-3 y no son nadie. Y son carne de memes creados por *youtubers*, *instagramers* y otras gentes modernas de baja ralea, que parece que no son capaces de apreciar en lo que vale la genialidad ajena.

Históricamente, el fútbol ha ido avanzando al ritmo que han marcado los *Genius Tactici*. Aquí les dejamos algunos hitos imprescindibles:

EL CUADRADO MÁGICO (Vanderlei Luxemburgo): «El cuadrado mágico nace con los ángulos mágicos, con el rombo girado. Entre todos mis hombres quiero que queden distancias triangulares entre tres jugadores

2. Pep Guardiola, *ABC*, 25 de octubre de 2017, tras pasarlo mal en un encuentro de la Carabao Cup.

3. Pep Guardiola, *Marca*, 11 de enero de 2012.

4. Pep Guardiola, en rueda de prensa tras ser eliminado de la Champions League por el Liverpool en abril de 2018.

5. Pep Guardiola, declaraciones recogidas por *El Economista*, 29 de enero de 2018.

porque eso significa que ocupo más espacio y que hay poca distancia entre ellos. De este modo, el equipo nunca está con zonas vacías. Esas demarcaciones que en defensa pintan un dibujo en rombo, en ataque dibujan un 3-4-3. Esta variante te permite hacer ese 4-2-2-2».[6] Poco hay más que decir. Lamentablemente, el inventor del cuadrado mágico (de Playtex) solo duró un año a los mandos del Real Madrid. Lo sustituyó Juan Ramón López Caro.

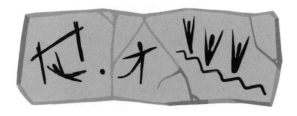

LA IMPORTANCIA DEL SAQUE DE BANDA EN EL JUEGO DE ATAQUE (Benito Floro): a Floro se le recuerda de manera injusta por una cámara traicionera de Canal+ que captó un discurso motivacional a su muchachada madridista en un descanso en Lleida: «¿Dónde están esos cojones y la calidad y las ganas de jugar? ¡He dicho maricón el que la pierda! Poniéndolos, poniéndolos, y nada más, y lo demás son tonterías. Un día uno, un día otro, un día el equipo, pero estoy viendo… ¡Qué lamentable! ¿Dónde está el equipo? A tomar por culo el balón, y las cagaditas, el pelele y lo otro y lo otro y quiero hacer mucho, total… ¡Joder, que sois el Real Madrid, hijos! Un montón de almas, un montón de cariño, un montón de déficit en el club. Está en vosotros, ¡qué cojones! ¡Sufrir, me cago en Dios! ¡Ganad el partido sin excusas! ¡Haced lo que os salga de la polla ahí, pero ganad, coño! ¡Me cago en la hostia! ¿Cómo puede ser uno jugador y no llegar al remate sufriendo? ¿Cómo puede ser uno jugador y quitarse de encima? ¿Cómo puede ser uno jugador y no anticiparse porque le han metido un gol o porque le han hecho a otro…? ¡Me cago en Dios! ¿Cómo puede hacer un jugador del Real Madrid eso? Un equipo que el año pasado estaba en Segunda B, Segunda A. ¡Con el pito nos los follamos, con el pito! ¡Dios! ¿No os da vergüenza? ¡Me cago en Dios!».[7]

Más allá del porcentaje de blasfemias por renglón cuadrado, impropio de una publicación tan pulcra como esta, la arenga nos otorga una visión privilegiada del modo Clark Kent/Superman en el que se manejaba Floro. De día, probo funcionario entrenadoril con sus jugadas ensayadas, su fútbol de laboratorio y su perfecta ocupación de los espacios desde la simetría del 4-4-2. De tarde-noche de domingo, fiero motivador tradicional patibulario. Por eso, pensamos que a Floro se le debería recordar por esa mítica conferencia de tres horas sobre «La importancia del saque de banda en el juego de ataque», que nos hizo ver a todos que, tras esa suerte del juego, aparentemente funcionarial, se abría en realidad un nuevo universo, repleto de posibilidades.

LA MEDIA PUNTADA (Omar Pastoriza): Pasto-

---

6. *As*, 7 de septiembre de 2005.

7. Transcripción de *Marca*, 31 de mayo de 2016.

riza, solución de emergencia de ese Atleti de Jesús Gil de principios de los noventa, solo pasó treinta y cinco días al frente del equipo rojiblanco. Más que suficientes para iluminarlos con esta perla táctica: al preguntarle con qué sistema pensaba jugar, respondió que con Bernardo (Schuster) en la media puntada y con dos muchachos por las bandas. La media puntada. El lugar donde se hacen realidad los sueños futbolísticos.

LA WM (Herbert Chapman): ahora ya estamos acostumbrados a las variaciones continuas en los sistemas tácticos, pero cuando Chapman creó la WM en 1925 se produjo la primera revolución estratégica en el fútbol. En ese año se cambió la regla del fuera de juego, ya no eran necesarios tres defensores entre el atacante y la línea de gol para habilitarle, sino dos, por lo que Chapman aprovechó para cambiar el 2-3-5 que usaban todos los equipos a un 3-2-2-3 que dibujaba una WM sobre el campo. Durante treinta años fue el sistema de referencia de todos los entrenadores. *Respect*.

EL PORTERO-JUGADOR (Johan Cruyff): Busquets padre paraba los balones con aparente dificultad (algún malintencionado de la canallesca le bautizó como «el portero sin manos»), pero sacaba el balón jugado como el mismísimo Beckenbauer. Y con eso a Cruyff le valía. Si detenía alguna, fenomenal. Pero lo importante es que podía jugar con un defensa menos porque Busi hacía de líbero, de lateral derecho, de central..., y de extremo izquierdo no, porque no le dejaban. Que si no, hubiera dado gloria verle corriendo la banda del Camp Nou embutido en sus inolvidables pantalones largos de chándal. Y, ojo, que se ganó el puesto en durísima pugna con el yerno de su entrenador.[8] Ahí es nada.

EL FÚTBOL TOTAL (Rinus Michels): es un sistema utilizado por el Ajax y la Holanda[9] de Cruyff en el que, teóricamente, el jugador que abandona una posición es sustituido por un compañero, lo que permite que la disposición táctica sea la misma en todo momento. Muchos dicen que aquellos dos equipos holandeses fueron los que mejor jugaron en la historia del fútbol, pero, en realidad, el auténtico fútbol total lo ejecutaron los conjuntos de Van Gaal. Totalitario, más que total.

HOMO CARPETOVETONICUS

El entrenador nacional racial, u *Homo Carpetovetonicus*, es una especie difícil de observar más allá de los confines de la península ibérica. Se define por el gesto adusto, la cara rebanada por los surcos que provocan las preocupaciones de la lucha por la permanencia, la escasa (en general) estatura, una estructura corporal más Fernando Esteso que Jon Kortajarena y cierta incapacidad para transmitir sus reflexiones en las ruedas de prensa.

El *Homo Carpetovetonicus* es sinónimo de hombre de la casa, aunque el club al que vaya no lo sea; de esforzado trabajador en el que

---

8. Jesús Mariano Angoy contrajo matrimonio con Chantal Cruyff. Estiró su permanencia en el Barcelona B hasta los veintiocho años. Luego se pasó al fútbol americano y fue *kicker* de los Barcelona Dragons, entre otros equipos.

9. Que sí, que es Países Bajos. Ya lo sabemos, *panenkitas*.

se puede confiar cuando las cosas vengan mal dadas, aunque sus equipos no nos asombren con su *jogo bonito*, ni nos deslumbren con filigranas técnico-tácticas. El *Homo Carpetovetonicus*, con puesta en acción de otro tiempo, conoce mejor que nadie en qué portería es mejor jugar el primer tiempo un sábado por la tarde en Las Gaunas, o en qué estadio el bocata de panceta es de calidad superior. Y con eso, amigos, quizá no se ganan ligas, pero la pureza del fútbol podrá continuar sobreviviendo.

Entre otros *Homos Carpetovetonicus* ilustres podríamos citar a Manolo Cardo, triunfador en varias temporadas en su Sevilla; Paco Chaparro, apagador de fuegos bético; Fabriciano González Penelas, «Fabri», director técnico de unos cuatrocientos cincuenta y siete clubes a lo largo de su carrera profesional; Joaquín Caparrós, «Jokin», *Carpetovetonicus* integral con querencias *Filosofensis*; Iñaki Sáez, costumbrista seleccionador nacional; José Antonio Camacho, pura raza española.

HOMO MOLOWNYCUS

La vida del *Homo Molownycus* es apasionante. Un día estás desayunando un café con leche y unas porras en la cafetería del club mientras atacas el *ABC* y, de repente, suena tu teléfono. Miras asombrado la pantalla. Es el presi. ¿Qué querrá a estas horas? Si a mí no me llama nunca. Descuelgas. Saludas. Te levantas. Te pones firme. Se te escucha responder: «Claro que sí, no se preocupe». Porque tú, antes que nada, eres un hombre de club. Cuelgas. Miras a tu alrededor. No hay nadie. Solo Eusebio, el camarero. Se lo cuentas: «Han echado a XXXXX [póngase aquí el nombre del entrenador cesado que más le convenga]. Me hago cargo del equipo». Escuchas en tu interior, de fondo, la banda sonora de *El Equipo A*.

Nunca recurren al *Homo Molownycus* cuando el equipo se ha salvado a falta de seis encuentros. O cuando va primero a diez puntos del segundo. Esa llamada es sinónimo de tormentón, de angustia, de zozobra. Sabes que te enfrentas a un vestuario desmotivado, a una prensa con el colmillo preparado, a una afición que tiene todas las dudas del mundo. Te da igual. Sabes que vas a salir adelante, hasta que traigan a otro. Y si la inquietud te acecha, piensas QHM: «¿Qué Haría Molowny?».

Luis Molowny, el genio que da nombre a esta categoría antropológica, fue un entrenador que se hizo cargo del Real Madrid en diversos momentos de crisis durante las temporadas 73/74 (suple a Miguel Muñoz, gana la Copa), 77/78 (a Miljanic, gana la Liga), 78/79 (continúa, gana la Liga), 81/82 (a Boskov, gana la Copa), 84/85 (a Amancio, gana la UEFA y la Copa de la Liga) y 85/86 (continúa, gana la Liga y la Copa de la UEFA). Un hombre de club, sin más ambición que servir cuando hiciera falta, cuya táctica más desarrollada siempre era el sentido común: «Chicos, salgan y jueguen como saben».

Nuestro héroe nacional, Vicente del Bosque, fue el *Homo Molownycus* que ocupó el sitio de Molowny en el equipo de Concha Espina antes de ascender a la gloria sudafricana. Pero nuestra geografía siempre ha estado muy bien poblada de Molownycus: Antonio Briones e Iselín Santos Ovejero en el Atlético de Madrid, Voro en el Valencia, Nando Yosu en el Racing, los mencionados Chaparro y Caparrós en Betis y Sevilla, Antonio Tapia en el Málaga..., y Robert Moreno & Fernando Hierro, los entrenadores preferidos de Rubiales.

HOMO CARNETENSIS

El *Homo Carnetensis*, también conocido como *Pajax Hominem*, pone su titulación profesional al servicio de su club y/o su presidente, sin dolerle prendas por ello. Conocedor de su bajo perfil, le basta con ser «el hombre al que susurraba en el oído su presidente» para ser feliz, aunque las alineaciones y los cambios no los decida él, sino quien le paga.

Sin duda, el ejemplo paradigmático de esta categoría es Chuchi Cos, el sempiterno entrenador de confianza de Dimitri Piterman, que le acompañó en su paso atilesco por el Palamós, Racing y Alavés. Cos, carné; y Piterman, fotógrafo. Los Hermanos Tonetti en el banquillo.

Podría parecer que este tipo de conductas que desembocan en el *Homo Carnetensis* están en vías de extinción. Pero en 2019 hemos asistido a un nuevo brote en Salamanca con el fichaje/despido casi inmediato de Chiquimarco, el exárbitro mexicano reciclado en comentarista televisivo. Marco Antonio Rodríguez Moreno, que así se llama, fue contratado como *Homo Carnetensis* ante la falta de licencia europea de su compatriota José Luis Trejo. Una vez firmado el contrato se descolgó con que «el título de entrenador debe ejercerse con profesionalidad y ética. Un genuino entrenador no vende al mejor postor su inversión en años de preparación y jamás permite ser prestanombre y que otros sin la cualificación europea le utilicen». Pues lo tienes crudo, nos tememos.

5.
JUGADORES DE PELÍCULA

«—Ya dijo Shakespeare que la vida entera es un teatro.
—Perdone, señora, pero yo no sigo mucho el fútbol inglés.»

La vida es un milagro, de EMIR KUSTURICA

Fútbol y cine. En su magna obra literaria del mismo nombre, nuestro ilustre prologuista asegura que «las dos grandes pasiones de nuestro tiempo combinan poco y mal». No nos queda más remedio que estar de acuerdo.

Al margen de la dificultad técnica de recrear en cinemascope (o similar) las diferentes suertes de nuestro amado deporte, la complicación extrema se produce en la selección de actores/jugadores. El *casting* es como una manta corta: si te tapas la cabeza contratando a un buen jugador de fútbol, te destapas los pies de su capacidad actoral. Y si te tapas los pies fichando a un actorazo, te destapas la cabeza de su habilidad futbolera.

Nos hablan de la guerra en un plano secuencia casi infinito, de una catástrofe nuclear o de las vicisitudes de Gotham, y no vemos las trampas; todo nos parece bien. Pero en cuanto el balón asoma en la gran pantalla, nuestros sensores hiperentrenados se activan para detectar el más mínimo fallo: controles desorientados, avances estilo Oliver y Benji superando adversarios sin amagar siquiera con una finta, remates que claramente se iban al tercer anfiteatro y entran sospechosamente por la escuadra...

Algo nos huele a podrido en las películas futboleras.

Aunque así no hay manera de construir un superhéroe futbolístico, a lo largo de la historia muchas estrellas del cine han intentado convertirse también en estrellas del balompié.

82 PO

HATCH

90 EST	95 REF
85 PAR	92 VEL
85 SAQ	50 POS

EVASIÓN O VICTORIA
Sylvester Stallone encarna a un portero que detenía los balones con cualquier parte del cuerpo, menos con las manos.

72 SD

CURSI

67 RIT	84 REG
80 TIR	50 DEF
76 PAS	55 FIS

RUDO Y CURSI
Gael García Bernal representa a un pinturero delantero del CD Amaranto que, además de meter goles, es cantante de medio pelo.

74 DC

CACHO GARIBALDI

77 RIT	77 REG
80 TIR	54 DEF
75 PAS	66 FIS

EL CENTROFORWARD MURIÓ AL AMANECER
Arturo Arcari da vida al delantero centro del Nahuel Athletic, cuyos derechos compra un millonario y se lía parda.

80 MCO

ANTONIO

85 RIT	70 REG
80 TIR	85 DEF
67 PAS	90 FIS

DÍAS DE FÚTBOL
Ernesto Alterio es el líder espiritual de Brasil, un equipo de fútbol 7 maestro en la presión e intimidación de colegiados.

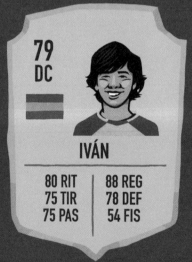

79 DC

IVÁN

80 RIT	88 REG
75 TIR	78 DEF
75 PAS	54 FIS

EL SUEÑO DE IVÁN
Óscar Casas, a sus once años, nos da una lección sobre cómo alinear indebidamente a un jugador sin que se note.

73 MCO

MÚÑEZ

80 RIT	76 REG
78 TIR	58 DEF
66 PAS	75 FIS

¡GOOOL! II
Kuno Becker. Una asistencia, un gol y una falta provocada, para remontar un 0-2 en los últimos seis minutos y llevarse una Champions.

67
MI

EITAN

70 RIT	66 REG
65 TIR	60 DEF
70 PAS	58 FIS

BLOOMFIELD

Richard Harris se pone en la piel de un centrocampista viejuno que avanza agónicamente por el campo a velocidad Oliver y Benji.

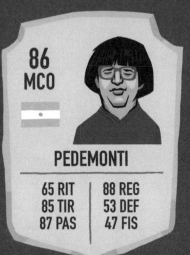

86
MCO

PEDEMONTI

65 RIT	88 REG
85 TIR	53 DEF
87 PAS	47 FIS

TODO X 2$

Alfonso Grispino interpreta a un trasunto maradoniano con una vida de excesos y estupefacientes: «lo que diga la AFA me lo paso por el *toor*».

ERIC CANTONA

ENTRENADOR

BUSCANDO A ERIC

No hay mejor *coach* vital que Cantona interpretándose a sí mismo, por eso le elegimos como director técnico.

65
DC

ARIZA

66 RIT	67 REG
50 TIR	65 DEF
70 PAS	85 FIS

ONCE PARES DE BOTAS

Un talludito José Suárez es la estrella del CD Hispania, que defiende la pureza de la competición como si de un Tebas se tratara.

78
MCO

GRIMBLE

75 RIT	75 REG
80 TIR	55 DEF
80 PAS	45 FIS

EL SUEÑO DE JIMMY GRIMBLE

Dado su rendimiento en el film, es extraño que Pep Guardiola no haya contado con Lewis McKenzie para su City.

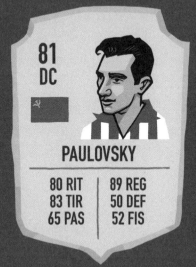

81
DC

PAULOVSKY

80 RIT	89 REG
83 TIR	50 DEF
65 PAS	52 FIS

EL FENÓMENO

Un Fernando Fernán Gómez en el apogeo de su poderío físico encarna a un oportunista goleador ruso fichado por el Castellana FC.

6.
LOS
HERMANÍSIMOS

«Le daría una patada a mi propio hermano si fuera necesario.
Eso es ser profesional.»

STEVE MCMAHON

Juan Guerra, Mónica Cruz, Agustín Pantoja... El sindicato de hermanos españoles está lleno de casos de eclipsamiento por parte del hermano (más) famoso. El efecto halo es lo que tiene: al hermano secundario se le presuponen características y condiciones excepcionales por el mero hecho de serlo.

Y, como diría Antonio Ozores: «¡No, hija, no!».

Los hermanos no son igual de buenos. Siempre hay uno mejor. Salvo en el caso de Hamit y Halil Altintop, gemelos hasta en lo malos que son. Pero los aficionados (e incluso los técnicos) prefieren pensar que sí. Y la frustración con los *hermanísimos* suele ser grande. Además, se acrecienta si el hermano original manifiesta aquello de «mi hermano es mejor que yo», mezclando falsa humildad y ganas de ayudar a la sangre de su sangre.

Pero los hermanos no tienen la culpa. Bastante tenían con aguantar la denominación «segundo» con la que los bautizaban para distinguirlos del hermano original, del bueno. Los hermanos Rojo y Rojo Segundo (escrito Rojo II). Segundo. Ya partimos de una posición *loser* y de ella no vamos a salir.

JOSÉ FÉLIX GUERRERO

Defensor de tez morena, José Félix Guerrero era todo lo contrario física y futbolísticamente a su rubicundo y mediapunta hermano. Los Zipi y Zape futboleros.

Claro que Zipi lideró una revolución: mientras se inflaba a meter goles con el Athletic, las chicas le trataban cual un Brad Pitt acuñado en Portugalete. La *julenmanía* arrasó nuestro país a mediados de los noventa. Guerrero (el bueno) lo tenía todo: jugadorazo, guaperas y con pinta de que iba a acabar en alguno de los grandes. Guerrero (el otro), pues no tanto. Lo suficiente como para ser traspasado por cuatrocientos millones (de pesetas, evidentemente) del Racing a la Real Sociedad, donde tampoco acabó de triunfar.

		1.ª DIVISIÓN	INT
JULEN	Athletic	372 (101)	41 (13)
JOSÉ FÉLIX	Athletic B, Eibar, Racing, Real Sociedad	58 (2)	-

LALO Y HUGO MARADONA

En general, el mundo del hermanismo futbolístico es harto complicado. Imagina si tu hermano es el mismísimo Diego Armando Maradona, el D10S original. A ver cómo se responde a las expectativas. Mal, ya se lo adelantamos.

Fueron dos los hermanos maradonianos que se dedicaron profesionalmente al fútbol: Lalo y Hugo. Lalo, seis años menor que Diego, jugaba más o menos en su misma posición, pero las diferencias eran notables. Según Diego, a favor de Lalo: «Es mucho mejor que Hugo y que yo técnicamente. Es más elegante y el más dotado técnicamente de los tres.

Pero nosotros quizá tengamos mejor condición física y somos más expertos. A nosotros, Lalo nos pinta la cara técnicamente». Lalo jugó un par de partidos con Boca Juniors antes de ser traspasado al Granada, que militaba en Segunda División. En el acuerdo del traspaso figuraba un partido amistoso en el que jugarían juntos los tres hermanos vistiendo la camiseta nazarí. El 15 de septiembre de 1987 se celebró tan magno e histórico acontecimiento, en el que Diego le cedió la camiseta número 10 a Lalo ante los aplausos de la afición local. Aplausos que no se repitieron cuando el Granada descendió a Segunda B al final de la temporada.

Hugo, el más pequeño, se convirtió en un semimito para la afición del Rayo Vallecano a pesar de su renuncia inicial a vestir una camiseta como la de River cuando los Maradona son de Boca de toda la vida. El Turco participó dos temporadas en Vallecas a plena satisfacción del respetable, incluido un ascenso, para acabar su carrera goleando en la temible liga japonesa.

		1.ª DIVISIÓN	INT
DIEGO ARMANDO	Argentinos Juniors, Boca Juniors, Barcelona, Nápoles, Sevilla, Newell's	491 (259)	91 (34)
LALO	Boca Juniors, Granada, Avispa Fukuoka, Defensa y Justicia, Toronto Italia, Deportivo Municipal, Deportivo Laferrere, Deportivo Italia	-	-
HUGO	Argentinos Juniors, Ascoli, Rayo Vallecano, Rapid Viena, Deportivo Italia, PJM Futures, Avispa Fukuoka, Consadole Sapporo, Brown de Arrecifes	-	-

LOS HIERRO

El triunvirato de futbolistas malagueños no sigue el canon hermanístico que reza que el primer hermano es el bueno. Al contrario. En el caso de los Hierro, el muy bueno es Fernando, Hierro III. El bueno es Manolo, Hierro II; y el menos bueno, Antonio, Hierro I.

Por orden de aparición ante nuestras pantallas, Antonio Hierro en la temporada 81/82 con el Málaga, donde permaneció durante casi toda su carrera como aseado central, hasta su salida en la 88/89 al Hércules, donde acabó su carrera deportiva, ya en Segunda B.

Manolo, central a la antigua usanza, de los de rapidez dudosa pero intimidación constante, coincidió con Antonio en el Málaga durante seis temporadas, y con Fernando en el Valladolid de Cantatore. Al término de esa campaña, ficha por el Barcelona de Cruyff en un traspaso millonario. Cuenta la leyenda que, en realidad, querían al otro hermano y... se equivocaron. Lógico: los dos se llamaban Ruiz Hierro de apellido, eran altos y tenían el pelo rizado. Total, que Hierro solo hizo la pretemporada con el Barça y fue cedido al Betis para nunca volver.

		1.ª DIVISIÓN	INT
ANTONIO	Málaga, Hércules	43 (0)	–
MANOLO	Málaga, Valladolid, Barcelona, Betis Tenerife	175 (7)	–
FERNANDO	Valladolid, Real Madrid, Al-Rayyan, Bolton	685 (131)	89 (29)

IVÁN PÉREZ

La lucha de los *hermanísimos* por salir de la sombra siempre presenta enormes dificultades. Pero cuando a tu hermano no es que le pongan una calle en su pueblo, o que dé nombre a un polideportivo de los de pista de *tennisquick* cubierta con uralita, sino que nada más y nada menos que UN ESTADIO DE PRIMERA DI-

VISIÓN fue bautizado con su nombre, la tarea se antoja titánica.

El hermano pequeño del delantero que da nombre al Coliseum getafense también jugaba en posiciones atacantes, pero nunca llegó a alcanzar los niveles de calidad del pionero en utilizar botas blancas en el fútbol español.

Típico delantero de área de los que están siempre con la caña preparada, Iván disfrutó de una carrera bastante destacada para ser un *hermanísimo*: fue miembro del Super-Dépor campeón de Liga (jugar, lo que se dice jugar, jugaba poco) y consiguió el campeonato de Europa sub-21, del que fue máximo goleador. No era Alfonso, claro que no, pero hizo lo suyo. Eso sí, no nos consta que exista un Iván Pérez Stadium, pongamos por caso.

		1.ª DIVISIÓN	INT
ALFONSO	Real Madrid, Betis, Barcelona, Olympique de Marsella	318 (88)	38 (11)
IVÁN	Real Madrid, Extremadura, Betis, Girondins, Deportivo, Numancia, Leganés, Girona	74 (7)	–

PACO SANZ

«Yo sé que soy muy malo; espera: malo no sé, pero peor que los que juegan.»[1] Admirable confesión la de Paco Sanz con respecto a su falta de calidad. Entonces, ¿cómo es posible que permaneciera en equipos de Primera División durante cinco temporadas?

Quizá se debiera a sus múltiples conexiones, de las que no se avergonzaba: «Los comentarios me entran por un oído y me salen por el otro. Que me acusen de ser hijo de mi padre me encanta, estoy orgulloso de mi apellido. Tal vez esto facilitase mi entrada en el

---

1. *El País*, 7 de junio de 1999.

club. Pudo ayudar, no lo niego. Pero pasa en todas las empresas. Los contactos, las buenas relaciones, ayudan a entrar en un sitio u otro».[2] Pues, contactos, Paco los tenía todos. *Hijísimo* de Lorenzo Sanz, presidente del Real Madrid. *Hermanísimo* de Fernando Sanz y, por tanto, *cuñadísimo* de Ingrid Asensio, hija de Antonio Asensio, dueño del Mallorca, donde Paco formó durante tres largas temporadas en las que jugó cinco minutos en Liga y otros cuarenta y cinco en Copa. Y *cuñadísimo* también de Míchel Salgado.

Dicen los privilegiados que le vieron sobre el césped, fuera de un banquillo, que en las categorías inferiores del Real Madrid era un proyecto de Míchel, un interior derecho con llegada y centro. Los que solo veíamos los resúmenes del *Estudio Estadio* nunca lo sabremos.

		1.ª DIVISIÓN	INT
PACO	Oviedo, Racing, Mallorca	8 (0)	-
FERNANDO	Real Madrid, Málaga	240 (5)	-

MATHIAS POGBA

Aquel verano en el que Zinedine Zidane se enamoró perdidamente de Pogba, pero Florentino Pérez no se veía con el suficiente ánimo para cerrar el fichaje, el C. D. Manchego se adelantó a los acontecimientos con la contratación de su propio Pogba. Mathias, claro, aunque también podía haber sido su gemelo Florentin (sí, Florentin), que pasó en su día por las categorías inferiores del Celta.

Por supuesto, según *OK Diario* (¿hay fuente más fiable?), la operación formaba parte de una conspiración florentinesca para abatir la resistencia del centrocampista francés del Manchester United. «El C. D. Manchego "acerca" a Pogba al Madrid: su hermano Mathias jugará en Ciudad Real.» Sin duda, una táctica *fichajil* brillante donde las haya, aunque el hermano manchego la desmentía con crudeza: «Estoy aquí porque estoy aquí, no porque mi hermano pueda venir. Mathias Pogba quiere venir aquí».

Mientras Paul llega o no llega, Mathias deambula con más pena que gloria por los campos de césped artificial del grupo XVIII de Tercera División (aunque A DÍA DE HOY ya no juega en el Manchego sino en el Lorca F. C.) y por los platós también artificiales de *El chiringuito de jugones* en calidad de *hermanísimo*-tertuliano-polemista.

		1.ª DIVISIÓN	INT
PAUL	Manchester United, Juventus	224 (52)	71 (8)
MATHIAS	Quimper Wrexham, Crewe Alexandra, Pescara, Crawley Town, Patrick Thistle, Sparta Rotterdam, Tours, Manchego, Lorca	44 (6)	4 (0)

LOS ÑÍGUEZ

Tres eran tres los hijos futbolistas de Boria. Tres eran tres y solo uno de ellos era realmente bueno.

¿Solo uno? Aarón destacó como una de las grandes promesas del fútbol español y batió el récord de precocidad del Valencia en la Champions cuando Quique Sánchez Flores le dio la alternativa con solo diecisiete años y medio. Después, el fútbol, ya se sabe. El entrenador que no confía, la cesión que no funciona, la lesión que llega en el peor momento... Da la sensación de que había más Aarón que el que pudimos conocer.

Jony es un clásico de la Segunda y la Segunda B, categoría en la que contribuyó al

2. Ibid.

CUANDO LO PIDES EN ALI EXPRESS

CUANDO TE LLEGA A CASA

ascenso del Elche, el equipo de toda la vida de los Boria. Aarón también jugó allí y logró ascender, por lo que solo queda Saúl para hacer el *hat-trick* ilicitano. Un *hat-trick* que consiguieron los tres por separado al marcar en el mismo fin de semana: Saúl con el Atlético contra Las Palmas, Aarón con el Tenerife frente al Alcorcón y Jony con el Alcoyano contra el Atlético Baleares.

		1.ª DIVISIÓN	INT
AARÓN	Valencia, Xerez, Iraklis, Glasgow Rangers, Celta, Recreativo, Almería, Elche, Sporting Braga, Tenerife, Oviedo, Johor Darul Takzim	70 (0)	-
JONY	Valencia Mestalla, Real Madrid Castilla, Villarreal B, Ontinyent, Mirandés, Guadalajara, Alcorcón, Rio Ave, Feirense, Koper, Alcoyano, Mallorca, UCAM Murcia, Elche	1 (0)	-
SAÚL	Atlético, Rayo Vallecano	173 (20)	19 (3)

JON BAKERO

La misma figura, la misma estatura (1,72), la misma melenita. Con las rayas azules y blancas de la Real Sociedad, Jon Bakero parecía un *remake* de su hermano, pero ocho años más joven y más adelantado en el campo. Como José Mari, comenzó en Zubieta y saltó a Barcelona. Como José Mari, apuró su carrera en México. Lo que sucedió entremedias quizá no se parezca tanto.

Actualmente, otro Jon Bakero, su sobrino (el hijo de José Mari), también trata de labrarse un futuro en el fútbol. Fue titular durante sus cuatro años en la Universidad de Wake Forest (Carolina del Norte) y desde entonces ha pasado por media docena de equipos, incluidos dos de la Major League Soccer (MLS) como Chicago Fire y Toronto FC. Jon Bakero II es asimismo *hermanísimo* de Lorea Bakero, exconcursante del *reality Pekín Express*.

		1.ª DIVISIÓN	INT
JOSÉ MARÍA	Real Sociedad, Barcelona, Tiburones rojos de Veracruz	483 (139)	30 (7)
JON	Real Sociedad B, Barcelona B, Almería CF, Barcelona B, Málaga, Gavá, Atlético Yucatán, Puebla, Universidad de Las Palmas, Gáldar	-	-

JUANMI CALLEJÓN

«Nunca he tenido celos porque mi hermano haya jugado en ese tipo de equipos y haya conseguido cosas importantes. Ni mucho menos, al final uno siempre tiene que estar de la mano con su hermano.»

Juanmi y José son gemelos, pero su trayectoria futbolística es bastante divergente. Al estilo de la viejuna serie televisiva *Hombre rico, hombre pobre*, el camino de los Callejón coincidió durante varios años en la cantera del Real Madrid, pero al llegar a profesionales sus destinos se separaron. Juanmi debutó y se despidió de la Primera División española en el mismo partido con el Mallorca, para emprender una trayectoria *willyfoguística* que le llevó a Grecia, Arabia Saudí y Bolivia, donde ha echado raíces y es una de las estrellas del campeonato (*pichichi* del Trofeo Apertura en 2014 y 2016). Incluso se rumorea que le quieren nacionalizar para incorporarse a la selección del país andino, aunque su reciente incorporación al Marbella quizás enfríe esta tendencia.

Luis Enrique, estás a tiempo de hacerte un Bojan y evitarlo.

		1.ª DIVISIÓN	INT
JOSÉ	Espanyol, Real Madrid, Nápoles	377 (75)	5 (0)
JUANMI	Real Madrid Castilla, Mallorca, Albacete, Córdoba, Hércules, Leviadakos, Al-Ettifaq, Bolívar, Marbella	262 (125)	-

DAVID KARANKA

No llegó a jugar con su hermano en San Mamés. Cuando llegó al primer equipo del Athletic, Aitor (cinco años mayor) se había marchado ya al Real Madrid. Y cuando regresó a Bilbao, cinco temporadas y tres Champions después, el que no estaba era David. Delantero (nada que ver con su hermano, central), vivió sus mejores temporadas en Segunda: primero en el Extremadura y luego en el Real Murcia, en cuyo ascenso resultó clave. Le entrenó David Vidal, al que señaló como referente al comenzar su carrera en los banquillos. Cualquier otra apreciación sobre el preparador gallego nos habría decepcionado.[3]

Hizo bueno aquello de «Murcia, qué hermosa eres». Compró casa allí y volvió para finalizar su carrera en dos equipos próximos: el Orihuela (Segunda B) y el Cieza (Tercera). Luego se convirtió en segundo entrenador del Murcia. ¿A qué esperas para llamarlo, Mou?

		1.ª DIVISIÓN	INT
AITOR	Athletic, Real Madrid, Colorado Rapids	275 (4)	1 (0)
DAVID	Basconia, Bilbao Athletic, Extremadura, Athletic Club, Murcia, Sporting, Real Unión, Sant Andreu, Guijuelo, Orihuela, Cieza	39 (8)	-

SABIN ILIE

Claudio Ranieri estuvo inspirado al apodar «La cobra» a Adrian Ilie: «Es letal, te pica y te mata». Lo que no ha trascendido es cómo llamaba a su hermano, Sabin Ilie, también delantero pero con bastante menos veneno. En el vestuario del Valencia se le conocía como «El longanizo».

Adrian llegó en invierno y marcó doce goles solo en la segunda vuelta, un promedio digno de pelear el pichichi en aquellos años. Normal que el Valencia se apresurara a atar a Sabin, solo un año más joven, y a ofrecerle un contrato por cinco años, que por supuesto firmó. En su presentación ya dejó una pista, cuando avanzó hacia la portería vacía y no acertó a meter el balón en ella. Solo jugó en tres partidos, todos en la Copa Intertoto, siempre como suplente.

Ranieri, por cierto, no tuvo el mismo éxito cuando trató de que a Santiago Cañizares se le conociera como «El dragón».

		1.ª DIVISIÓN	INT
ADRIAN	Electroputere Craiova, Steaua Bucarest, Galatasaray, Valencia, Alavés, Besiktas, Zurich	105 (35)	55 (13)
SABIN	Electroputere Craiova, Steaua Bucarest, Fenerbahçe, Kocaelispor, Valencia, Lleida, Nacional de Bucarest, Energie Cottbus, Dinamo de Bucarest, Debrecen, Rapid de Bucarest, Changchu Yatai, Vaslui, Jiangsu Sainty, UTAD Arad, Iraklis, Durnarea Giurgiu, Qingdao Hailifeng, Viitorul Domnesti	-	-

---

3. *Marca*, 30 de enero de 2014.

7.
LA LIGA
DE LOS
PATROCINADORES
EXTRAORDINARIOS

«La última vez que vine a Madrid había una gran fiesta cerca del hotel porque el Atlético había ganado la Champions League.»

SAMUEL L. JACKSON, el 7 de noviembre de 2003, tras recibir la camiseta rojiblanca, confundiendo a sus anfitriones con el eterno rival.

Todo comenzó a ir mal un 27 de diciembre de 1981. Una tarde de domingo de invierno, de esas que invitan a no ir al estadio. El Racing de Santander forma sobre el césped del Santiago Bernabéu: Pereira; Villita, Mantilla, Sañudo, Preciado; Bernal, Castaños, Piru, Angulo; Pedraza y Verón. En sus pechos, la marca de la ignominia: Teka. El primer patrocinador que osó violentar la inmaculada camiseta de un club de fútbol. En la foto aparece, tímido, en el lugar que correspondería al fabricante de prendas deportivas. Ya habíamos transigido a regañadientes con esas marcas y esas tres bandas tan raras que cosían sobre las mangas, pero esto era otro nivel de agresión. ¿Una marca de fregaderos en las camisetas de un equipo? ¡Adónde vamos a ir a parar!

La publicidad, ese origen de todos los males contemporáneos, tardó en llegar al universo de las casaquillas futboleras patrias. Jägermeister rompió el hielo en 1973 y los patrocinadores conquistaron las diferentes ligas europeas. Sobre todo, Francia, donde asistimos al nacimiento de la camiseta-folleto.

Al abrirse la veda, los dirigentes vieron una buena oportunidad de aumentar ingresos apenas colocando un parche de tela con el nombre de una empresa. Muy pronto, los equipos comenzaron a lucir los logotipos de patrocinadores locales. También aparecieron las subvenciones políticamente correctas, como las de las cajas de ahorro en las que se dejaron sus (nuestros) dineros.

La crisis de 2008 acabó con ese tipo de patrocinios, pero nos trajo los de las casas de apuestas. No sabemos qué es peor. Pero no todo son malas noticias en el mundo del patrocinio futbolístico: algunas marcas consiguieron conquistar el corazón de las aficiones a través de la potencia del *branding*.

Capítulo escrito por PACH

CITROËN

La marca que inicia este capítulo es extraordinaria por consistente, por no dar ni una noticia, por aburrida, por previsible. Citroën comenzó a patrocinar al Celta en la temporada 1985/86, coincidiendo con el ascenso del equipo vigués a Primera División, y lo dejó en la 2015/16, tras treinta temporadas seguidas.

Frente a equipos que cambian de patrocinador como de míster al perder dos partidos en casa, el caso del matrimonio Celta-Citroën es insólito. Aún más si consideramos que en veinticuatro de las temporadas la marca que vistió al equipo también fue la misma: Umbro. Te comprabas una camiseta con el nueve de Baltazar en la primavera de 1986, e ibas tan *pichi* (no Lucas) con ella hasta el año 2000, en el que no podías resistir la tentación de ejecutar un plan *renove* y adquirir la elástica con el 14 de Lubo Penev. No como ahora que, sumergidos en el ansia de la mercadotecnia, necesitamos comprar la primera, la segunda y la tercera equipación, que cada año cambia nuestro club, para sentirnos forofos verdaderos. Un pastizal.

El Celta era una maravilla para los que nos dedicábamos al noble arte de dibujar equipos en círculos ejecutados sobre monedas de cinco duros para jugar a las chapas: solo había que

borrar el nombre del jugador de temporada en temporada. En nombre de todos los que sufríamos año tras año porque nuestros equipos pudieran competir en belleza con los de nuestros amigos que contaban con mayor destreza en el uso de los rotuladores Carioca: gracias, Celta, y gracias, Citroën.

CORRUPCIÓN ¡NO!

Sin ninguna duda, «CORRUPCIÓN ¡NO!» es el patrocinador más *ostentóreo* de cuantos han decorado las camisetas de nuestro fútbol. Con este acertado y autoanalítico eslogan, el Atlético se presentó ante su afición en la temporada 1991/92.

Con el espectacular currículo de Jesús Gil, hay que tenerlos cuadrados para atreverse a intentar liderar esta causa, pero el mandamás rojiblanco tenía las espaldas cubiertas: «El rey lo ha dicho y el papa lo ha ratificado: basta de corrupción», manifestó tras un discurso interminable en el que, como casi siempre, atizó a diestro y siniestro. Conceptualmente, esta *performance* solo es comparable a aquella imagen de Maradona y Julio Alberto abrazados mientras vestían camisetas con la proclama «DROGAS NO».

Este patrocinio tan fantástico se creó como respuesta a la decisión de la Comunidad de Madrid de aprobar la moción de censura con la que

Gil perdió el control del Atlético de Madrid-Villalba, el nuevo juguete baloncestístico del presidente. Tras unas amenazas *gilescas* de desplazar la franquicia a Marbella, al mandatario atlético solo le quedó el recurso del pataleo y lo ejecutó como él solía: a lo grandiosamente populista.

Una pena la cortedad de miras de la Federación, que se puso la venda antes de la herida: «El lema no atenta contra nada ni se refiere a nadie en concreto, pero debe ser autorizado y homologado para los partidos oficiales».[1] «Corrupción ¡no!» nunca vio la luz en encuentro oficial. ¿Cuánto costaría ahora en Wallapop una camiseta anticorrupción original?

OTAYSA

Santiago Gómez Pintado, Montejano, destacó como centrocampista en las filas del Badajoz y acabó siendo reclutado por el Real Madrid en la temporada 1956/57. No pudo debutar en Liga con el primer equipo y fue cedido a Cádiz, Levante y Racing. Las lesiones le retiraron de forma prematura con veintiocho años, cuando formaba parte del Atlético, y pronto orientó su carrera profesional al mundo del transporte.

Tras crear (y vender) Transportes Montejano,

Gómez Pintado se inventa Otaysa, que comienza como concesionario de vehículos comerciales de Ebro y Nissan, hasta llegar a patrocinar la camiseta del club de su vida. Un patrocinio emocional, porque empresarialmente resultaba un poco raro que un concesionario que solo operaba en Madrid patrocinara a un equipo tan internacional. Era como matar moscas a cañonazos. Pero todo tenía una explicación: «Llegué al Bernabéu justo cuando los jugadores estaban saliendo al césped. Allí estaban Buyo, Chendo, Sanchís, Hierro, Míchel, Butragueño, Hagi, Hugo Sánchez, Luis Enrique, Gordillo..., y el gran fichaje de esa temporada: el internacional yugoslavo Robert Prosinecki. Era imposible que alguien supiera lo que yo sentía en ese momento porque para cualquiera era el presidente de la empresa patrocinadora, que tan solo tenía que ver con el *marketing* y nada con el fútbol. En esos momentos, sentí dentro de mi alma una extraña sensación, ya que treinta y seis años antes yo también había salido por esas escaleras muchas veces, y durante un año había entrenado casi todos los días con Di Stéfano, Rial, Molowny, Gento...».[2] En ocasiones, los sueños se hacen realidad poniendo el *pastón*. Es una manera como otra cualquiera.

El patrocinio blanco puso en órbita a Otaysa y Gómez Pintado decidió cambiar a Seat, Audi y Volkswagen, lo que supuso el principio de su fin a causa de unas piezas de recambio que no eran tan originales como debían. Pero, mientras tanto, la fama de Otaysa otorgó a su fundador el suficiente caché como para enfrentarse en 1995 a Ramón Mendoza y Florentino Pérez en las elecciones a la presidencia del Real Madrid. No obtuvo los apoyos suficientes, aunque Florentino tampoco. Las vallas publicitarias con su efigie mirando al horizonte junto al lema «BUENO PARA

1. *El País*, 30 de julio de 1991.

2. *Santiago Gómez Pintado, El caso Otaysa: La lucha de un empresario contra el poder financiero*. (Ed. Santiago Gómez Pintado, 2012).

EL MADRID» aún reverberan en las pupilas de los aficionados madridistas. Aficionados de los buenos, de los que asocian la camiseta Hummel con Otaysa a Prosinecki calentando con unas mallas ciclistas y lesionándose consecutivamente.

COLUMBIA TRISTAR FILMS

El presidente del Atlético, Enrique Cerezo, comparte con nuestro eximio prologuista Carlos Marañón dos grandes pasiones: el fútbol y el cine. No necesariamente *in that order*. Por ello le debió de llenar de orgullo y satisfacción la firma del acuerdo entre el Atlético de Madrid y Columbia Tristar Films para convertir la camiseta rojiblanca en una cartelera andante durante las temporadas 2003/04 y 2004/05.

La operación consistía en cambiar el patrocinio con cada estreno de la productora. Así, se debutó con el *hit 2 policías rebeldes 2*; el mismísimo Will Smith recibió una camiseta con su nombre en el palco atlético. Después aparecieron otras *celebrities* como Harrison Ford, Samuel L. Jackson o Halle Berry, que recibió su elástica de manos de un emocionado (y *metefichas*) Veljko Paunovic: «Es más guapa en la realidad que en el cine, y estoy muy agradecido al presidente y al club por haber podido acudir a este acto, porque es una de las actrices que más me gustan».

Paunović también fue protagonista del momento cumbre de este patrocinio: en el verano de 2004, el Atlético participó en la fenecida Copa Intertoto. En el partido de ida de la eliminatoria contra el Zlín checo, el equipo vistió de azul con la parte delantera de la camiseta completamente ocupada por la telaraña que promocionaba la película *Spider-Man 2*. Zamarra de culto, solo se exhibió en esa ocasión debido a que la UEFA limitaba el espacio publicitario a 20 cm^2 y no coló lo de que la telaraña era, simplemente, cosa del diseño.

Esperemos que los atléticos no se dedicaran a visitar las salas de cine para ver las películas patrocinadoras, porque, salvo *Big Fish* (Tim Burton, 2003), la calidad media fue bastante regulera.

PELÍCULA	FILMAFFINITY
2 policías rebeldes 2	5,6
Terminator 3: La rebelión de las máquinas	5,2
Hollywood: Departamento de Homicidios	4,5
S.W.A.T.	5,2
Tesoro del Amazonas	5,2
Gothika	5,3
Big Fish	7,9
Peter Pan	6,2
Spider-man 2	6,1
El castigador	5,1
Dos rubias de pelo en pecho	4,3
Resident Evil 2 Apocalipsis	5,2
Di que sí	3,9
Anacondas	3,4
Una Navidad de locos	4,2
Closer	6,7
Spanglish	5,0
Hitch	5,7
xXx(2)	3,6
Un rey en La Habana	4,0
Kung-Fu Sion	5,9
Gigoló europeo	3,8
Embrujada	3,5
Stealth	4,2

CIRIPOLEN

El documental (cuasi fake, según algunos; descriptivo, según otros) *Las Hurdes, tierra sin pan,* de Luis Buñuel (1933), contribuyó a la creación de una tremenda leyenda negra sobre esta comarca extremeña. Sin embargo, en *Saber y empatar* nos gusta recordar esta bella tierra por un hecho de mayor trascendencia: vio nacer a don Cirilo Marcos Domínguez, creador del Ciripolen. El sensacional brebaje que, con el tiempo, se convertiría en uno de los patrocinadores más míticos de un equipo de lo que los modernos llaman LaLiga.

La historia del Ciripolen es la historia de un genio, como su propio *naming* indica. Don Cirilo nació en Las Mestas, en plena comarca de Las Hurdes, y como tantos otros tuvo que emigrar a Holanda. Tras trabajar en oficios tan variopintos como carnicero, apicultor y taxista, regresó a su tierra natal para montar un bar-restaurante en su pueblo. Un día de 1991, Cirilo, harto de no tener una farmacia a mano en Las Mestas, combinó de manera magistral leche y cacao con miel, polen, jalea real y algunas hierbas medicinales que él recogió personalmente en el monte cercano. No solo consiguió aplacar esa subida de colesterol y ácido úrico que le preocupaba, sino que descubrió una bebida energética extraordinaria, una combinación de Red Bull, Isostar y

Viagra que convirtió su bar en centro de peregrinación en búsqueda del milagroso líquido. Había que ponerle un nombre y no se le pudo ocurrir uno mejor, una sublimación denominativa de los dos ingredientes principales: Ciri(lo), su creador, y el polen, clave en la composición. ¿A que no habían adivinado la etimología del nombre?

Don Cirilo decidió comercializar su invento a escala nacional en tetrabriks de doscientos mililitros. Aquí es donde entra en juego el Rayo Vallecano, que lució orgulloso el logotipo de Ciripolen en la temporada 1993/94. Una lástima que, a pesar de los indudables efectos energizantes de la bebida, el equipo descendiera a Segunda en una promoción a vida o muerte con el Compostela. Dejando volar la imaginación, vemos aquel vestuario en el descanso y nos figuramos a David Vidal arengando a sus huestes en modo Al Pacino, mientras Onésimo y Hugo Sánchez beben Ciripolen en un minibrik a través de una pajita. Y nos emocionamos, claro.

VALENCIA EXPERIENCE

Resulta sorprendente que EL CASO DEL PATROCINADOR FANTASMA no haya ocupado un lugar de privilegio en algún *Cuarto Milenio*. Valencia Experience apareció por sorpresa en la equipación del Valencia en la temporada 2008/09, relevando a Toyota y comprometiéndose a abonar el doble que la marca japonesa.

El problema es que Valencia Experience nunca existió. Ni pagó ese patrocinio, por supuesto.

Nadie sabía explicar a qué se quería dedicar Valencia Experience. El genio que lo inventó, Vicente Sáez-Merino, sorteaba las preguntas de los periodistas cual político avezado: «Valencia Experience es una empresa con un producto complicado de explicar. Todo el mundo sabe lo que fabrica Toyota, mientras que Valencia Experience es una empresa de servicios que utiliza al Valencia para darse a conocer. El flujo de visitantes de Valencia es bastante considerable en los últimos años. Estos visitantes requieren un montón de servicios, que a su vez generan un volumen de mercado altísimo».[3] Es decir: la parte contratante de la primera parte será considerada como la parte contratante de la primera parte.

El contrato de Valencia Experience fue uno de los últimos servicios de Juan Bautista Soler (José Ramón de la Morena se refería siempre a él como «el gordito del bigote») a la causa valencianista. A Soler lo que más le gustó es que «detrás de esta iniciativa habrá una dedicación de fondos a la cultura local —dijo Sáez-Merino—; también habrá una línea de proyección hacia el exterior de la ciudad. Y en lugar muy destacado un apoyo a la acción social y medioambiental. Valencia debe aspirar a ser sede mundial en el campo medioambiental». Tras esta conversación, lo lógico es el que *bullshitómetro* reventara, pero el preclaro prócer valenciano tiró hacia

delante y estampó el nombre de la compañía fantasma en las camisetas del Valencia sin haber visto ni un duro.

Cuando aparecieron los impagos, la directiva que sustituyó a la de Soler intentó eliminar Valencia Experience para buscar otro patrocinador. Pero Nike advirtió de que la broma de rehacer todas las camisetas de la temporada costaría unos tres millones de euros. Así que, cuando se presentó la posibilidad de contar con Unibet como nuevo patrocinador, se tiró por la calle de en medio: se imprimió el logo en vertical, sin borrar el de Valencia Experience. Qué orgullosos estarían Pepe Gotera y Otilio.

YINGLI SOLAR

Según la *Economipedia*, «el patrocinio es una forma sutil de publicidad en la que la empresa busca que los clientes asocien su marca con alguna actividad o persona que represente valores o cualidades que atraigan a sus clientes. [...] El objetivo final es atraer clientes y aumentar las ventas». Es decir, que las marcas compran el espacio publicitario en las camisetas de los equipos para intentar asociarse a sus valores. Y conseguir así que un *espanyolista* situado frente al lineal de conservas de un supermercado elija siempre Dani, a pesar de la tremenda competencia de Calvo, Cuca, Isabel o las temibles marcas blancas.

Entonces resulta bastante lógico que Yingli Solar (el conocido fabricante chino de placas solares) eligiera Osasuna como club en el que depositar sus yuanes. De esta manera, cuando un aficionado navarro decide comprar catorce mil paneles solares para su buhardilla, en su *top of mind* solo aparece una marca: Yingli. En principio, parece un plan sin fisuras. Aún más potente si tenemos en cuenta la ingente cantidad de seguidores con la que cuenta Osasuna en China, como comentó Mao Ching Fu Lee, consejero de Yingli Solar, en la presentación del acuerdo: «Nos queremos expandir en esta tierra, y además Osasuna es un equipo bastante conocido en China. Por ello, hemos decidido que sea el primer equipo que lleve serigrafiados los caracteres chinos en una parte de su equipación». Un *win-win* en toda regla.

Yingli Solar se convirtió en la punta de lanza de la invasión de capital chino en nuestro fútbol y muy pronto nos acostumbramos (?) a ver caracteres de este idioma en las camisetas de nuestros equipos predilectos. Jinko Solar llegó al Valencia; Qbao a la Real Sociedad; Power8 (menudo timo), Rastar y JD Sports al Espanyol; Huawei al Atlético... Estamos tardando en calendarizar todos los partidos a las ocho de la mañana para que se puedan disfrutar tranquilamente en la sobremesa de Shanghái y que los consumidores chinos —además de apreciar los goles de Wu Lei en directo a unas horas razonables— puedan empaparse de los admirables valores que desprenden los clubes de nuestra bienamada competición nacional.

HIERROS SERVANDO

No pudo soñar el Eibar un socio más acertado que Hierros Servando para su estreno en la división de honor. El emporio chatarrero, especializado en la gestión y tratamiento de materiales férricos, se ajustaba como un guante de malla de acero inoxidable al carácter indómito e indomable del equipo armero. Porque uno lee la descripción de los servicios que ofrece Hierros Servando —recogida de chatarra; gestión de vehículos fuera de uso; demolición y derribo de naves industriales, maquinaria pesada y barcos; cizallados, empaquetados, cribados...— y se imagina de inmediato a Artetxe, a Garmendia o a Karmona al mando de las distintas operaciones. Y, de repente, todo cuadra a la perfección. Es como si en un laboratorio de *marketing* se hubiera llevado a cabo un experimento de simbiosis entre patrocinador y club esponsorizado.

Hierros Servando estuvo ahí cuando más se le necesitaba, y comenzó su vínculo con el equipo tras su descenso a Segunda B en la temporada 2005/06. Apoyó siempre al club en ascensos y descensos, y, sobre todo, en su calvario por el infierno de la división de bronce. Incluso cuando las cosas venían realmente mal dadas, se ocuparon de invitar a comer a la plantilla.

Una vez conseguido el histórico ascenso a

Primera División (cuya fiesta también se encargaron de costear) y con el equipo asentado en la máxima categoría, Hierros Servando, como los héroes de leyenda, se retiró casi sin hacer ruido. Con la satisfacción íntima del deber cumplido y con el pesar que expresaba José Antonio Fernández,[4] presidente de la compañía: «Todo ciclo tiene un principio y un final. Me da mucha pena, pero había un compromiso de que, si venía otra empresa con más dinero, yo me apartaba, así me lo ha transmitido el club, y yo me aparto».[5]

El Eibar se había hecho mayor.

Es necesario reconocer que Palacios, así, en frío, parece un nombre anodino, sin gran personalidad. Destaca por su invisibilidad frente a los grandes nombres que le acompañan en este capítulo. Sin embargo, merece entrar por derecho propio en la lista de los mejores patrocinadores del fútbol español. Y todo gracias al subtítulo que acompañaba al logo de la empresa cuan-

do se convirtió en patrocinador del Racing en la temporada 2010/11: PALACIOS. LÍDER EN CHORIZO.

Tú puedes ser primer espada en multitud de cosas, pero cuando eres LÍDER EN CHORIZO tienes muchísimo avanzado en la vida. Hay líder del Tour, líder del partido, líder del mercado, líder de la Liga, líder de la oposición, líder de opinión, líder de audiencia…, pero no hay nada tan grande como ser líder en chorizo. No es extraño que presuman de ello y quieran comunicarlo a los cuatro vientos y a los cinco continentes.

Una sinergia fantástica, como señaló Pedro Domínguez, el presidente de la compañía de productos cárnicos, platos preparados y pastelería (vamos, para irse a vivir allí) en la presentación del acuerdo de patrocinio: «Hemos elegido al Racing por la excelente acogida que nuestros productos tienen en la zona norte y porque se pretende que Palacios continúe siendo el líder en la venta de chorizo en España. El Racing también es un líder, pues encabeza a toda una región y representa mucho en este mercado cada día más globalizado». De líder a líder.

Lamentablemente, la llegada de un auténtico *líder chorizo* como Ali Syed en la segunda temporada de patrocinio acabó con el club en Segunda División y manifestaciones populares al grito de «¡Fuera chorizos de El Sardinero!». Por suerte, Palacios ya no andaba por allí.

Es curioso que la variedad patrocinadora de productos cárnicos no haya cuajado en un país de tanta tradición jamonera como el nuestro. Hemos disfrutado de berberechos, plátanos, pipas o conservas varias, pero de butifarras, lomos, secallonas o choped, poco. Tan solo destaca por su impacto visual el maravilloso *sponsor* que lució el Mérida en su paso por Primera División: **JAMON** (así, en negrita, y sin acento en la «O») «Dehesa de Extremadura».

4. José Antonio Fernández sí que hizo un poco de ruido. No estaba de acuerdo con la destitución de Gaizka Garitano como entrenador y lo expresó con vehemencia en un Consejo de Administración del Eibar, del que es miembro. Se rumoreó que el cambio de patrocinador se debió a este hecho.

5. SER Euskadi, 29 de junio de 2015.

AEROPORT CASTELLÓ

Según destaparon en 2013 los diputados de Esquerra Unida Marina Albiol e Ignacio Blanco, el patrocinio de Aeroport Castelló supuso para el Villarreal unos veinte millones de euros entre las temporadas 2006/07 y 2010/11.

No creemos que esta acción consiguiera ningún Premio Eficacia, puesto que, durante este patrocinio, el aeródromo aún estaba en construcción. El *teaser* más largo de la historia de la publicidad: cinco añazos anunciando algo que no se podía comprar. El «aeropuerto sin aviones» se convirtió en uno de los símbolos de la burbuja que precedió a la crisis de 2008, cuando algunos políticos construían e inauguraban solo para sumar puntos electorales.

La infraestructura vio la luz en 2011, justo antes de las elecciones municipales y autonómicas, pero únicamente pudo ponerse en marcha en 2015 con un vuelo chárter casi simbólico de… lo han adivinado: el Villarreal C. F.

El proyecto más megalómano de Carlos Fabra sigue sin remontar el vuelo, si nos disculpan el chiste fácil. Eso sí, en la glorieta de entrada encontramos la escultura *Hombre Avión*, creada por Juan Ripollés por la módica cantidad de 427.000 euros (lo escribimos también con letra, cuatrocientos veintisiete mil euros, no se vayan a pensar que es una errata). Algunos dicen que representa la cabeza de Fabra; el autor, que es «una alegoría a la capacidad creativa del cerebro humano, capaz de concebir inventos y proyectos», y que encontró la inspiración en «el tesón de la única persona que ha luchado y ha hecho realidad el aeropuerto».

8.
FRASES PARA APARENTAR

«Yo con el carnicero hablo de carne; con el taxista, de taxis.
De fútbol hablo yo. Yo sé más de fútbol que todos los carniceros
y todos los taxistas juntos.»

JORGE VALDANO

Es posible, querido lector, que hayas acudido a este tratado para matizar un acervo futbolístico ya de por sí rico. En ese caso, puedes saltarte este capítulo. Si, por el contrario, pasas cada página con la (vana) esperanza de ensanchar tus conocimientos, lo que viene a continuación puede ayudarte a acortar los plazos. En los debates futbolísticos que surgen a diario en las distintas esferas sociales (el bar, la oficina, una barbacoa...) es importante intervenir con seguridad y firmeza, que obtendrás memorizando el argumentario que te hemos preparado. Con estos lugares comunes estarás en la onda, pero recuerda que el éxito solo te lo garantiza algo que no podemos hacer por ti: hablar siempre convencido de tener razón. Aunque no sepas muy bien qué demonios estás diciendo.

DURANTE CUALQUIER PARTIDO

Al conocer el once

«Los equipos buenos son aquellos cuya alineación se recita de carrerilla.»

Si no hay cambios: «¡Otra vez los once de siempre! ¡Van a llegar fundidos a final de temporada!».

Si hay cambios: «¡Ya estamos con las dichosas rotaciones!».

Si el entrenador sale con falso 9: «Hay que tener arriba una referencia para fijar a los centrales».

En los primeros minutos

«Primeros minutos de tanteo.»

«Hemos entrado bien/mal al partido.»

Al recibir un gol tempranero: «¡Que alguien les diga que el partido ha empezado, que parece que siguen en el vestuario!».

En cualquier momento

«¡Qué bien nos vendría un golito ahora!»

«Se veía venir…» (aplicado sobre todo a reveses imprevistos).

«Ellos no tienen ningún problema en pegar pelotazos, ninguno.»

Tras una buena jugada: «¿Ves como no era tan difícil?».

«A mí dame hombres y no nombres.»

Si vas perdiendo

«¿A qué espera el entrenador para hacer algún cambio?»

«Si es que juegan andando.»

«Que alguien les diga que se trata de pasar la pelota a uno con la camiseta del mismo color.»

«El delantero no ha hecho nada, pero… ¿qué va a hacer si no le llegan balones?»

Si vas perdiendo y queda poco

«Entrar en las provocaciones del rival no nos interesa.»

«Esto no está acabado hasta que el árbitro pite el final.»

«Espero que el árbitro añada todo lo que se ha perdido.»

Si hay prórroga

Con 0-0: «Yo a estos los tenía jugando todo el tiempo que haga falta, hasta que metan un gol».

«Ahora empezarán a aparecer los calambres.»

«Ninguno arriesga, están ya pensando en los penaltis.»

Si hay tanda de penaltis

«Los penaltis son una lotería.»

«Menos mal que quitaron el gol de oro.»

«Es mejor empezar tirando.»

«¡El portero se ha adelantado!» (solo cuando lo hace el portero rival).

«Los penaltis solo los fallan quienes los tiran.»

Si acabas perdiendo

«El equipo no está trabajado.»

«Jugamos como nunca, perdimos como siempre.»

«Lo peor no es perder, sino la cara de tonto que se te queda.»

«Aún queda mucha Liga» (si es que es Liga).

EL ÁRBITRO

«Que no nos den, pero que tampoco nos quiten.»

Tras la primera tarjeta: «Ha puesto el listón muy bajo, veremos si lo mantiene».

Tras cualquier entrada dura: «Ha sido tarjeta naranja».

Si se inhibe y nos perjudica: «¿Qué pasa, se ha dejado las tarjetas en casa?». También sirve: «¿Qué pasa, se ha tragado el silbato?».

«Esa tarjeta la ha sacado el público.»

«Hay que proteger a los futbolistas con talento.»

«Esa falta, dentro del área, no la pita.»

«Ha pitado peligro.»

TÁCTICA Y FUTBOLISTAS

Pizarra

«El fútbol es una manta corta: si te tapas los pies, te destapas la cabeza.»

«El doble pivote es una mentira.»

«Mauro Silva era el doble pivote en un solo futbolista.»

«No se puede jugar al fútbol renunciando a las bandas.»

«Nos están haciendo mucho daño entre líneas.»

«En el fútbol moderno hacen falta centrales que sepan sacar el balón.»

«En el fútbol moderno hace falta porteros que sepan jugar con los pies.»

«En el fútbol moderno ya no es tan necesario un 9 a la antigua usanza.»

Entrenadores

«Wenger es un perdedor.»

«Mourinho es un gran entrenador, pero desgasta mucho a las plantillas. Dos años como mucho.»

«A Guardiola me gustaría verle entrenando a un equipo de mitad de tabla.»

«Zidane es un alineador, pero tiene flor.»

«Zidane es un alineador, pero sabe gestionar los egos del vestuario.»

«Me encanta Klopp.»

«El entrenador tiene que adaptarse a los jugadores, no al revés.»

Acciones individuales

«Le sobró un regate.»

«Le faltó un regate.»

«Le falta gol. Y el gol se tiene o no se tiene.»

Valorando a los futbolistas

«Es un buen jugador pero no para un grande, sino más para un Sevilla o un Valencia.»

«No es lo mismo meter veinte goles en un equipo de mitad de la tabla que meterlos en el Madrid.»

«Messi es talento natural; Cristiano, en cambio, se lo ha tenido que currar.»

«Es un jugador contextual» (véase el apartado «Los panenkitas»).

Para jugadores bajitos

«Tiene el centro de gravedad muy bajo.»

«Parece un jugador de fútbol sala.»

«A Silva no lo cogieron en el Madrid por bajito, y mira.»

«El talento siempre está bajo sospecha.»

Para jugadores altos

«Para ser tan alto es bastante bueno con los pies.»

Para jugadores españoles

«Si Fulano se llamase Fulaninho o Fulanovic...»

Filosofía de vida

«El estilo es innegociable.»

«La mejor manera de defenderse es tener el balón, porque así no lo tiene el rival.»

«El fútbol es para listos.»

MERCADO

«Qué bien ficha Monchi.»

«Es una barbaridad pagar ese dineral por un jugador en el último año de contrato.»

«El más listo de todos es Jorge Mendes.»

«El que tiene la sartén por el mango es el jugador.»

«El que tiene la sartén por el mango es el equipo.»

«Al Madrid, de entrada, le piden por un jugador el doble de dinero que a cualquier otro equipo. Por ser el Madrid.»

«Daniel Levy, el presidente del Tottenham, es durísimo negociando.»

«El contrato de televisión de la Premier ha inflado el mercado.»

MUNDIALES Y EUROCOPAS

Selecciones africanas

«Los africanos nunca ganarán nada hasta que tengan disciplina defensiva.»

«Qué alegría de jugar..., esa que hemos perdido los europeos.»

«Con rigor táctico, serían imparables.»

«Este es el año en el que una selección africana gana el Mundial» (se lleva oyendo desde el 86, sigamos la tradición).

«Es un superdotado físicamente» (vale para cualquier jugador negro).

Si ganan: «El fútbol africano no para de evolucionar».

Si pierden: «El fútbol africano prometía mucho, pero se ha estancado».

Inglaterra

«Juegan un fútbol físico e intenso, muy británico.»

«No tienen un buen portero desde que se retiró Gordon Banks, y ya ha llovido.»

«Cuidado, que para estos un córner es casi como un penalti.»

«Los jugadores ingleses fuera de las islas no son los mismos.»

«No están acostumbrados a estos arbitrajes. En la Premier, los arbitros son muy permisivos.»

«No es falta, ha sido *tackle*.»

En cualquier pelotazo: «Inglaterra es eso».

Irlanda

«Los irlandeses no caen mal a nadie.»

En cualquier pelotazo: «Irlanda es eso».

ES QUE IRLANDA ES ESO

España

«El problema es que la generación de los Iniesta, Xavi y Casillas es irrepetible.»

«No somos más que nadie, pero tampoco menos.»

Alemania

«Hay que tener cuidado a balón parado, que van muy bien por alto.»

«Juegan como un bloque, son un auténtico *panzer*.»

Si van perdiendo: «Un animal herido es aún más peligroso».

Si siguen perdiendo: «Con estos no puedes relajarte hasta que pite el árbitro, nunca se rinden».

«Como dijo Lineker, el fútbol es un deporte que juegan once contra once y siempre gana Alemania» (está muy vista, pero puede que alguien aún no la sepa).

Brasil

«Brasil se europeizó para ganar tras las derrotas en el 82 y el 86.»

«Juegan como viven: playa, samba, caipiriña...»

«En Brasil juegan diez estrellas y un portero»

(aunque tengan un porterazo, hay que decirlo).

«Llevan décadas sin jugar a nada, viven del recuerdo del 82.»

Argentina

«Frenando el juego, los argentinos y los italianos son maestros.»

«Los argentinos sienten mucho más la selección que sus clubes.»

«A Messi no terminan de sentirlo como suyo, porque nunca jugó allí.»

«Maradona ganó un Mundial él solo.»

Italia

«En la *azzurra* hasta los chavales de diecinueve años son ya veteranos.»

«Roberto Baggio no era un 9 ni un 10, era un 9 y medio.»

«¿Lo ves? Ya están con el *catenaccio*.»

Estados Unidos

«Qué pena que el fútbol sea un deporte tan minoritario allí.»

«Ellos no lo llaman fútbol, lo llaman *soccer*.»

«Donde son una potencia es en fútbol femenino.»

«Algún día les veremos ganar un Mundial.»

Japón y Corea del Sur

«Su fútbol es muy disciplinado.»

«Son los típicos equipos que juegan al contraataque.»

«Estos aprendieron a jugar con Oliver y Benji.»

Francia

«Ojalá les metan cinco.»

9.
YA NO HAY PRESIDENTES COMO LOS DE ANTES

«Si yo fuese defensa, le meto a Ronaldo un codazo o un hostiazo y no pasa.»

JOSÉ MARÍA CANEDA

Si el vídeo acabó con la estrella de la radio, la corrección política ha terminado con el modelo de dirigente popular, populista y pendenciero que disfrutamos en las últimas temporadas del siglo XX y las primeras del XXI. El presidente que inundaba de titulares las tertulias radiofónicas y las portadas de los periódicos está en serio peligro de extinción. Tal vez porque los de ahora se juegan su dinero. O quizá porque la Liga, en su afán por ser una organización seria al estilo de la NBA y similares, ha establecido una ley marcial que impide a los máximos mandatarios de los clubes descarrilar como antaño para gozo del aficionado de a pie. Quién sabe.

Es bastante probable que no volvamos a disfrutar de otro Jesús Gil y que nos tengamos que conformar con ver *El pionero* (Enric Bach, 2019) en bucle. Que nunca más coincidan en el espacio-tiempo dos hombres como Ruiz de Lopera y Del Nido como máximos representantes de clubes de la misma ciudad. Que a un presidente del Barcelona no se le ocurra ni siquiera bañarse en la Barceloneta, mucho menos en el Támesis. Hoy en día, Ramón Mendoza ni siquiera conseguiría los avales para presentarse a las elecciones del Real Madrid. Eso sí: los Piterman y Ali Syed puede que vuelvan. Es lo que tienen las sociedades anónimas.

El fútbol es menos interesante desde que ya no hay presidentes como los de antes.

AUGUSTO CÉSAR LENDOIRO

El presidente que dio al Deportivo de La Coruña los mejores años de su historia (una Liga, dos Copas y una deuda ingente) era un tipo peculiar incluso para su propio gremio. No usaba tarjeta de crédito (se manejaba con enormes fajos de billetes) ni móvil; solo cuando la Liga lo nombró embajador[1] comenzó a llevar consigo una BlackBerry. A veces cogía él mismo el teléfono (fijo) a los periodistas que llamaban por la noche a la sede del club, y si la conversación no le apetecía mucho, fingía otra voz para darles largas.

Solo un avezado negociador podía conseguir que un modesto como el Dépor les levantara fichajes al Borussia Dortmund (Bebeto) o al Real Madrid (Flavio Conceição, Diego Tristán). Su técnica casi infalible consistía en una bacanal gastronómica mezclada con el método Ludovico de *La naranja mecánica*: eternas sobremesas (normalmente en el restaurante Playa Club, en la playa de Riazor) que ponían a prueba la resistencia humana al abrigo de la madrugada. Y con todo el alcohol necesario para «ambientar» (qué gran verbo) la sesión. «Se cenaba francamente bien, se bebía francamente bien también y se ambientaba la cuestión hasta llegar al momento cumbre, que empezaba con los postres y los cafés —explicaba él mismo—[2] hasta ese momento era ji-jí-jajá, pero ahí ya entrabas en materia hasta firmar el acuerdo o ver que aquello no andaba.» Lendoiro no oculta la relevancia de la bebida para lubricar aquellos encuentros: «Eso

ambienta y acerca las posturas, porque si todo el mundo está a la defensiva es muy difícil llegar a acuerdos. Pero si decimos: "Somos amigos, nos llevamos bien, qué bien lo estamos pasando…, ¿para qué vamos a discutir por una tontería? Tú cedes en esto, yo en lo otro…, y firmamos"».

Lendoiro recuerda que algunas veces, si el diálogo encallaba, a las cuatro o cinco de la mañana pedía que les prepararan un par de huevos fritos. Los clubes que ya habían experimentado el método Lendoiro llegaban temprano a La Coruña y se echaban dos o tres horas de siesta en el hotel para llegar frescos al restaurante. Se sabía cuándo se entraba, pero no cuándo se salía. El récord lo marcó un encuentro con representantes de la U. D. Las Palmas para negociar la deuda contraída en el traspaso de Gabi Schurrer: catorce horas, desde las diez de la noche hasta las doce del mediodía. «Llegaron con un mazo enorme de puros canarios, puros, no cigarrillos, y se los liquidaron todos.»

EUGENIO PRIETO

Su mayor éxito en el Real Oviedo fue la clasificación para la Copa de la UEFA 1991/92. Aquel verano, en la presentación del equipo en el antiguo Carlos Tartiere, saludó al público al grito de «¡Uefas tardes!».

Hombre corpulento, de joven practicó el boxeo, y algo debió de aprender sobre dar y encajar golpes. Le fue útil para enfrentarse a Jesús Gil en 1995, cuando trató de levantarle el fichaje de Víktor Onopko. «A Onopko no lo conozco», rimaba Gil cuando le preguntaban por el jugador ruso. Prieto se plantó en Moscú

---

1. Poco más de medio año duró en el cargo. Javier Tebas lo destituyó por asistir al entierro de Jimmy, miembro de Riazor Blues.

2. Confesiones al *podcast Lo que tú digas*, con Álex Fidalgo, noviembre de 2019.

para hacer valer lo firmado con el Spartak (se salió con la suya) y rompió relaciones con el Atlético. A Gil no le importó mucho: «Si no viene al palco, mejor. Le enviaremos un menú a la grada. Como está tan gordo, igual quiere adelgazar», le dijo la sartén al cazo. Prieto cumplió su palabra y no fue al palco, sino a la taquilla del Vicente Calderón para comprar una entrada. Según denunció, a las puertas del estadio le robaron la cartera.

Su otro gran fichaje fue Slaviša Jokanović, del Partizán. En 1993, en plena guerra, Prieto accedió a Belgrado desde Budapest. Pasó un sinfín de controles de las milicias y hasta viajó escondido en una furgoneta entre valijas diplomáticas. La odisea mereció la pena, porque Jokanović respondió con creces; pero no todas sus gestiones fueron tan épicas y exitosas. En 2002, abandonó el club tras llevarlo a la ruina; desde entonces, no ha vuelto a ver un solo partido en el Tartiere.

JOSÉ MARÍA CANEDA

La recordada trifulca entre José María Caneda y Jesús Gil es la imagen icónica de aquella era presidencial dorada. Por la fecha (en plenos años noventa), por el lugar (la sede de la Liga) y, en general, por la puesta en escena. Mientras el presidente del Atlético de Madrid y el gerente del Compostela, José Fidalgo, tiraban del sobadísimo «Hijo de puta» y del vulgar «Montón de mierda» para intercambiar impresiones, Caneda no paraba de gritar a Gil: «¡Calamidad! ¡Calamidad!».

Dueño de un taller mecánico, atleta en su juventud y hombre conocido en el fútbol modesto de Santiago, fue colocado por el Ayun-

tamiento en la presidencia del Compostela allá por 1988. En seis años, el equipo pasó de Tercera a Primera (hasta fue subcampeón de invierno en la Liga 1995/96). Caneda se dio a conocer enseguida en el mundillo por sus formas, digamos, peculiares: «Hay que tener agallas y estar espabilado para que no te coman las cucarachas».[3]

Caneda se rebeló contra el Ayuntamiento y le arrebató la mayoría accionarial. Crecido, hasta trató de fichar a Nwankwo Kanu, del Inter, y a Hristo Stoichkov, tras su segunda salida del Barça. Pero el equipo ya languidecía y pasó los siguientes años a caballo entre Segunda y Segunda B. En 2003, tras cinco meses sin cobrar, los jugadores pidieron su dimisión. Y aunque se acabó marchando a final de temporada, en ese momento Caneda no se achantó: «Al final, quizá tengan que pagarme los jugadores a mí». Una respuesta fina comparada con la que dio años antes a otros futbolistas que reclamaban unas primas atrasadas: «Que se vayan a tomar por el culo».

DIMITRI PITERMAN

Como habría sido un enorme desperdicio de talento, Dimitri Piterman no presidió solo un club, ni dos ni tres, sino hasta cuatro. Ucraniano que emigró de niño a California, se afincó en Girona para hacer negocios, y el fútbol era el más divertido de ellos. Que Amazon Prime Video produzca una miniserie sobre su vida es solo cuestión de tiempo.

A diferencia de otros dirigentes, Piterman (que para eso tiene nombre de superhéroe) no ocultaba su deseo de meter mano en tácticas

---

3. *El País*, 16 de enero de 1996.

y alineaciones. Al contrario, lo hacía increíblemente explícito: era un presidente-entrenador que se sentaba en el banquillo pese a no estar titulado. Para eso empleaba a un hombre de paja, Chuchi Cos, que se prestaba a la farsa sin el menor rubor. A efectos legales, Piterman figuraba como auxiliar y a veces incluso como fotógrafo de la página web del club, peto incluido, dictando órdenes a Cos vía móvil desde detrás de la valla.

Su primera víctima fue el Tossa de Mar, de la Segunda regional catalana, donde se presentó como mecenas. Lo hipotecó en tiempo récord y prosiguió su ascenso en el Palamós, de Tercera. Allí, en el año 2000, comenzó su experimento. Quique Yagüe, el anterior técnico, dijo que rompería su carné de entrenador si el equipo acababa la Liga entre los diez primeros con Cos y Piterman al timón. Ascendieron.

Mediada la campaña 2002/03, soltó su dentellada al Racing de Santander. El periodismo le recibió de uñas. «Este sobra del fútbol», tituló *Marca* en portada. Todo el cuadro técnico del club dimitió, incluidos el entrenador, Manolo Preciado, y el director deportivo, Quique Setién. Este, no obstante, dejó una frase inquietante: «Piterman es la persona más sensata que me he encontrado en el fútbol. Hay quien pueda pensar que está loco, pero quizá dé al Racing los días más grandes de gloria».[4]

No fue así, precisamente. El consejo del Racing logró quitárselo de encima unos meses después; reapareció en 2004, comprando el Deportivo Alavés. Lo ascendió a Primera nada más llegar, aunque a partir de ahí fue todo cuesta abajo hasta la Segunda B, ya sin él y con una deuda multiplicada. Durante aquel breve paso por la élite, le dio tiempo a llamar «payasos» a tres jugadores brasileños del Real Madrid (Robinho, Roberto Carlos y Ronaldo) por celebrar un gol en Mendizorroza haciendo la cucaracha (panza arriba, moviendo las extremidades): «Si eso lo hace un jugador mío, lo reviento». Incluso amenazó con impugnar el partido por la presencia de «un jabalí» en el campo, en alusión a Ronaldo. Ya no hay presidentes-entrenadores como los de antes.

AHSAN ALI SYED

Este presunto multimillonario indio radicado en Baréin no fue presidente del Racing, ni falta que le hizo. Le bastó con poseer el 99 % de las acciones y liarla en el palco celebrando cada gol como si aquello fuera la final de la Copa del Mundo. «Es una inversión emocional, para toda la vida», decía.[5] Tenía solo treinta y seis años y ya antes había tratado de comprar el Blackburn Rovers, hasta que una investigación de la BBC alertó sobre sus deudas. Pero el Gobierno cántabro no le puso pegas. El presidente regional, Miguel Ángel Revilla, le definió como «un hombre rico, pero sobre todo sabio».

«Soy un hombre de negocios, pero también soy un filántropo», decía Ali de sí mismo a su llegada a Santander en 2011. Pisó la ciudad por primera vez en enero, y por última en abril, cuando salió por piernas al quedar claro que no iba a cumplir ninguna de sus promesas. Su plan secreto era comprar el club desembolsando tres millones de euros y vendérselo por quince millones a la familia real de Baréin.[6] Obviamente, algo se torció. Ade-

4. *El País*, 23 de enero de 2003.

5. *As*, 8 de febrero de 2011.

6. *Marca*, 26 de abril de 2011.

más, en la prensa australiana se le acusaba de haber estafado setenta y dos millones de euros en la concesión de créditos. Ali se evaporó, aunque conservó sus acciones dos años más, lo justo para dejar al club a las puertas de Segunda B tras dos descensos seguidos. Revilla enmendó su juicio: «Más que un magnate, parecía un mangante». Manolo Preciado ironizó con la mala suerte del Racing: «Piterman y este en diez años. Es más fácil que te toque la Primitiva».[7]

JOSÉ MARÍA DEL NIDO

Pocas veces se ha visto a un mandatario ser tan consecuente. «El Sevilla está en un momento para ser prepotente», proclamó Del Nido en la primavera de 2007. Y, desde luego, se esforzó en cumplirlo. En aquel momento, el sevillismo saboreaba aún los primeros títulos (una Copa de la UEFA[8] y una Supercopa de Europa) de lo que iba a ser la edad dorada del club. «Con humildad no hemos ganado nada; con prepotencia y osadía, ocho títulos», insistió tres años después.

Sin el menor interés por captar simpatías en el resto de España, Del Nido gobernó el Sevilla de puertas adentro, con algunas sobradas antológicas. Antes de enfrentarse al Barcelona, por ejemplo, dijo que su entrenador, Frank Rijkaard, le serviría como mucho para el filial. «Y si me ofrecieran a Ronaldinho le diría que, para ser suplente, mejor que no viniera.» Antes de una eliminatoria de Copa contra el Athle-

tic, dijo que aquella noche ningún bilbaíno iba a poder dormir sabiendo que al día siguiente tendrían que enfrentarse a Frédéric Kanouté. «Nos vamos a comer al león desde la melena hasta la cola», profetizó. Pasó el Athletic y San Mamés lo celebró recordándole algo de una cola también.

En 2013 fue condenado (y encarcelado luego) junto al alcalde de Marbella, Julián Muñoz, como cooperador necesario por un delito cualificado de malversación de caudales públicos y un delito continuado de prevaricación.

MANUEL RUIZ DE LOPERA

Como tantos empresarios que suscribieron acciones a porrillo en el verano de 1992, Manuel Ruiz de Lopera se consideraba un salvador. Devoto hasta el tuétano, el propietario del Real Betis no dudó en canonizarse a sí mismo con una película casera para inmortalizar lo que llamó su «milagro». Aquella especie de falso documental (la intención era que pasara por auténtico) recreaba lo supuestamente vivido en las oficinas del club el 30 de junio de 1992, fecha límite para la transformación en sociedad anónima.

En el vídeo, varios empleados, calculadora en mano, suman la cantidad suscrita: 403 millones de pesetas. «Con eso no hacemos nada», dice uno trajeado, que pide a una mujer que telefonee a don Manuel. Casualmente, don Manuel asoma enseguida por la puerta. «¿Cómo va eso?», pregunta. «Fatal —le responde el del traje—. Fallan 773 millones. O resolvemos esto de aquí a las dos, o nos quedamos fuera del plan de saneamiento y el Betis puede desaparecer. En tus manos está.» Y qué

---

7. *El País*, 29 de abril de 2012.

8. Aquella UEFA conquistada ante el Middlesbrough no debía de parecerle suficiente a Del Nido, pues aquella noche se pasó toda la ronda de entrevistas presumiendo de que el Sevilla era «campeón de Europa» y había ganado «una Copa de Europa».

mejores manos. Lopera llama a un tal Reinaldo para que prepare 800 millones de pesetas y listo: «El Betis no puede morir porque sería una alegría para mucha gente, y yo ese disgusto no se lo puedo dar a la afición del Betis, que es la más grande del mundo». Dos años después, tras volver a Primera, recordó aquello en su discurso más vehemente y recordado, dejándose la voz: «¡Estábamos en la UVI! ¡Nadie daba un duro por nosotros! Yo os entrego a ustedes un Betis libre, limpio, en Primera, de ustedes... ¡Viva el Betis!».

Ruiz de Lopera dio nombre durante una década al estadio de Heliópolis, para el que proyectó algunas reformas que no se llevaron a cabo, como una burbuja de metacrilato para insonorizar a la afición visitante. También dijo haber contratado la asesoría de la mismísima NASA para acondicionar el recinto de tal modo que el viento y el frío no molestaran a los béticos. Cuando su popularidad estaba por los suelos, dejó de ir al palco y encargó colocar un busto suyo en su butaca durante un derbi.

En 1997 rompió el mercado con el fichaje más caro de la historia del fútbol hasta aquel momento: Denilson, del São Paulo, por 5.500 millones de pesetas.[9] El extremo brasileño quiso saltar por una ventana a dos metros de altura para huir del presidente cuando irrumpió en la fiesta de Halloween de la plantilla. Alertado por un vecino, Lopera se presentó por sorpresa en la casa de Benjamín Zarandona a las cuatro de la mañana junto con el entrenador, Juande Ramos. «La fiesta era sensacional. Al vernos allí, empezaron a tirarse por los balcones, por el principal. No decían nada, salían corriendo», dijo años más tarde Lopera,

que fue reprendiendo uno por uno a cada jugador que pillaba. Entre ellos, a Joaquín. Aquella bronca no fue nada con la que le montó años después, cuando le pilló negociando con el Valencia. «El Valencia viste de blanco, ¿no? Pues de blanco vas a jugar, pero en el Albacete.» Y Joaquín tuvo que coger el coche y marcharse a Albacete: «Si no iba, me ponía una multa de millones de euros. Y allí que me presenté. Aquello no estaba abierto, claro, porque no me esperaba nadie, y me cogí al tío de la grúa para que diera fe junto con un notario de que me había presentado allí. Y me volví para Sevilla y luego ya se finiquitó mi contrato y me fui al Valencia».[10]

Su mayor logro fue la Copa del Rey en 2005, justo cuando el eterno rival, el Sevilla, cumplía cien años. «¡Aquí está la Copa del centenario!», gritó. Un año más tarde, fue condenado a dos penas de siete meses y medio de cárcel y a una multa de casi cinco millones de euros por un delito contra la Hacienda Pública durante su gestión.

PACO ROIG

Paco Roig alcanzó la presidencia del Valencia en 1994, tras una oscura operación en la que junto con sus hermanos y otros consejeros se saltaron los límites y compraron miles de acciones a través de testaferros, muchos de ellos sin saberlo. «Solo pienso en trabajar, dar ilusión a la afición para hacer un gran Valencia; porque nosotros, los valencianos, somos ganadores», dijo como declaración de intenciones.

En tres años, Roig no ganó nada de nada,

---

9. Su cláusula de rescisión de 65.000 millones de pesetas también marcó época. Como dijo Lopera: «Hemos fichado a un jugador que para que nos lo quiten tienen que cerrar un banco».

10. *Mi casa es la tuya*, Telecinco, febrero de 2017.

pero fue noticia por ser agredido dos veces en el plazo de un mes. La primera, cuando trataba de subirse a un taxi a la salida del Santiago Bernabéu y dos individuos lo apalizaron por sus reiteradas declaraciones contra el Real Madrid. La segunda fue más insólita aún, pues el agresor fue un exjugador del Valencia, Lubo Penev. El enorme delantero búlgaro había acusado a Roig de llevarse mordidas y de querer rescindirle el contrato mientras se curaba de un cáncer de testículos. Al cruzarse por las tripas de Mestalla, intercambiaron primero insultos y acto seguido puñetazos. Penev golpeó primero. Roig negó haberle provocado. Según su versión, lo que le dijo al delantero fue: «Oiga, esto no es un sitio de jugadores, haga el favor de irse». Según la prensa,[11] la frase no fue exactamente esa, sino: «¿Tú qué haces aquí, payaso hijo de puta?».

Lo mejor fue la intervención de Jesús Gil (repetimos: Jesús Gil) para pedir cordura: «Los presidentes estamos para dar ejemplo».

BARLOTOMÉ BELTRÁN

Autor del *best seller Siempre mujer, ante la menopausia.* Ginecólogo (como Eufemiano Fuentes) de reconocido prestigio. Fundador de Antena 3 Radio con su espacio *La salud es lo que importa.* Divulgador televisivo de consejos médicos de sobremesa con su programa *En buenas manos.* Con estos antecedentes, lo lógico es que acabara presidiendo un club de fútbol.

Beltrán, empresario de éxito, figura mediática, sonrisa *profidén,* accedió a la presidencia de un Mallorca que en 1995 era «sin duda, el enfermo más grave» que había pasado por sus manos. «Hay que poner orden y organización», diagnosticaba. Nada mejor que un doctor televisivo para acometer esta ímproba tarea, pues sus conocimientos balompédicos se antojaban indiscutibles: «El portero de cualquier escalera y el mejor entrenador del mundo entienden de fútbol. Ambos pueden equivocarse, y eso les equipara. Me considero un buen observador de la realidad y, si puedo opinar de toros, música o espectáculos, no veo por qué no de fútbol. Yo sé cuándo un equipo juega bien y lo puedo afirmar públicamente».[12]

Tras rescatar al Mallorca de la UVI y lograr el ascenso a Primera, su gusto por el fútbol exquisito le llevó a contratar a Héctor Raúl Cúper, lo que dio paso a los mejores momentos de la historia mallorquinista reciente. Uno de ellos, aún bajo mandato beltranero, fue competir hasta los penaltis en la final de la Copa del Rey 1997/98 contra el Barcelona. Su imagen llorando en el palco mientras le consolaba Rita Barberà (?) apareció en todos los periódicos.

Tras este gesto tribunero, el Grupo Zeta de su amigo Antonio Asensio (el verdadero dueño del club) dio un paso al frente, compró las acciones de Vitaplán, la empresa de don Bartolomé, y puso fin a la colaboración gineco-futbolera. Queda para los anales el nombre de la empresa de Asensio que ejecutó la operación: Panterkarr 3000. Ni en Chiquito Naming Inc. hubieran sido capaces de inventarse algo así.

RAMÓN MENDOZA

¿Se imaginan a Florentino Pérez dando saltos abrazado a unos *hooligans* madridistas al grito de «¡Que bote Florentino! ¡Que bote

---

11. *El País,* 22 de febrero de 1996.

12. *Mundo Deportivo,* 16 de septiembre de 1995.

Florentino!»? Ramón Mendoza ya era viral antes de que lo viral existiera.

Al ser requerido por su intención de voto en las elecciones a la presidencia del Real Madrid, un oyente de Onda Cero le definió de manera certera: «Votaré a Mendoza, porque es un chulo, y qué mejor que ser chulo, chulapón, como somos los madrileños para ser presidente del Madrid». O, si lo prefieren, aquí tienen otra de Francisco Umbral: «Ramón Mendoza está entre Vittorio de Sica y un *playboy* maduro y marbellí».[13]

«El del pelo blanco» construyó su patrimonio vendiendo vino, arroz y cítricos (o eso decía) a la URSS, mientras crecían los rumores de que era un agente de la KGB.[14] Una vez calmada la propaganda antisoviética, accedió a la presidencia del Real Madrid. Tuvo el acierto de mezclar a la Quinta del Buitre con los fichajes de Hugo Sánchez, Maceda y Gordillo, origen de una de las épocas doradas del madridismo en competición nacional: cinco Ligas consecutivas. Eso sí, la Copa de Europa se le atascó en Eindhoven y, aunque perdió, no dio la mano: «Es injusto. Es que ni los propios holandeses se lo creían. Parecían un equipo de pueblo, con un campo pequeño y lanzando balones siempre desde el portero hasta la delantera».[15]

Sus peleas dialécticas perpetuas con Gil y Núñez eran tazas de Mr. Wonderful comparadas con los enfrentamientos que mantuvo con José María García. En su apogeo, Supergarcía

leyó una biopsia de la mujer de Mendoza en antena: «Eso fue por defender a Jeannine y nunca me lo agradeció. Es más, [Jeannine] presentó una querella contra mí y la ganó. Pero yo lo hacía porque él había abandonado a Jeannine».[16] De desagradecidos está el mundo lleno, Súper.

ALFONSO CABEZA

El doctor Cabeza, forense de profesión[17] y poseedor de un flequillo a lo Jesús Hermida, apareció como un proyecto de JFK atlético cuando amanecían los ochenta. Ganó las elecciones sin oposición[18] y el arranque de su primera Liga fue espectacular, a la altura del personaje. Un Atlético líder visitaba el Camp Nou en la décima jornada, con el Barcelona en la undécima plaza. El doctor Cabeza se las prometía muy felices, puesto que se rumoreaba que contaba con los servicios de una vidente/asesora, pero se chocó con la realidad: derrota por 4-2. Tuvo que conformarse con una victoria en la prensa, en el intercambio verbal con Helenio Herrera, el veterano entrenador *blaugrana*:

H.H.: No sé cómo una persona así puede dirigir un hospital. Ni siquiera ser médico. No me pondría en sus manos si estuviera enfermo.

CABEZA: Yo soy forense, no curo enfer-

---

13. *El País*, 16 de febrero de 1995 y 21 de noviembre de 1987.

14. Mendoza consiguió secuestrar la publicación de una edición de *Cambio 16* que le acusaba de ser el hombre de la KGB en España. «La mía ha sido y es una labor patriótica. Yo he sido el primero en abrir a España los mercados de los países del Este europeo, y por mis actividades han entrado numerosas divisas en nuestro país», replicó.

15. *El País*, 22 de abril de 1998.

16. Se refiere a Jeannine Girod, pareja de Mendoza. *Salvados*, 10 de febrero de 2008.

17. Cabeza simultaneó la presidencia del Atlético con la dirección general del hospital de La Paz. «Un día tuve que ir a hacer la autopsia a uno de los Hermanos Tonetti, que se había ahorcado en Algete, y por la tarde estaba en el palco del Camp Nou.» *El Confidencial*, 2 de diciembre de 2019.

18. El otro candidato que había reunido los avales suficientes, Mariano Romero, perdió a su hijo en un accidente de tráfico y retiró su candidatura.

mos, hago autopsias. Y si un día tengo que hacer la de don Helenio, se la haré con muchísimo cariño y con especial atención a la próstata.[19]

Solo con esta anécdota ya sería candidato al *Most Valuable Presidente*, pero el doctor era mucho más. Tras proclamarse campeón de invierno, avisó de que, si el Atlético se proclamaba campeón de Liga con una jornada de antelación, jugaría de defensa central el último partido, contra Osasuna.

El fútbol mundial perdió la oportunidad de comprobar las evoluciones al máximo nivel de esa joven promesa defensiva de cuarenta y un años. El Atlético perdió su ventaja (tremenda polémica con Álvarez Margüenda en Zaragoza incluida) y llegó a la penúltima jornada en segundo lugar, empatado a puntos con el Real Madrid y a solo un punto de la Real Sociedad. Casualidades del calendario, le tocaba visitar el Bernabéu, pero Cabeza intuye (¿asesorado, tal vez, por la vidente?) que les van a robar y convoca a su hinchada a comer tortilla en el Vicente Calderón a la hora del partido. Diez mil personas le acompañan y escuchan la retransmisión por megafonía. Pierden 2-0 contra el Madrid, pero la que gana la Liga es la Real.

Tras dos temporadas de continuos enfrentamientos con la federación, le inhabilitan por dieciséis meses y abandona el fútbol: «Yo comprendo que he sido un niño malo y por eso me han dado dieciséis cachetes en el culito; los acepto, pero me entristecen mucho».[20]

---

19. Alfredo Relaño en *El País*, 8 de febrero de 2015.

20. *ABC*, 4 de marzo de 1982.

JOAN GASPART

Tal y como Manuel Fraga pasó a la historia gráfica de España luciendo sus carnes mientras se bañaba en las playas de Palomares (para demostrar que allí no había bombas nucleares ni *na de na*), el momento más recordado de Gaspart consistió en un baño celebratorio en las acogedoras aguas del Támesis con motivo del pepinazo de Koeman que había llevado a las vitrinas de Can Barça la ansiada Copa de Europa en 1992.

Especialista en cerrar fichajes como directivo, se disfrazó de camarero para poder entrar en la concentración de la selección brasileña y subir dos Coca-Colas a la habitación de Ronaldo (el bueno) y que firmara su contrato de una vez. Ríete tú de las servilletas de Florentino. Y puso cien millones de pesetas de su bolsillo para fichar a Stoichkov, un perfecto desconocido que acabó dando innumerables tardes de gloria al club, como aquella Supercopa en la que pisó e insultó a Urizar Azpitarte.[21]

Cuando alcanzó la presidencia,[22] se convirtió en el prototipo del presidente-forofo. En general, los directivos que ascienden en el escalafón se «cortan» un poco e intentan

---

21. Hristo se convirtió en un personaje recurrente en *Al ataque*, el recordado espacio de Antena 3 dirigido por Alfonso Arús. Al recrear esta escena, un grupo de periodistas le preguntaba: «Hristo, ¿has insultado a Urizar?», y el Hristo de ficción respondía: «No, no. Yo le he dicho "Zvereva, zvereva, joputa", que en búlgaro quiere decir "¡Feliz Navidad!"».

22. Gaspart ganó las elecciones de 2000 a Lluís Bassat, el histórico publicista que contaba con Guardiola de director deportivo y con Juanma Lillo de entrenador. Juguemos a la historia-ficción: Bassat gana. Bassat es muy famoso. Bassat presentó la edición española de *El aprendiz*, un *reality show* que pasó sin pena ni gloria, pero que habría sido un éxito fulgurante con el presidente del Barcelona a los mandos. Bassat, como Trump, presidente del Gobierno. Lo de Lillo también da mucho juego imaginárselo.

comportarse de un modo más políticamente correcto. Gaspart no. Era imposible, le hervía la sangre barcelonista ante cualquier afrenta. Sobre todo, con el «caso Figo», que inauguró su mandato: «Florentino Pérez y el representante de Figo han hecho algo inmoral. No olvido esto nunca. Quien la hace la paga».

En sus tres años como presidente no consiguió ningún título. Nunca le ha costado ironizar con su nefasta gestión. Eso sí, fichó a Messi con la histórica servilleta de Rexach. Y retuvo a Rivaldo, para lo que tuvo que aprender idiomas: «Chin chun, chan chin, chen chan. Lo he dicho de todas las maneras, y solo me faltaba decirlo en chino: Rivaldo no está en venta».

TERESA RIVERO

La primera presidenta de un club en Primera División fue Teresa Rivero, que hasta llegó a dar nombre al estadio del Rayo Vallecano (nosotros preferimos la denominación que tuvo brevemente el ahora llamado Estadio de Vallecas, inmejorable por su sencillez: Campo de Fútbol de Vallecas). Rivero era en realidad una presidenta consorte, pues el propietario del equipo era su marido, el empresario José María Ruiz-Mateos. Si el club podía servir para promocionar otras empresas familiares como el flan Dhul o los chocolates Trapa, ¿qué mayor sinergia que colocar a tu mujer en el palco? Allí siempre había una cámara pendiente de ella: «¿Qué ha pasado?», preguntaba constantemente durante los partidos, o «¿Quién ha sido?», cuando había gol.

Rivero, hasta entonces ama de casa, no sabía absolutamente nada de fútbol y no tenía

la menor experiencia en gestión, si exceptuamos haber cuidado de sus trece hijos. Aun así, demostró que una mujer está perfectamente capacitada para desempeñar las tareas del presidente tipo de la época: destituir entrenadores, denunciar presuntas persecuciones de los diversos poderes, enfrentarse a parte de la afición, amagar con marcharse, marcharse y volver, tratar de influir en las alineaciones[23], destituir más entrenadores, retrasarse en los pagos, criticar en público a los jugadores o discutir con ellos en programas de radio. Hasta tuvo su propia condena, a siete años de prisión por fraude fiscal, en 2018.

Lo cierto es que en aquella época el club dio un gran impulso a su sección femenina, incluido el fichaje de Milene Domingues, mal llamada «Ronaldinha»[24] por su noviazgo con Ronaldo (el bueno): «Llámenme Milene —pedía ella—; a la mujer de Zidane no la llaman "Zidana"».

La primera presidenta de un club profesional en España, no obstante, fue María Ignacia Hoppichler, madrileña de apellido austriaco. Un día era la mujer del entrenador del CF Lorca —Jesús Moreno Manzaneque— y al siguiente, la presidenta. El tándem rigió los destinos del club durante casi toda la década de los ochenta, y no le fue mal: pasó de Tercera a Segunda.

---

23. «O juega Lopetegui o te vas a la calle», admitió haberle dicho a Andoni Goikoetxea. Y como no cedió, lo puso en la calle. «No lo pienso volver a hacer, pero mi intención era buena. Quizá por ser mujer, fue un intento maternal de arreglar la situación y de que todo se relajara».

24. Llamar a Milene Domingues «Ronaldinha» por ser novia de Ronaldo (el bueno) no solo era machista, sino además repetitivo, ya que lo mismo se había hecho ya antes con otra pareja suya, la actriz y modelo Susana Werner.

JESÚS GIL

TEMPORADA	ENTRENADORES	J	G	E	P	FICHAJES	FRASE	RESULTADO
1987/88	César Luis Menotti Armando Ufarte Antonio Briones	35 3 12	18 1 7	8 0 4	9 2 1	Eusebio y Juan Carlos (Valladolid), Futre (Oporto), Goicoechea (Athletic), López Ufarte (Real Sociedad), Marcos (Barcelona), Parra (Betis), Zamora (Newell's Old Boys).	«La estafa argentina (Menotti) ha sido culpable del fracaso.»	**Liga:** 3.º **Copa:** eliminado en cuartos de final por la Real Sociedad
1988/89	José María Maguregi Ron Atkinson Colin Addison	7 12 24	2 6 12	1 3 6	4 3 6	Baltazar (Celta), Carlos (Oviedo), Donato (Vasco da Gama), Luis García y Orejuela (Mallorca), Manolo (Murcia), Sergio Marrero (Las Palmas), Torrecilla (Valladolid)	«Maguregi es mitad hombre mitad payaso.»	**Liga:** 4.º **Copa:** semifinalista, eliminado por el Real Madrid **Copa de la UEFA:** eliminado en treintaidosavos de final por el Groningen
1989/90	Javier Clemente Joaquín Peiró	31 10	16 5	7 3	8 2	*Tato* Abadía (Logroñés), Bustingorri y Pizo Gómez (Osasuna), Ferreira (Athletic)	«No es que el árbitro (Vautrot) sea un mariquita, es un maricón. Sé de muy buena tinta que, cuando quedamos eliminados, le buscaron (los de la Fiorentina) un niño rubio de ojos azules.»	**Liga:** 4.º **Copa:** eliminado en octavos de final por el Real Madrid **Copa de la UEFA:** eliminado en treintaidosavos de final por la Fiorentina
1990/91	Joaquín Peiró[1] Iselín Santos Ovejero Tomislav Ivić Iselín Santos Ovejero	0 1 45 1	0 0 21 1	0 1 13 0	0 0 11 0	Juanito y Vizcaíno (Zaragoza), Julio Prieto (Celta), Pedro (Logroñés), Rodax (Admira Wacker), Sabas (Rayo Vallecano), Schuster (Real Madrid)	«Mis jugadores deberían pasar tanta hambre como estos rumanos (de la Politécnica de Timisoara).»	**Liga:** 2.º **Copa:** campeón ante el Real Mallorca (1-0) **Copa de la UEFA:** eliminado en treintaidosavos de final por la Politécnica de Timisoara
1991/92	Luis Aragonés	53	33	8	12	Diego (Sporting), Losada (Real Madrid), Moya (Valladolid), Soler (Barcelona)	«Hemos retirado a todos los equipos inferiores (salvo el Atlético Madrileño). (...) Yo no puedo estar perdiendo dinero vendiendo pisos para hacer canteras.»	**Liga:** 3.º **Copa:** campeón ante el Real Madrid (2-0) **Supercopa:** pierde contra el F. C. Barcelona (global de 2-1) **Recopa:** eliminado en cuartos de final por el Brujas
1992/93	Luis Aragonés Iselín Santos Ovejero José Omar Pastoriza Cacho Heredia	26 3 8 23	11 2 4 9	7 0 2 7	8 1 2 7	Luis García (Pumas), Lukić (Estrella Roja), Villarreal (Boca Juniors)	«No volveré a entregar el club a un entrenador para que haga y deshaga. Para mí, el entrenador no es Dios.»	**Liga:** 6.º **Copa:** eliminado en octavos de final por el F. C. Barcelona **Supercopa:** pierde contra el F. C. Barcelona (global de 5-2) **Recopa:** semifinalista, eliminado por el Parma
1993/94	Jair Pereira Cacho Heredia Emilio Cruz José Luis Romero Iselín Santos Ovejero Jorge D'Alessandro	10 5 10 6 4 9	4 2 1 2 0 6	3 1 5 0 1 0	3 2 4 4 3 3	Benítez (Almería), Caminero (Valladolid), Kiko y Quevedo (Cádiz), Kosecki (Osasuna), Maguy (Africa Sports), Moacir (Corinthians), Pirri (Oviedo), Pizo Gómez (Rayo Vallecano), Soler (Badajoz), Tilico (Marbella)	«Permitir arbitrar a Andújar Oliver es como dar un revólver a un niño de cinco años.»	**Liga:** 12.º **Copa:** eliminado en octavos de final por el Real Madrid **Copa de la UEFA:** eliminado en dieciseisavos de final por el OFI de Creta
1994/95	Pacho Maturana Jorge D'Alessandro Alfio Basile Carlos Aguiar	9 19 16 2	2 7 6 1	1 6 4 1	6 6 6 0	Alejandro (Marbella), Dobrovolski (Dinamo Moscú), Geli (Albacete), Iván Rocha (Valladolid), Ruano (Gramanet), Simeone (Sevilla), *Tren* Valencia (Bayern)	«Al negro (el *Tren* Valencia) le corto el cuello.»	**Liga:** 14.º **Copa:** eliminado en cuartos de final por el Albacete Balompié

[1] Destituido en pretemporada.

TEMPORADA	ENTRENADORES	J	G	E	P	FICHAJES	FRASE	RESULTADO
1995/96	Radomir Antić	53	33	12	8	Biagini (Newell's Old Boys), Correa (River Plate), Fortune (Mallorca), Juan Carlos (Marbella), Molina y Santi (Albacete), Pantić (Panionios), Penev (Valencia), Roberto (Espanyol)	«Que se mueran todos aquellos a los que les jode que yo sea rico y el Atlético líder.»»	**Liga:** Campeón **Copa:** Campeón ante el F. C. Barcelona (1-0)
1996/97	Radomir Antić	56	27	14	15	Aguilera (Tenerife), Bejbl (Slavia), Esnáider (Real Madrid), Pablo Alfaro (Racing), Prodan (Steaua)	«El Ajax parecía el Congo, con todos los respetos. (...) Salían negros de todas partes, como una máquina de hacer churros. Y yo no soy racista.»	**Liga:** 5.º **Copa:** eliminado en cuartos de final por el F.C. Barcelona **Supercopa:** pierde contra el F.C. Barcelona (global 6-5) **Champions League:** eliminado en cuartos de final por el Ajax
1997/98	Radomir Antić	50	22	15	13	Andrei (At. Paranaense), Avi Nimni (Maccabi), Bogdanović (JEF United), Futre (West Ham), Jaro (Betis), José Mari (Sevilla), Juninho (Middlesbrough), Lardín (Espanyol), Vieri (Juventus)	«Me molesta pagar a alguien (Antić) por no trabajar.»	**Liga:** 7.º **Copa:** eliminado en octavos de final por el Real Zaragoza **Copa de la UEFA:** semifinalista, eliminado por la Lazio
1998/99	Arrigo Sacchi Carlos Aguiar	30 33	15 13	5 10	10 10	Chamot, Jugović y Venturin (Lazio), Juan González (Oviedo), Mena y Valerón (Mallorca), Njegus (Estrella Roja), Serena (Fiorentina), Solari (River Plate), Torrisi (Bolonia)	«Sacchi no quiere estrellitas, así que..., que se preparen algunos.»	**Liga:** 13.º **Copa:** subcampeón ante el Valencia C.F. **Copa de la UEFA:** semifinalista, eliminado por el Parma
1999/2000	Claudio Ranieri Radomir Antić[2] Fernando Zambrano	39 13 2	16 4 1	10 5 0	13 7 1	Ayala (Betis), Capdevila y Toni (Espanyol), Gamarra (Corinthians), Hasselbaink (Leeds), Hugo Leal (Benfica), Pilpauskas (Bella Vista)	«A Segunda División, a ese infierno, nos han llevado mentes malignas y gente de mal vivir.»	**Liga:** 19.º (descenso) **Copa:** subcampeón ante el R.C.D. Espanyol **Copa de la UEFA:** eliminado en octavos de final por el Lens
2000/01[3]	Fernando Zambrano Marcos Alonso Carlos García Cantarero	5 36 9	1 19 7	1 10 1	3 7 1	Amaya, Hernández y Llorens (Rayo), Carcedo (Niza), Hibić y Juan Carlos (Sevilla), Juan Gómez (Real Sociedad), Salva (Racing), Wicky (Werder Bremen), Dani (Benfica)[4], Fagiani (San Lorenzo)[4]	«Yo me crezco con el castigo.»	**Liga:** 4.º de Segunda División **Copa:** semifinalista, eliminado por el Real Zaragoza
2001/02[3]	Luis Aragonés	43	23	10	10	Armando, el *Mono* Burgos y Carreras (Mallorca), Colsa (Racing), Diego Alonso (Valencia), García Calvo (Valladolid), Javi Guerrero y Jesús (Albacete), Movilla (Málaga), Nagore (Numancia), Otero (Betis), Pindado (Granada), Stanković (Marsella)	«No cambiamos a Movilla por Zidane.»	**Liga:** campeón de Segunda División (ascenso) **Copa:** eliminado en treintaidosavos de final por el Rayo Vallecano
2002/03	Luis Aragonés	44	16	12	16	Albertini, Coloccini, Contra, Javi Moreno y José Mari (Milan), Emerson (Deportivo), Esteban (Oviedo), Luis García y Sergi (Barcelona), Juanma (Mérida), Rodrigo Fabri (sin equipo, antes Gremio)	«Si cuento lo que sé de Luis Aragonés, no entrenaría ni al Atleti ni a ningún otro equipo.»	**Liga:** 12.º **Copa:** eliminado en cuartos de final por el Recreativo

(2) Antić no fue contratado por Gil, sino por el administrador judicial del Atlético de Madrid, Luis Manuel Rubí. Luego el juez repuso a Gil en la presidencia y Antić no acabó la temporada.

(3) En Segunda División.

(4) Fichajes de invierno.

10.
MARADONAS
POR EL MUNDO

«Maradona no es una persona cualquiera.»
ANDRÉS CALAMARO

Igual que esas ciudades optimistas que se hacen llamar «la París del este» o «la Venecia del norte», algunas regiones, en connivencia con la prensa, han tratado de darse un poco de bombo alumbrando al nuevo Diego Armando Maradona. Considerado irrepetible, el Pelusa es sin duda el futbolista al que más clones se le han buscado. Cordilleras, mares, estrechos y toda suerte de accidentes geográficos son válidos para enmarcar al nuevo Maradona, aunque sea en versión de bolsillo. A veces, ni siquiera es necesario que se parezca al original lo más mínimo, como demuestran los resultados de la prueba de paternidad que les hemos realizado (*spoiler*: gana Gica Hagi).

EL MARADONA DE LOS CÁRPATOS

GICA HAGI

Farul Constanta, Sportul Studentesc, Steaua Bucarest, Real Madrid, Brescia, Barcelona, Galatasaray.

EL MARADONA DE LOS BALCANES

BLAŽ SLIŠKOVIĆ

Velez Mostar, Hajduk Split, Olympique de Marsella, Pescara, Lens, Mulhouse, Stade Rennais, Hrvatski Dragovoljac.

Los aficionados del Real Madrid tenían un incentivo para ver los partidos de Rumanía en el Mundial de Italia 90: descubrir si ese tal Gheorge Hagi, al que Ramón Mendoza acababa de fichar del Steaua, era tan bueno como decían. En octavos de final, contra Irlanda, Michael Robinson, recién retirado y comentarista primerizo en Televisión Española, le pilló el truco: «Hagi juega por donde da la sombra». En el Bernabéu dejó sobre todo eso, sombras, más allá de algún chispazo de genialidad con forma de libre directo o de gol desde el medio campo, porque su zurda era tremenda. Tras el siguiente Mundial, Estados Unidos 94, Johan Cruyff le dio una segunda oportunidad en un equipo de élite, pero Hagi tampoco funcionó en el Barça. Lo suyo eran equipos que le rindieran vasallaje, como su selección, el Steaua, el Brescia o el Galatasaray.

Este bigotudo centrocampista jugó 26 veces con Yugoslavia, la última en 1986, justo el año mariano mar(adon)iano. Nunca disputó un Mundial ni una Eurocopa. Baka le pegaba bien y fuerte —marcó varios goles de córner, incluido uno en una final de Copa—, pero con la derecha y no siempre lució el 10. La disciplina y correr hacia atrás no iban con él. Podía llegar a los 20 cafés y 30 o 40 cigarrillos al día. De haber jugado en España, el titular «La fiesta de Blaž» habría sido solo cuestión de tiempo. Llegó al Olympique de Marsella al mismo tiempo que aquella oda andante a la corrupción llamada Bernard Tapie y produjo una honda sensación en un quinceañero asiduo a la grada del Vélodrome, Zinedine Zidane. Zizou, que llamó Enzo a su primogénito en honor a Francéscoli, siempre cita a Slišković entre los futbolistas que más le han impresionado. Ya podía haberse animado a llamar Blaž a su segundo hijo, en vez de Luca. Aunque solo fuera por dejarnos leer el titular.

ZURDO	DORSAL 10	ESTATURA	MEDIAPUNTA	LANZADOR DE FALTAS	PUNTUACIÓN
SÍ	SÍ	1,74	SÍ	SÍ	**4,5**

Puntuación: VERDE = 1 punto. **AZUL** = 0,5 puntos. **ROJO** = 0 puntos.

ZURDO	DORSAL 10	ESTATURA	MEDIAPUNTA	LANZADOR DE FALTAS	PUNTUACIÓN
NO	A VECES	1,77	SÍ	SÍ	**2,5**

Puntuación: VERDE = 1 punto. **AZUL** = 0,5 puntos. **ROJO** = 0 puntos.

EL MARADONA DE LOS ALPES
ANDREAS HERZOG

Rapid Viena, First Viena,
Werder Bremen, Bayern Múnich,
Los Angeles Galaxy.

EL MARADONA DEL DESIERTO
SAED AL-OWAIRAN

Al-Shabab.

Nació y creció en Viena, no entre cimas nevadas con la compañía de su abuelo y el perro Niebla, por lo que habría sido más realista apodarle «el Maradona del Prater», o «El Maradona del Weser», ya que hizo casi toda su carrera en el Werder Bremen. En la primera de sus nueve temporadas allí ganó su única Bundesliga, junto con los míticos Klaus Allofs y Wynton Rufer (un neozelandés estrella en Europa, lo nunca visto). Era un llegador con un gran zurdazo y una planta que invalidaba la comparación con el Pelusa. En la 1995/96 se lo llevó el Bayern, fiel a su tradición de fichajes 2x1: no solo me refuerzo, sino que, ya de paso, esquilmo a un rival directo. En Múnich, sus compañeros le tomaron por una especie de enchufado del nuevo entrenador, Otto Rehhagel, que venía con él desde Bremen. Durante un partido, Oliver Kahn, todo bondad, le recriminó un error con un empujón que le hizo trastabillarse. Herzog regresó a Bremen: «Un año más y habríamos terminado en el psiquiátrico».

Nunca salió del Al-Shabab, el equipo de su ciudad, Riad. Se ganó el apodo con un gol maradoniano a Bélgica en todo un Mundial, el de Estados Unidos 94. Un gol que además clasificó a Arabia Saudí para octavos de final en el primer Mundial de su historia. Así que, para empezar, un respeto. Al-Owairan arrancó desde más lejos que Maradona en México 86 —recorrió todo el campo rival y buena parte del suyo—, aunque con una conducción mucho menos fina, con una pizca de suerte y sin dejar en el camino a tanto inglés, en este caso a tanto belga. Logró aun así un gol de antología y, cuatro años después, los focos le aguardaban. Lástima que, durante los tres partidos de su selección en Francia 98, Al-Owairan no hiciera nada, absolutamente nada.

ZURDO	DORSAL 10	ESTATURA	MEDIAPUNTA	LANZADOR DE FALTAS	PUNTUACIÓN
SÍ	SÍ	1,83	SÍ	SÍ	**4**

Puntuación: **VERDE** = 1 punto. **AZUL** = 0,5 puntos. **ROJO** = 0 puntos.

ZURDO	DORSAL 10	ESTATURA	MEDIAPUNTA	LANZADOR DE FALTAS	PUNTUACIÓN
NO	SÍ	1,85	NO	NO	**1**

Puntuación: **VERDE** = 1 punto. **AZUL** = 0,5 puntos. **ROJO** = 0 puntos.

**EL MARADONA
DE LOS ANDES
ROBERTO MERINO**

**EL MARADONA
DEL MAR NEGRO
GEORGI KINKLADZE**

Barcelona B, Mallorca,
Málaga B, Servette, Ciudad de Murcia,
Akratitos, Atromitos, Salernitana, Al-Nasr,
Unión Comercio, Juan Aurich, Nocerina,
Deportes Tolima, UTC, Pattaya United, Unión
Comercio, Sassari Torres.

Mretebi Tbilisi, Dinamo Tbilisi,
Saarbrücken, Boca Juniors, Manchester City,
Ajax, Derby County, Anorthosis Famagusta,
Rubin Kazán.

Nacido en Perú pero formado en canteras españolas —primero en La Masia y luego en la del Real Mallorca—, «Meridona» rechazó con diecinueve años ser convocado por la selección absoluta de su país de origen. Había debutado ya con la sub-18 española junto a Víctor Valdés, Nano o Fernando Navarro y tenía claro que su futuro internacional era rojo. De hecho, era un desconocido en su propio país, donde no había jugado nunca. Muy bajito, virguero y regateador, no llegó a jugar en Primera División. Debutó finalmente con Perú a los veintisiete años: un partido y no más.

Su padre se empeñó en que triunfase en el fútbol: le llevaba a clases de ballet para mejorar la coordinación y le hacía subir escaleras con el balón controlado, entre otras locuras. Y de algo le sirvió. De todos estos Maradonas, Kinkladze es el único (junto con Diego Armando, obviamente) que jugó en Boca Juniors. Lo de jugar es un decir: estuvo tres meses a prueba en Buenos Aires y no pasó del equipo reserva. Durante su etapa en Inglaterra, sus numerosos enamorados le elevaron a la categoría de jugador de culto. Cumplía todos los requisitos para ser un ídolo parabólico: procedencia exótica (Georgia), apellido sonoro, difícil de pronunciar, y equipo pequeño, como aquel Manchester City prejeques que nadie se explicaba cómo podía generar tanta pasión en Liam y Noel Gallagher. Kinkladze llegó a Mánchester en 1995, el año en que Oasis publicó *(What's the Story) Morning Glory?*, y durante tres temporadas lució allí su golpeo de balón y su regate, vertical y velocísimo. Eso sí: que defendieran otros.

ZURDO	DORSAL 10	ESTATURA	MEDIAPUNTA	LANZADOR DE FALTAS	PUNTUACIÓN
SÍ	NO	1,67	SÍ	SÍ	**4**

Puntuación: VERDE = 1 punto. **AZUL** = 0,5 puntos. **ROJO** = 0 puntos.

ZURDO	DORSAL 10	ESTATURA	MEDIAPUNTA	LANZADOR DE FALTAS	PUNTUACIÓN
SÍ	NO	1,75	SÍ	SÍ	**3,5**

Puntuación: VERDE = 1 punto. **AZUL** = 0,5 puntos. **ROJO** = 0 puntos.

Galatasaray, Inter, Newcastle United, Fenerbahçe, Atlético de Madrid, Estambul Başakşehir.

Baník Ostrava, Liverpool, Aston Villa, Olympique Lyonnais, Portsmouth, Galatasaray, Antalyaspor, Mladá Boleslav, Slovan Liberec.

Era más organizador que mediapunta. Aunque mostró un talento precoz para el fútbol (con diecisiete años ya jugaba en el Galatasaray y a los veinte fichó por el Inter), admite que no maduró como persona hasta los veintisiete. Es decir, que en el empeño gastó cuatro temporadas en Italia y tres más en el Newcastle. «Era demasiado joven. No vivía bien, no dormía... No es que saliera de fiesta, pero siempre estaba con amigos y me quedaba hasta las cuatro de la mañana jugando a la Play, a las cartas... Si tenía un día libre, me iba a Estambul. Siempre estaba cansado. No es fácil ser profesional a los veintiún años. Te piden autógrafos, te dan dinero...» Al Atlético llegó curtidito, con treinta y dos años, y a Simeone le duró seis meses.

Delantero alto, cabeza baja, se parecía a Maradona como un huevo a una castaña, pero a estas alturas ya vemos que eso es lo de menos. El mote lo compró Gerard Houllier, entrenador y mánager del Liverpool, que se enamoró de él y lo fichó con diecinueve años, aunque luego apenas le dio oportunidades. Baros se dio a conocer realmente con la camiseta de la República Checa: campeón de Europa sub-21 y máximo goleador de la Eurocopa 2004 —sí, la que ganó Grecia—, de la que salió entronizado como uno de los delanteros llamados a marcar una época. Pero el gas ya se había escapado. Benítez, sucesor de Houllier, comenzó contando con él y le perdió la fe ya antes de la legendaria final de Estambul, en la que fue suplente. Al año siguiente lo empaquetó. En sus cinco ligas completas en Inglaterra, Baros jamás pasó de nueve goles.

ZURDO	DORSAL 10	ESTATURA	MEDIAPUNTA	LANZADOR DE FALTAS	PUNTUACIÓN
SÍ	NO	1,69	NO	SÍ	3

Puntuación: VERDE = 1 punto. AZUL = 0,5 puntos. ROJO = 0 puntos.

ZURDO	DORSAL 10	ESTATURA	MEDIAPUNTA	LANZADOR DE FALTAS	PUNTUACIÓN
NO	A VECES	1,84	NO	NO	0,5

Puntuación: VERDE = 1 punto. AZUL = 0,5 puntos. ROJO = 0 puntos.

11.
QUÉ PELIGRO TIENEN LOS SCOUTS

«Fran Mérida tiene un talento similar al de Cesc.»
ARSÈNE WENGER

No hay nada como experimentar con algo que acaba saliendo bien para sacar conclusiones precipitadas. La salida de Cesc Fàbregas desde el Barcelona al Arsenal en edad juvenil y su vertiginosa conquista de las cimas de la Premier League (jugador más joven en debutar con el primer equipo de los *gunners*, a los dieciséis años y 177 días, dueño del centro del campo a los diecisiete, capitán a los veintiuno) sirvieron para motivar tanto a los juveniles españoles en edad de emigrar como a los *scouts* internacionales en trance de fichar. Se abrió la veda.

Nuestro fútbol de *tiki taka* estaba de moda y los pescadores internacionales de talento atacaron sin remisión los caladeros españoles en busca de los nuevos Xavi e Iniesta. Algunos (los menos) tuvieron una visión de futuro que sería la envidia del mismísimo Rappel. A los otros (los más), que San Gabino les conserve la vista.

En estos tiempos de *moneyball* se continuarán realizando apuestas a doble o nada para saltar la banca del casino del éxito que te lleve a conquistar Champions o a poder realizar traspasos millonarios. Y si se falla, tampoco pasa nada, porque la apuesta no es tan cara. Después de todo..., ¿quién no querría haber disfrutado de una carrera como la de Cesc?

SÉ
INTER-
NACIONAL
CON
ÉXITO
EN TU
EQUIPO

BELLERÍN
DANI OLMO

Sé del CAMPEÓN MUNDO

PIQUÉ

Haz TRIUNFAR al SCOUT

GOOOL!

SAN JOSÉ
DENIS SUÁREZ
SUSO

CAMPEÓN DEL MUNDO + BICAMPEÓN EUROCOPA + TRIUNFO CON EL EQUIPO QUE LE CONTRATÓ EN EDAD JUVENIL

DEBUTA CON La Selección

OBIANG
KEITA BALDÉ

CESC

TRIUNFA CON TU EQUIPO

MÁS DE 100 PARTIDOS

12.
LOS 40
LAMENTABLES

«No ganamos ni a la ONCE, es increíble lo malos que somos.»
PERU NOLASKOAIN, jugador del Deportivo 2019/20

Suele existir consenso al elegir al mejor jugador en la historia de cada equipo español. En el Barça es pecado no decir Messi. En el Real Madrid, pese a la colección de goles en 4K de Cristiano Ronaldo, no se olvida la influencia de Di Stéfano. Un tercer argentino, Kempes, sigue siendo un ídolo en Valencia. Los del Atlético quizá duden entre Luis Aragonés y Gárate, pero la discusión en ningún caso llegará a las manos.

En el otro extremo, las cosas no están tan claras. Hagan la prueba: pregunten a sus amigos por el peor jugador que haya vestido la camiseta de su equipo y tendrán casi tantas respuestas como aficionados.

Como nos gustan los retos, pensamos que este libro era el medio perfecto para proclamar al peor jugador de cada equipo. Se nos ocurrieron dos formas. La primera, un estudio exhaustivo. La segunda, pedir ayuda. No hace falta explicar por cuál de las dos nos decantamos. Nos gustan los retos, no trabajar en balde.

Hemos recurrido a un panel de sabios amigos, voces autorizadas a las que hemos dado libertad para elegir a los tres peores jugadores en la historia de su equipo. De hecho, en el uso de esa libertad se han apartado un tanto de nuestra idea original, ya que la mayoría apunta no al peor jugador, sino al peor fichaje. Y hay algún que otro ajuste de cuentas.

Los equipos aparecen según la clasificación histórica de Primera División, del 1 al 40.* Notarán que falta el 26.º, ya que el C. D. Málaga desapareció en 1992 y su heredero sentimental, el Málaga C. F., le ha adelantado.

Paco Sanz y el Pato Sosa tienen el honor de haber sido elegidos con dos camisetas distintas.

---

* Sesenta y tres equipos han disputado al menos una temporada en Primera División, pero en algún punto teníamos que poner el corte a tan titánica empresa.

1. REAL MADRID C.F.

Ramón J. Flores @RamonJFlores

🏅 **Julien Faubert (2008/09)**

Su nombre se considera ya sinónimo de improvisación e incompetencia. Traído por 1,5 millones y presentado como una bestia física, apenas fue un fantasma en sus cincuenta y cuatro minutos de juego con la camiseta blanca: ni pase, ni regate, ni tiro, ni gol. Su legado, una siesta grabada en un banquillo, un entrenamiento perdido por dejadez y un lamento de despedida: «Fui cabeza de turco». Enternecedor.

🏅 **Claudemir Vitor (1993/94)**

🏅 **Carlos Secretário (1996/97)**

2. F.C. BARCELONA

Diego Basadre @Debejota

🏅 **Christophe Dugarry (1997/98)**

Quizá fue porque prometió que trataría de igualar a Ronaldo (que acababa de abandonar el Barça tras una temporada estratosférica) o por su desidia y apatía al saltar al césped, pero es el peor jugador que recuerdo con la camiseta del Barça. Firmó procedente del Milan y cuajó unos partidos totalmente insulsos, en los que se perfilaba al borde del área con el balón y una pose de gran jugador para dar siempre paso a la más absoluta nada. Se fue el mismo verano en el que se proclamó campeón del mundo, porque el fútbol, a veces, se empeña en ser así de irónico.

🏅 **Geovanni (2001-03)**

🏅 **Dragan Cirić (1997-99)**

3. CLUB ATLÉTICO DE MADRID

Nacho Palencia @NachoPalen

🏅 **Santiago Hernán Solari (1998-2000)**

Llegó de River Plate y participó de forma activa en el peor año de la historia del club: el del último descenso a Segunda División. Ya saben, la casualidad. Aquel año, en el que también la justicia intervino el club, Solari disputó más de treinta partidos y gozaba con el cariño de la grada. No contento con eso, se bajó del carro tras el descenso y fichó por el Real Madrid. Del Calderón al Bernabéu: estos son mis principios, pero, si no te gustan, tengo otros. Volvió tres veces al Manzanares, ganó los tres partidos y marcó dos goles (con el Atlético hizo solo siete en cuarenta y seis encuentros). Como técnico blanco también ganó en el Wanda Metropolitano. Un futbolista con alardes de poeta y filósofo que restó al club en todos los sentidos.

🏅 **Richard Núñez (2004/05)**

🏅 **Avi Nimni (1997/98)**

4. VALENCIA C.F.

Dani Meroño @Dani_Merono

🏅 **Aderlan Santos (2015-17)**

Caídas, tropiezos y errores garrafales no hacían mella en su moral: «Me quedan cuatro años más de contrato, estoy tranquilo», decía. Y tan tranquilo. Pasado de peso dos años completos, con una técnica paupérrima, al menos tenía un carácter divertido. Entrañable y desconocido, llegó en una extraña operación con el Sporting de Braga y costó horrores quitárselo de encima: todos los equipos a los que iba cedido lo devolvían.

🏅 **Thiago Carleto (2008/09)**

🏅 **Dorlan Pabón (2013/14)**

5. ATHLETIC CLUB

Lartaun de Azumendi @sietecallero

🏅 **Loren (1989-91)**

Alguien en la Real Sociedad pensó que Lorenzo Juarros, *Loren*, podría ser un ariete y le hizo abandonar su antiguo puesto de defensa central. Tiempo después, el Athletic Club mordió el anzuelo y pagó su cláusula de trescientos millones de pesetas, un auténtico dineral para aquella época. Sus compañeros en Lezama constataban a diario su incapacidad como atacante. Solo Javier Clemente fue capaz de ver que debía volver al centro de la defensa..., pero fue destituido en la jornada 26 de Liga. Loren marcó nueve goles en sesenta y nueve partidos, fue malvendido al Real Burgos y, por si fuera poco, su presidente, Antonio Martínez Laredo, dejó sin abonar el traspaso al Athletic.

🏅 **Ander Murillo (2001-09)**

🏅 **Carlos Merino (2002-04)**

6. SEVILLA F.C.

Rafa Lamet @colussokukleta

🏅 **Ivica Mornar (1996/97)**

La grada del Ramón Sánchez-Pizjuán explotaba en un sonoro «Ivica Mornar, Mornar»

(entónese con la melodía del *I Like To Move It* de Reel 2 Real) con cada remate fuera y cada control fallado de este delantero procedente del Eintracht de Frankfurt, que portaba un bigote en la frente (él decía que era el logo de Nike) y que fue expulsado de una concentración de Croacia por comerse un bocadillo a medianoche. Estábamos sin duda ante un elegido de los dioses, bendecido por un indudable atractivo y un carisma irresistible, por muy tronco del área que fuera. Un par de goles (uno épico de pantorrilla) en catorce partidos fue todo su balance antes de salir cedido al Orense.

🏅 **Cristian Daniel *el Chiri* Colusso (1996/97)**

🏅 **Papa Babacar Diawara *Baba* (2011-13)**

7. R.C.D. ESPANYOL

Carlos Marañón @futbolycine

🏅 **Alfredo Pizzinato (1948/49)**

El Bartleby del fútbol. Llegó a la frontera de La Jonquera en el verano de 1948 diciendo que había jugado en la selección italiana campeona en los Juegos Olímpicos de Berlín, doce años antes. Hoy nos habría sido muy fácil desenmascararlo, claro. En una operación digna de la TIA, el R.C.D. Espanyol se adelantó al Barça y lo fichó. Después de tres meses negándose a entrenar, a dieta de reposo y solomillos en el chalé de Sarrià, aquel pobre diablo acabó confesando que no había tocado un balón en su vida. «*I would prefer not to*», le faltó decir.

🏅 **Giedrius Arlauskis (2015/16)**

🏅 **Maurício Poggi, *Maurizinho* (1989/90)**

8. REAL SOCIEDAD DE FÚTBOL

Enrique Marín @Kike_Marin_

🏅 McDonald Mariga (2011/12)

Su gran valedor lo vendió como un *box to box*. Y, efectivamente, fue un paquete de ida y vuelta. Llegó en verano procedente del Inter de Milán, pero en enero ya se estaba negociando su salida debido a su pésimo rendimiento. Y no sería porque su entrenador, Philippe Montanier, no le diera oportunidades: transcurrida la primera vuelta, Mariga formaba parte del once tipo de la Real. Anoeta le sentenció en un partido contra el Espanyol. Su enésima exhibición de incapacidad terminó de desquiciar al técnico francés y sobre todo a la afición, que le despidió entre pitos cuando fue sustituido por Rubén Pardo. Su parsimoniosa marcha del campo incendió más a la grada. Mariga era historia.

🏅 Georgi Demetradze (2000-02)

🏅 Mattias Asper (2000-02)[1]

9. REAL ZARAGOZA

Javier Mercadal @javimercadal

🏅 Marco Pérez (2010/11)

El meme antes de los memes. En su primer día, este colombiano procedente de Gimnasia y Esgrima se cayó al suelo tras pisar el balón mientras posaba para los fotógrafos. Por una vez, la presentación de un futbolista dejaba a las claras lo que se iba a ver después. Más recordado es su no gol en Riazor, cuando con la portería vacía golpeó el balón hacia atrás en un gesto que desafía la física motriz del cuerpo humano. Delantero, firmó un gol en dieciocho partidos. Regresó a Argentina (fichó por Independiente) y le apodaron el Asesino del Gol... suponemos que por su capacidad sobrehumana de aniquilar cualquier posibilidad de marcar para su equipo.

🏅 Goran Drulić (2001-05)

🏅 Jesús Rodríguez, *Tato* (2014/15)

10. REAL BETIS BALOMPIÉ

JM Román @romantxus

🏅 César de Loma (2000-03)

A este extremo izquierdo formado en la cantera del Atlético de Madrid no se le recuerda una internada decente por la banda del Benito Villamarín, ni siquiera un regate a un rival. Era todo un maestro, eso sí, en una extraña maniobra que consistía en recortarse con el balón a sí mismo. No se recuerda que la afición verdiblanca le pitara; se limitaba a la carcajada y a la burla. Su popularidad (?) en la prensa rosa (era novio de Carmen Janeiro, también conocida como «la Jesulina») tampoco ayudó a que lo tomaran en serio. Por decir algo bueno de él, tendrá siempre un hueco en la historia como autor del primer gol del Betis en el siglo XXI: fue gracias a un pase de Joaquín y a puerta vacía, pero él lo celebró casi tanto como Marco Tardelli en la final de España 82.

🏅 Rubén Bilbao (1988-91)

🏅 Rodolfo Dapena Dapena[2] (1990-92)

---

1. Tanto Demetradze como Asper fueron fichados por Javier Clemente.

2. Nombre y apellidos reales.

11. CELTA DE VIGO

Lucía Taboada @TaboadaLucia

🏅 Emre Mor (2017-19)

Cuando el Celta lo fichó del Borussia Dortmund por trece millones de euros en agosto de 2017, en Vigo nos frotamos los ojos. Parecía un fichaje sin peros: además de su enorme proyección futbolística, el nombre del muchacho daba para bromas relacionadas con Chiquito de la Calzada. Lo tenía todo, sin duda, pero enseguida comenzamos a ver que ese todo incluía desobediencia, irregularidad y poquísima disciplina. En la ciudad su marcha fue celebrada como un título. Eso sí, nos dejó una imagen irrepetible: la de una silla con su nombre lacrado en diamantes en el respaldo. Además de todo, el chaval tenía mal gusto.

🏅 Jaburú (1958/59)

🏅 Welliton (2013/14)

12. R.C. DEPORTIVO DE LA CORUÑA

David Mosquera @renaldinhos

🏅 *Toro* Acuña (2002/03 y 2004-06)

Este centrocampista internacional paraguayo fue uno de los fichajes más caros de la historia del club (11,5 millones de euros). Jugó poco y no estuvo a la altura ni mucho menos de lo que había mostrado durante cinco temporadas en el Real Zaragoza. Descartado por Javier Irureta y por Joaquín Caparrós, cedido al Elche y al Al Ain, el Dépor lo despidió al final alegando «ineptitud sobrevenida para jugar en Primera División». La jugada le acabó costando cara: en 2010, el Tribunal Supremo condenó al club a indemnizarle con 845.000 euros por despido improcedente.

🏅 Evaldo (2012/13)

🏅 Sergio Daniel *Manteca* Martínez (1997-99)

13. REAL VALLADOLID C.F.

Jota de la Fuente @jotadelafuente6

🏅 José Christiano Pinheiro (1996/97)

Ahora que el Real Valladolid está presidido por Ronaldo «el bueno», aquí también jugó o, mejor dicho, entrenó un Christiano. Vicente Cantatore había salvado al club del descenso tras ganar en la última e histórica jornada al Oviedo en el Carlos Tartiere (3-8). El agente de cabecera del técnico chileno, Giuseppe Rubulotta, puso en el Pucela a un tal José Christiano Pinheiro, centrocampista brasileño al que «ni ponía en los partidillos de los jueves» (en expresión muy de Valladolid). El presidente de aquel entonces, Marcos Fernández, por no enfadar a Cantatore (que esa misma temporada metió al Valladolid en UEFA y era casi un Dios a orillas del Pisuerga) y dada la baja ficha del jugador, aceptó que estuviera en la plantilla sin pasar la prueba a la que fue sometido, a sabiendas de que era limitado como futbolista. Por supuesto, ni debutó.

🏅 Félix *el Gato* Hernández[3] (1997/98)

🏅 Pedro Oldoni (2008/09)

3. Como Pinheiro, Hernández llegó de la mano de Rubulotta. Y como Pinheiro, tampoco llegó a debutar. Cantatore aludió a su falta de «condiciones físicas», extremo que el jugador negó en una entrevista concedida a la revista *El Astro Magazine* (julio de 2007): «Firmé un contrato, se hizo una presentación para la prensa y yo fui a mi pretemporada. Entrené de lo más normal, jugué un amistoso y hasta fui convocado a un partido de la Copa de la UEFA. Yo te voy a decir la verdad: fue la indisciplina y nada más».

14. REAL RACING CLUB

Ángel García Muñiz @agarciamuniz

🏅 Jorge Miguel Dias Gonçalves (2008/09)

Somos el Racing, así que elegir un solo villano es como ganar la Champions: utópico. Se han derramado infinitas lágrimas verdiblancas viendo jugar a muchos amagos de futbolista, pero quedémonos con Gonçalves. Veinticuatro años ponía en su carné de identidad, sesenta y cuatro gritaba su aspecto. Delantero, decía. Tuercebotas, afirmo.

Debutó en el Camp Nou, algo que ni su madre soñó para él. 342 minutos le sufrimos. Demasiados. Sobraron 341. Cero goles y un momento. «Ese» momento. PSG-Racing. Nunca sentí más orgullo en una grada. Mi Racing en el Parque de los Príncipes. Sonrisa perenne, hasta la carcajada inevitable. El control de Gonçalves. El balón llovió del cielo de París y lo bajó..., lo bajó tanto que acabó en Burdeos.

Jorge, allá donde estés..., estás bien.

🏅 Nando Có (1997/98)

🏅 Léider Preciado (1998/99)

15. REAL SPORTING DE GIJÓN

Rodrigo Fáez @RodrigoFaez

🏅 Cezary Kucharski (1997/98)

Todos nos ilusionamos al ver cómo una estrella del Legia de Varsovia, que había marcado treinta goles en apenas sesenta partidos, escogía a nuestro Sporting para dar el salto definitivo a la élite europea. ¡Ja! Menudos ilusos. Apenas jugó doce partidos, con dos goles. Y

gracias. De ser presentado junto a la leyenda Enrique Castro, *Quini*, a volverse cedido a Polonia en apenas seis meses. Aunque repuntó su carrera y llegó a disputar el Mundial 2002, en Gijón se utiliza su nombre como mofa veinte años después. Kucharski, eso sí, acabó siendo el representante de Robert Lewandowski. El fútbol, está claro, no era su fuerte.

🏅 Alexei Kosolapov (1997/98)

🏅 Carlos Martín Arceo, *Kaiku* (1997-99)

16. C.A. OSASUNA

Alejandro Pacheco @LosCluso

🏅 Javier Portillo (2007-10)

Desmarque, regate y sobre todo, gol... Ninguna de estas cualidades dejó ver el más que malísimo «Portigol» en sus dos temporadas y media en Pamplona. Venía de marcar doce goles con el Nàstic en primera y se marchó con tres en cuarenta y cinco partidos, números que hablan por sí solos del gran nivel que ofreció como rojillo el mayor goleador de la historia de la cantera madridista.

🏅 Marcelo *Pato* Sosa (2005/06)

🏅 Javi Calleja (2009-12)

17. REAL OVIEDO

Sergio Cortina @sergiocortina

🏅 Nebošja Šćepanović (1995/96)

Este centrocampista montenegrino era tan malo que pedíamos la camiseta con su nombre en la tienda y la dependienta se reía. Llegó del Vojvodina, en teoría, para reemplazar a Slaviša Jokanović, pero no se le parecía lo más mínimo. No tenía físico y ganas de correr, aún menos. Nada más llegar pidió al club un adelanto de la ficha para poder pagar a unos mafiosos de la guerra en Yugoslavia que (eso al menos decía él) le estaban extorsionando. Se rumoreó, no sé si es verdad, que el Oviedo le improvisó una boda con una empleada del club para que consiguiera los papeles. Era tan malo que le seguimos recordando, y eso que solo jugó siete veces.

🏅 **Paco Sanz (1995/96)**

🏅 **Jonathan (2002/03)**

18. R.C.D. MALLORCA

Borja Barba @BorjaBarba

🏅 **Palhinha (1997/98)**

Jorge Ferreira da Silva, *Palhinha*, fue en su momento el fichaje más caro en la historia del club: mil millones de pesetas. Había jugado en el mítico São Paulo campeón de dos Copas Intercontinentales (1992 y 1993), una de ellas ante el F.C. Barcelona del *Dream Team*, con Raí, Cafú, Toninho Cerezo y Telê Santana en el banquillo. Luego en el Cruzeiro ganó la tercera después de haber superado una grave lesión. Llegó a Mallorca con treinta años y teóricamente en plena madurez, salvados ya esos problemas físicos. Sin embargo, pronto se vio que no era su sitio. Solo estuvo media temporada en el Lluís Sitjar: nueve partidos, cero goles.

🏅 **Paco Sanz (1997-2000)**

🏅 **Maxi López (2006/07)**

19. VILLARREAL C.F.

Ravi Ramineni @analyseFooty

🏅 **Javier Camuñas (2011/12)**

Tras dos muy buenas temporadas con Osasuna, el Villarreal pagó por Camuñas cerca de 2,5 millones de euros, que en aquella época era dinero. Se había metido en la Champions League, así que las expectativas estaban muy altas, más aún tras la ilusión que el jugador generó en la pretemporada. A partir de ahí, el bajón de Camuñas fue tremendo y su rendimiento estuvo muy por debajo de lo esperado. Solo jugó tres partidos completos en toda aquella temporada 2011/12, una pesadilla que terminó en descenso en los últimos minutos de la última jornada (aquel gol de Tamudo al Granada).

🏅 **Armando Sá (2004/05)**

🏅 **Rúben Semedo (2017/18)**

20. U.D. LAS PALMAS

José Mendoza @JoseMendoza24

🏅 **Andy Pando (2012/13)**

Este peruano llegó en enero con la vitola de máximo goleador de la liga de su país, de la que nunca había salido. Apodado «el Oso», el club le presentó con un dato irrebatible que, empero, se podía haber ahorrado: la temporada anterior había marcado más goles que Radamel Falcao en el Atlético de Madrid. En Gran Canaria, Andy no mostró olfato ni velocidad ni nada. No marcó un solo gol en siete partidos.

🏅 **Spas Delev (2013/14)**

🏅 **Julien Poueys (2004/05)**

21. MÁLAGA C.F.

Domingo Amado @GarrinchaCF

🏅 **Fernando Tissone (2013-16)**

Cuando sustituyó a Jérémy Toulalan, La Rosaleda pasó de un excelente mediocentro a otro con nivel bajísimo, que dejó actuaciones horrendas. Se le recordará por el fichaje de su hermano (*hermanísimo*) Cristian, que no pasó del filial, y por el penalti que lanzó en una pachanga veraniega en Buenos Aires, bautizado de forma socarrona como «la Tissonenka». Baste decir que el portero de San Lorenzo de Almagro se lo paró sin moverse del sitio, con el pecho. Un sufrimiento de jugador.

🏅 **Cyrille Makanaky (1990-92)**

🏅 **Bobley Anderson (2013-15)**

22. RAYO VALLECANO DE MADRID

Fernando Sebastián @FernandoSebas73

🏅 **Roman Zozulia (2017)**

Vallecas volvió a ser noticia por el rechazo de la afición al fichaje de este delantero ucraniano procedente del Real Betis, debido a sus ideas políticas completamente contrarias a los ideales del barrio del sur de Madrid. Sus coqueteos y patrocinios a grupos neonazis impidieron que llegara a jugar un solo minuto en el Estadio de Vallecas y acabó en el Albacete. El rayismo demostró que no quiere futbolistas así como así.

🏅 **Zhang Chengdong (2015/16)**

🏅 **Emir Granov (2001/03)**

23. GETAFE C.F.

Álvaro Canibe @_Alvarovic

🏅 **Ibrahim Kas (2008/09 y 2010/11)**

Este defensa central turco llegó del Besiktas como una de las jóvenes estrellas de su país (era el capitán de la sub-21). Disputó trece partidos en dos temporadas, únicamente ocho de ellos en Liga, y estuvo cedido una campaña en el Besiktas antes de despedirse ya para siempre sin pena ni gloria. Compartió dupla (en los entrenamientos) con el uruguayo Pablo Pintos, otro sujeto digno de estudio. Se publicó que disfrutaba mucho de la noche madrileña, lo que quizá pueda explicar su pobre rendimiento. O ni por esas.

🏅 **Jajá Coelho (2005/06)**

🏅 **Joffre Guerrón (2008/09)**

24. GRANADA C.F.

Antonio González @mwepu_ilunga

🏅 **José Enrique *Tin* Angulo (2016/17)**

Al comprar el Granada, Jiang Lizhang prometió que en dos años lo llevaría a la Champions. Su primer gran fichaje (el más caro de la historia del club, cuatro millones) fue este delantero ecuatoriano, al que el director deportivo presentó como «un portento del gol». Poco después, la Conmebol comunicó que Tin había dado positivo por cocaína en la anterior Copa Libertadores. Fue suspendido por cuatro años y encarcelado tras una pelea. Su club de origen, Independiente del Valle, demandó al Granada para reclamar los cuatro millones.

🏅 **Floro Flores (2012/13)**

🏅 **Yrondu Musavu-King (2015/16)**

25. ELCHE C.F.

Joaquín *Chimo* Baeza Belda @chimoeneas

Mazinho (2000/01)

Puede resultar raro elegir a Mazinho. Sí, sí, Mazinho el campeón del mundo, no uno al que apodaron así irónicamente. Aunque es poco conocido, jugó con los franjiverdes. Bueno, jugar, jugó poco. A pesar de que el fichaje causó gran revuelo, aterrizó aún renqueante de una lesión, llegó tarde después de las vacaciones de diciembre y ya dejó de contar para el entrenador, un tal D'Alessandro. No se puede decir que haya sido el peor jugador del conjunto ilicitano, pero puede que nadie haya mostrado una diferencia tan grande entre expectativas y rendimiento real.

David Sánchez (2010/11)

Nicki Bille (2011/12)[4]

27. HÉRCULES DE ALICANTE C.F.[5]

Neus Pachón @neus9

Olivier Thomert (2010/11)

Este delantero francés carecía de coordinación en las piernas, por lo que fallaba todos los pases. Era el típico «tronco» y solo se salvaba en el juego aéreo. De hecho, marcó un gol de cabeza en la goleada (4-1) al Atlético de Madrid en la temporada 2010/11. No hizo mucho más aquel curso.

Gaetan Huard (1996/97)

Cristian Pulhac (2010/11)

28. DEPORTIVO ALAVÉS

Héctor Fernández @Hectorfernandez

Nicola Berti (1998/99)

Intentó rendir en el campo, pero donde brilló fue fuera. Llegó a Vitoria como una estrella en un momento complicado, pero, más allá de algún pequeño destello de lo que había sido (diez años en el Inter, internacional con Italia en dos mundiales), pasó de puntillas. El club tuvo la mano izquierda que su palmarés le permitía y el carácter del aficionado local le otorgó más oportunidades que a cualquier otro jugador. Le ofrecieron mansiones, pero siempre quiso vivir «cerca de la gente joven», un eufemismo de «lo más cerca posible de los bares». Dejó una histórica cuenta por el minibar de su habitación en el hotel donde el club le alojó en su llegada a Vitoria e hizo todo lo posible para evitar pagarla. Su apariencia ya no es que sugiriese que estaba fuera de forma, es que transmitía lo indiferente que le era el fútbol, sin mencionar lo que parecía importarle que su equipo estuviese luchando por evitar el descenso.

Marcelo dos Santos (1996/97)

Mario Jardel (2004/05)[6]

29. C.D. TENERIFE

Juanjo Ramos @juanjo_ramos

Gustavo Rodrigues Ferreira (1999/2000)

Quizá porque fue la campaña del regreso a Segunda después de su década gloriosa en la máxima categoría (con dos pasos por la Copa de

---

4. Tanto la plata como el bronce responden a motivos extradeportivos.

5. Como explicábamos antes, saltamos del 25 al 27 porque el puesto 26 lo ocupa el C.D. Málaga, club disuelto en 1992 y distinto del Málaga C.F.

6. No llegó a debutar, pero le vi hacer cuarenta tiros en un entrenamiento, cero a puerta.

la UEFA incluidos), la exigencia en materia de fichajes bajó en la isla de forma notable. Aquel lateral derecho brasileño, amigo de André Luiz, apenas disputó dos partidos, uno de ellos como titular, con un total de noventa y nueve minutos. Sus compañeros decían que su calidad era tan exigua que no podía ser brasileño y decidieron apodarle «el venezolano».

🏅 **Marsol Arias Sánchez (1990/91)**

🏅 **Zoran Milenković (1984/85)**

30. LEVANTE U.D.

Miquel Moro @unoodostoques

🏅 **Mamadou Mokhtar Sabaly (1996/97)**

El primer africano en la historia del Levante U. D. llegó con el equipo recién ascendido a Segunda División, con José Manuel Esnal *Mané* en el banquillo del Ciutat de València y mucho talento sobre el campo. Sabaly jugó ciento cincuenta y seis durísimos minutos repartidos entre cinco partidos de Liga y tres de la Copa del Rey. Nunca fue titular, ni logró ningún gol o asistencia. Ocupaba la banda izquierda, pero jamás destacó por velocidad, desborde o técnica. Se decía que huía del balón y hasta se llegó a dudar de que fuera jugador profesional (uno de sus escasos avales, tal vez el único, era haber sido convocado por la selección de Senegal para la Copa Africana de Naciones de Túnez 94). Muchos le recuerdan, eso sí, como una persona noble y generosa a la que a veces se podía ver entrenando por su cuenta en diversas zonas verdes de la ciudad.

🏅 **Felipe Manoel (2008/09)**

🏅 **Fahad Al Muwallad (2017/18)**

31. REAL MURCIA C.F.

Alejandro Oliva @beandtuit

🏅 **Carlos Alberto *Cuqui* Juárez (2003/04)**

El peor jugador de la historia del Murcia ocupaba en el campo el espacio de dos. Parecía un buen fichaje,[7] pero algo chirriaba en este goleador argentino nacionalizado ecuatoriano. Su problema se vio nada más salir del avión: Juárez se había comido al Cuqui, o el Cuqui a Juárez, a saber. Aquel futbolista de ciento cinco kilos solo pudo demostrar que bajaba muy bien el balón, pero fue incapaz de avanzar con él en los ciento cincuenta y nueve minutos que jugó. Después fue candidato en el equipo de sus amores, Emelec, a un cargo más adecuado a su peso, el de presidente, pero con un éxito parecido al que cosechó en el Murcia.

🏅 **Cícero Ramalho[8] (1988-90)**

🏅 **Héctor Fabián Carini (2007-09)**

32. U.D. SALAMANCA

Roberto Pescador @roberpesca

🏅 **Osvaldo Carlos Casartelli (1998/99)**

Este delantero argentino fue el máximo exponente de la tragedia de aquella temporada, en la que se vendió a Pauleta, César Brito, Taira, Paulo Torres y Popescu. Sus sustitutos costaron más dinero y tenían un nivel lamentable:

---

7. *Parecía un buen fichaje*, escrito por Miguel Gutiérrez y publicado por Córner. Gracias, Oliva.

8. Este delantero brasileño tendrá siempre un lugar en la historia pimentonera por haberse comido un supositorio. Tras ser baja por gastroenteritis, alegó en su defensa que nunca antes le habían recetado un fármaco así, de ahí que errara en la vía de administración.

Munteanu, Marinescu, Lunari, Cardetti... y Casartelli. Estos dos últimos llegaron para suplir a Pauleta y a César Brito. Cardetti venía de jugar en River Plate, era el fichaje estrella y acabó siendo lo que su apodo indicaba: un Petardo. Pero Casartelli era mucho peor futbolista aún. No sabía posicionarse, vivía en fuera de juego, no era capaz de ver una sola jugada porque su cabeza siempre miraba al suelo. Marcó un gol en toda la temporada (treinta partidos), en el Santiago Bernabéu, el día de Reyes, para ponernos 0-1 durante un ratito. Yo estaba allí, recuerdo el gol y decirme a mí mismo: «No es posible, ha marcado Casartelli». Al año siguiente, por una de esas cosas que pasan en el fútbol, le fichó el Espanyol, en Primera. Pero le vieron las costuras pronto: jugó noventa minutos en cinco partidos, y a partir de ahí se convirtió en un trotamundos que pasó por muchos equipos de México y Argentina.

🏅 **Ronen Harazi (1997/98)**

🏅 **Iñaki Muñoz (2011/12)**

33. C.E. SABADELL F.C.

Toni Padilla @Toni_Padilla

🏅 **Osvaldo Daniel Dalla Buona (1982/83)**

Uno de los peores jugadores de la historia del Sabadell nos regaló la mejor foto, esa de Diego Armando Maradona con nuestra camiseta. Osvaldo Daniel Dalla Buona había jugado con el Diego en los Cebollitas y en Argentinos Juniors, así que Maradona pidió que le encontraran equipo cuando fichó por el Barça tras el Mundial de España 82. Josep Lluís Núñez se lo pidió al Sabadell y, gracias a eso, Maradona posó con nuestra camiseta en la portada de *Don Balón*, en un reportaje en el jardín de

su casa. Lo mejor del paso de Dalla Buona por la Nueva Creu Alta fue esa foto en una casa donde llegó a vivir. Con tanta fiesta, empezó de titular y acabó en el banquillo, trotando fuera de forma. Total, que bajamos a Segunda B. Maradona llegó a imponer que Dalla Buona debutara con el Barça en una gira por Estados Unidos, para ver si alguien lo fichaba. No llamó nadie. Y Maradona se lo llevó a Italia, donde acabó en equipos menores como el Trani.

🏅 **Nabil Baha (2011-13)**

🏅 **Raúl Tamudo (2013-15)**

34. CÁDIZ C.F. (A)

Abraham Guerrero Tenorio @abrahamtenorio

🏅 **Gastón del Castillo (2016/17)**

Cuando nos dijeron que Gastón del Castillo Agüero, el hermano del mismísimo Kun Agüero, iba a jugar en el Cádiz, nos frotamos las manos. No iba a ser lo mismo que su hermano, pero su parecido físico y la ilusión desatada por el ascenso después de una travesía de seis años por Segunda B nos hacía esperarlo con entusiasmo. Su primera acción con la camiseta del Cádiz fue contra el Córdoba en una eliminatoria de la Copa del Rey: un buen control, desparpajo encarando y casi un pase de gol. Pero lo cierto es que acabó la temporada en el filial y que el Cádiz B perdió los dos únicos partidos en los que participó como titular. Lo elijo como el peor jugador que ha pasado por el Ramón de Carranza debido a la expectación creada y a su rendimiento.

🏅 **Javier Acuña (2004-09)**

🏅 **Haruna Babangida (2003/04)**

34. CÁDIZ C.F. (B)[9]

Manuel Ortega @LolOrtegaP

🏅 **Carlos Filipe (1997/98)**

Ganar esta categoría en Cádiz es algo parecido a cuando Ron Howard se llevó el Óscar al mejor director en 2002 estando nominados David Lynch y Robert Altman. Una victoria desproporcionada, un premio muy disputado, una decisión más que discutible. Pero todo el que vio a Carlos Filipe en el Cádiz esbozará una sonrisa si está leyendo estas líneas. Porque se quedó en nuestras retinas y en nuestros lóbulos occipitales (los que activan la risa), pese a jugar solo trescientos treinta y un minutos. Yo fui testigo al menos de doscientos de ellos. Este centrocampista portugués, internacional en categorías inferiores (y que se proclamó campeón de Europa sub-18 en 1994, además como titular), que llegó a debutar en Primera con el Oporto, nos regaló movimientos muy poco futbolísticos y una velocidad más digna de un lanzador de martillo. Venía sin equipo, en muy baja forma, y tengo la sospecha de que en Cádiz no se puso más fino precisamente. Su periplo en el Ramón de Carranza duró muy poco, pero la reacción de la grada pidiendo al gran Ramón Blanco que lo sacará solo para verlo calentar quedará grabada para siempre en mi memoria.

🏅 **Zoran Varvodić (1992/93)**

🏅 **Gastón del Castillo (2016/17)[10]**

9- Sí, el Cádiz cuenta con dos sabios. Podríamos decir que, como cae bien a todo el mundo, se merece un trato de favor, pero les estaríamos mintiendo de manera burda. Perfectamente compenetrados en la escritura del libro, sus dos autores se descoordinaron en un único momento, que los llevó a pedir opinión a dos expertos distintos. Y habría estado feo dejar fuera a uno de ellos, ¿no creen?

10- Un oro y un bronce, buena cosecha para Gastón.

35. C.D. LOGROÑÉS

Manuel Martín @manucdl

🏅 **Atila Kasas (1994-96)**

El presidente Marcos Eguizábal vendió a Oleg Salenko [ver capítulo de «¿Qué hace un chico como tú en un equipo como este?»] al Valencia por una millonada y se gastó cuatro duros en fichar a este delantero serbio del FK Bečej. En aquella época, sus intermediarios de confianza se la colaban a Eguizábal con uno bueno y tres tomates. Atila apenas jugó una decena de partidos (solo tres como titular) y no marcó un solo gol. Para colmo, en los cromos escribieron mal su apellido y pasó a la posteridad como Kasac.

🏅 **Marcos Alonso (1989/90)**

🏅 **Marcelo Vega (1992/93)**

36. C.D. CASTELLÓN

Enrique Ballester @eballester

🏅 **Villacañas (a saber si se llamaba así)**

Se presentó en la ciudad en algún momento durante los años sesenta. Dijo que había jugado en el Espanyol y... coló. Se alojó gratis en una pensión y consiguió que los aficionados del Castellón le prestaran dinero. Fueron días de gloria y fama efímera. Ya con la sospecha de farsa instalada en el club, acudió a un amistoso, no le dejaron jugar y montó un lío. La policía descubrió que no era futbolista y, además, que lo buscaban en un juzgado de Barcelona.

🏅 **Óscar Ferrero (1981-83)**

🏅 **Óscar Engonga (1998/99)**

37. ALBACETE BALOMPIÉ

César Hurtado @CesarHurtado

🏵 Emmanuel Amunike (2000-02)

Esta leyenda del fútbol africano llegó a un Albacete en Segunda División como máxima atracción de la categoría después de su conocido y complicado paso por el F.C. Barcelona. El recordado Emmanuel cobraba una ficha millonaria para la época, y no digamos para un futbolista que tenía que jugar andando, porque ya no podía ni correr pese a tener treinta años. Su bagaje fueron seiscientos minutos repartidos en dos temporadas, y un gol de rebote.

🏵 Cacá Ferrari (2003/04)

🏵 Abass Lawal (2003-05)

38. U.D. ALMERÍA

David Navarro @dncano

🏵 Teerasil Dangda (2014/15)

Esta estrella tailandesa llegó gracias a un acuerdo de préstamo por un año (con opción de compra) procedente del Muangthong United, club de su país. De entrada ya condicionó la pretemporada del equipo, al que obligó a embarcarse en unas giras poco productivas para su rendimiento (acabó descendiendo). Su paso por la Liga fue anecdótico, alternando suplencias, partidos en la grada y, como mucho, los últimos minutos de algunos encuentros. Disputó diez partidos y marcó un gol. Mostró más actitud que capacidad.

🏵 Leonardo Borzani (2009/10)

🏵 Eldin Hadžić (2015/16)

39. S.D. EIBAR

Juan Cruz @jubitxa

🏵 Frèdèric Peiremans (2001/02)

El nivel de exigencia de los aficionados de Ipurua se basa en la entrega total al equipo, independientemente de la calidad o del acierto, de tal manera que todos los jugadores han tenido su momento de aplauso en el césped. Y esa es la clave del éxito o del fracaso: tener la opción de saltar al campo. En ese sentido, deberíamos mencionar como uno de los peores fichajes al belga Peiremans, que nada pudo demostrar por las lesiones; o a Radosević, que se pasó su cesión en blanco por diferentes razones. Llegaron con vitola de importantes, pero, por una razón u otra, no dieron el resultado esperado. La voluntad se les suponía, pero en el campo no hubo forma de ver nada de ellos.

🏵 Josip Radosević (2016/17)

🏵 Damián Ísmodes (2008/09)

48. CÓRDOBA C.F.

Antonio Agredano @antonioagredano

Jens Janse (2013/14)

El Córdoba subió a Primera División en la temporada 2013/14. Y lo hizo pese a contar en su plantilla con el peor lateral derecho que ha pisado El Arcángel. Era holandés y venía del NAC Breda. Un futbolista con carencias técnicas hasta para atarse las botas. Ni defendía ni atacaba. El balón era su enemigo. Desde la grada, daba la sensación de que hasta mantenerse de pie le resultaba dificultoso. Salió en el mercado invernal rumbo al Dinamo Tbilisi, equipo al que hay que agradecer su generosidad y contribución al ascenso del club blanquiverde sacando de la banda a semejante futbolista.

Jesús Mariano Angoy (1995/96)

Héldon Ramos (2014/15)

13.
CONOCIMIENTO INÚTIL PARA MILENIALS

«—Señor Bernabéu, ¿cuánto cobran los jugadores si ganan?
—Todo esto del dinero, del profesionalismo, lo del fútbol como espectáculo…
Yo, la verdad, no sé si el dinero tendrá mucha importancia.»

Coloquio sobre la Copa de Europa celebrado en la Escuela de Periodismo de
Madrid el 13 de abril de 1956

Admitámoslo: cuando se trata de videojuegos o de publicar *stories*, los milenials nos dan sopas con honda. Esa generación ha nacido con una tableta bajo el brazo, sí, pero se ha perdido mucho fútbol. Disfrutan hoy de jugadores que no tienen nada que envidiar a los de antes, pero el problema no es ese, sino que desconocen usos y costumbres ya desfasados (y no precisamente por obsolescencia programada). Seguramente, podrían seguir adelante con su vida sin esta información, pero, a diferencia de los vídeos del *smartphone*, el saber no ocupa lugar.

LOS POSITIVOS (Y LOS NEGATIVOS)

Si pregunta a un milenial por los positivos en el fútbol, pensará que le están hablando de controles antidopaje. Pruebe a mostrarle una tabla de clasificación como las de antes (de mediados de los ochenta, por ejemplo) y dígale que los positivos (y los negativos) son esos numeritos a la derecha del todo. El sujeto de nuestro estudio pensará, claro, que se trata de la diferencia de goles. Error. Mucho *Fortnite* pero poco *Estudio estadio*.[1]

CLASIFICACION				
1	R. MADRID	3 1	+	1 1
2	BARCELONA	2 7	+	7
3	AT. MADRID	2 5	+	7
4	ATH. BILBAO	2 4	+	4
5	SPORTING	2 4	+	6
6	SEVILLA	2 1	+	1
7	VALLADOLID	1 9	-	1
8	BETIS	1 9	+	1
9	R. SOCIEDAD	1 9	+	1
10	ZARAGOZA	1 8		
11	CADIZ	1 8	-	2
12	ESPAÑOL	1 7	-	1
13	VALENCIA	1 6	-	2
14	HERCULES	1 5	-	5
15	RACING	1 4	-	4
16	LAS PALMAS	1 4	-	6
17	OSASUNA	1 2	-	8
18	CELTA DE VIGO	9	-	9

Lo de los positivos (y los negativos) era una métrica inservible y absurda; tan inservible que quienes la conocieron apenas la recuerdan y jamás la han echado de menos; tan absurda que a quienes no la conocieron les resulta imposible comprenderla.

En España, y solo en España, los puntos sumados como visitante se consideraban «positivos» y los puntos perdidos como local eran «negativos». La práctica comenzó a mediados del siglo xx, cuando las victorias valían dos puntos y existía el convencimiento general de que lo normal era ganar los partidos de casa y perder los de fuera. Si un equipo tenía menos puntos que otro, pero más positivos, se entendía que era solo porque había jugado menos partidos en casa. En la tabla que vemos, según esta proyección, el Sporting (+6) tenía una ligera ventaja respecto al Athletic (+4), y el Hércules (-5) debería preocuparse más por que no le coja el Racing (-4) que por dar caza al Valencia (-2).[2] Una solemne tontería, pero que aparecía en todas las clasificaciones de la época. Solo servía para complicar la vida a los entrenadores y facilitar una excusa al presidente de turno cuando los despedía: «No podemos seguir así, tenemos ya cuatro negativos».

Con la llegada de los tres puntos por victoria en la temporada 1995/96 se puso fin, al fin, a la contabilidad B más infructuosa de la historia de España.

LA QUINIELA DEL DESCANSO (Q1)

Quizás habría que comenzar explicando qué es la quiniela, pero vamos a darlo por sabido.

La «quiniela del descanso» no se refiere a ese boleto soñado que permite al acertante dejar el trabajo y retirarse a las Maldivas, sino a una nueva fórmula que el Patronato de Apuestas Mutuas Deportivas (antepasado de Loterías y Apuestas del Estado) se sacó de la manga en la temporada 1986/87. Con la llamada Q1 se premiaba también a quienes acertaran los re-

---

1. Nos referimos al *Estudio estadio* de entonces, por supuesto. Al de verdad.

2. En la temporada 1985/86, el Athletic acabó tercero, y el Sporting, sexto. El Racing se salvó de sobra. Descendieron Valencia y Hércules, además del Celta.

sultados al descanso. Fue un intento de revitalizar la quiniela, cuya recaudación bajaba semana a semana mientras la de la Lotería Primitiva, lanzada un año antes, subía y subía. Salvo para Martes y Trece, a los que inspiró un gag en uno de sus especiales de Nochevieja, la Q1 resultó un fracaso. Duró dos temporadas. En la 1988/89 se creó el «pleno al 15». Eso sí nos suena a todos, ¿no?

EL MARCADOR SIMULTÁNEO DARDO

No se lo van a creer, pero hubo un tiempo remoto en que todos los partidos de Liga se jugaban a la vez el domingo por la tarde. Tan remoto que los estadios aún no contaban con videomarcadores y se tenían que apañar con tablillas para reflejar el resultado. Para los espectadores no era fácil estar al tanto de cómo marchaba el resto de los partidos en Primera y Segunda. Los primeros transistores eran caros, pesados y molestos, porque de auriculares ya ni hablamos. Ahí sin duda había una oportunidad de negocio.

A finales de los cincuenta, Dardo, una empresa de publicidad, importó de Argentina un arcaico marcador simultáneo con ocho partidos repartidos en dos filas de cuatro y una enorme inserción publicitaria sobre todos ellos. Como era imposible dar cabida a los nombres de los equipos a un tamaño legible para el público, cada encuentro se identificaba con una letra, colocada a la izquierda del marcador. Las claves para descodificar si el 1-3 correspondía al Valencia-Celta o al Real Madrid-Castellón podían encontrarse en los periódicos del día o en octavillas que se repartían al entrar en el estadio. Además, una flecha indicaba si el partido estaba en el primer tiempo (amarilla), en el descanso (verde), en el segundo tiempo (roja) o si había acabado (negra).

Ya en los sesenta, visto el éxito, esas letras fueron sustituidas por marcas comerciales en los partidos de Primera División. El marcador se reorganizó en cuatro columnas de dos partidos: el partido de Danone, el de Reloj Radiant, el de Licor 43, el de Anís del Mono... Odio eterno al fútbol moderno, ya saben.

LAS HOJAS DE RESULTADOS

En aquella época sin partidos televisados, si tu equipo jugaba fuera de casa, quizás el mejor plan para la tarde del domingo era ir al cine y olvidarse de la Liga durante un par de horas. Pero en cuanto el *THE END* asomaba en pantalla era imposible no preguntarse qué habría hecho tu equipo, qué habría hecho el rival y, lo más importante de todo, si habrías acertado una quiniela de 14 y esa noche no haría falta poner el despertador. En España aún no había viveros de *startups*, pero esta necesidad también quedó cubierta enseguida.

En las principales ciudades, varios empresarios se lanzaron a editar una hoja con los resultados. Algunas publicaciones, como *Goleada*, eran un poco más ambiciosas y hasta llevaban la cartelera (y un par de grapas). Se imprimían gracias a un mimeógrafo o ciclostil, un aparato que permitía sacar muchas copias en muy poco tiempo. Sin grandes alardes, por supuesto. Era apenas una cuartilla que, al doblarse por la mitad, se convertía en una publicación de cuatro páginas con sus faldones de publicidad: en portada iban la mancheta y los titulares; en las páginas centrales, los resultados y la clasificación en Primera (página 2) y Segunda (página 3). En la cuarta y última página, la quiniela, aún sin escrutinio, porque antes de las ocho (apenas una hora después de que acabara la jornada) los repartidores estaban ya voceando la mercancía por las principales calles del centro. En Madrid, donde se distribuían en Atocha, Gran Vía o Fuencarral, sobrevivieron hasta bien entrados los ochenta, cuando pasaron a mejor vida por culpa de los transistores y de los vídeos Beta y VHS.

LA LIGA DE CAMPEONES QUE SOLO JUGABAN CAMPEONES

El Real Madrid se pasó doce años anhelando la Décima. Una larga espera para un equipo de su ambición, pero casi un suspiro en comparación con los treinta y dos años (de 1966 a 1998) que estuvo persiguiendo la Séptima, la Copa de Europa que más se le resistió. Es obvio que 32 es casi el triple que 12, pero, en realidad, al Real Madrid no le costó mucho más una que otra. Porque hubo un tiempo, queridos aficionados del siglo XXI, en que la Champions League solo la jugaban los campeones.[3] Y cu-

riosamente no ostentaba entonces una denominación tan rimbombante.

«¡Champions, Champions! ¿Champions de qué? ¡Habrá que agarrar el diccionario! Los periodistas tendríais que saber qué significa esa palabra. Champion solo es uno», bramaba con razón Alfredo Di Stéfano.[4] «Quizás ahora es más interesante, hay más equipos, más posibilidades…, pero si por cuestiones monetarias deben jugar más, que cambien el nombre. ¡Puedes quedar cuarto en tu Liga y ser campeón! Te puedes permitir una mala tarde y recuperar en otra. En mi época eso no pasaba», decía el líder del equipo que ganó las cinco primeras ediciones.

Hasta la temporada 1997/98, cuando la UEFA abrió la mano a los subcampeones de las ocho mejores ligas, jugar la Copa de Europa era un honor reservado al campeón de cada país (más el campeón de Europa en ejercicio).[5] El Real Madrid necesitó treinta y dos años para ganar la Séptima, pero en realidad fueron dieciséis intentos (que tampoco está mal), apenas cuatro más que en el camino a la Décima.

El F. C. Barcelona cazó el trofeo en su quinta participación, pero habían pasado ¡treinta y seis años! desde el primer título del Real Madrid. Hasta aquella exitosa final de Wembley ante la Sampdoria (1992), la relación entre el Barça y la Copa de Europa era de pura fatalidad. Dos veces había alcanzado la final y dos veces la había perdido, ambas de forma especialmente amarga: con un autogol y cuatro remates al palo ante el Benfica (3-2, Berna, 1961) y por penaltis ante el Steaua de Buca-

3. En la temporada 1998/99, el Manchester United fue el primer campeón de Europa que no había ganado su Liga o la misma Copa de Europa un año antes.

4. Entrevista en el diario *El Mundo*, 28 de diciembre de 2007.

5. Dos años más tarde, la UEFA permitió que las tres mejores ligas colaran a cuatro participantes (que en alguna temporada han llegado a ser cinco, pues Sevilla y Manchester United se clasificaron como campeones de la Europa League).

rest (0-0, Sevilla, 1986). Perder una final era un drama mayor entonces, porque no tenías la certeza de volver a intentarlo cada año. Y aquel Barça (otro dato que dejará ojipláticos a nuestros lectores más jóvenes) no se llevaba las ligas con la gorra como en este siglo. De hecho, durante treinta años solo ganó dos: en 1973/74 y 1984/85.

La Champions League es una lujosa rutina. Pero, como reivindicaba Di Stéfano, «la Copa de Europa de verdad era otra cosa». Toda una aventura.

LA LIGA DEL *PLAY-OFF*

Con el auge de la NBA en los ochenta, los próceres de nuestro fútbol debieron de entender que eso de los *play-offs* molaba a los milenials de entonces (¿los *boomers*?) e intentaron copiarlo para la Liga. De aquella manera. La temporada 1986/87 se disputó de la forma tradicional pero, al finalizar, los equipos quedaron divididos en tres grupos.

Play-off por el título: los seis primeros peleaban por el título de Liga, que daba acceso a la Copa de Europa, y por tres puestos para la Copa de la UEFA. Las posiciones no cambiaron porque contaban los puntos conseguidos durante la temporada y no había manera de remontar. Apasionante.

Play-off por la Copa de la Liga: los seis clasificados del séptimo al duodécimo puesto participaron en esta trepidante competición por el acceso a la Copa de la Liga, un torneo que les enfrentaría al campeón de Liga y al campeón de Copa. Un trofeo tan apetecible que los equipos clasificados (Real Madrid, Real Sociedad y Atlético) decidieron no jugarlo.

Play-off por la permanencia: los seis últimos de la *regular season* patria lucharon por no ocupar los tres puestos de descenso. Aquí sí que hubo emoción, pero, a mitad de *play-off*, la Federación decidió aumentar de dieciocho a veinte los equipos de Primera División y ya solo bajaba uno. El Cádiz marchaba último destacado, pero su presidente, Manuel Irigoyen, maniobró orquestalmente en la oscuridad de los despachos federativos y consiguió realizar un *metaplay-off* de descenso entre los tres equipos que, teóricamente, tenían que descender. Bajó el Racing.

Clamoroso éxito de sistema de competición que nunca se volvió a repetir.

LOS ORIUNDOS

Ustedes, queridos y admirados milenials, han venido al mundo bajo la civilización Bosman y están plenamente acostumbrados a la presencia de jugadores de origen azerbaiyano, togolés o australiano en las plantillas de sus clubes predilectos. Pero hubo un tiempo en el que en la Liga española solo jugaban españoles.

Bueno, casi todos. Tras el fracaso del Mundial de Chile 62, la Liga prohibió la presencia de extranjeros en los equipos[6] para intentar impulsar a la Selección. En ese momento, aparecieron «los oriundos». Futbolistas extranjeros (generalmente latinoamericanos) que pudieron jugar en la Liga porque «demostraron» que eran descendientes de emigrantes espa-

---

6. La ley seca de extranjeros duró de 1962 hasta 1973, cuando se autorizó la contratación de dos extranjeros por equipo, forzada por el fichaje de Johan Cruyff por el Barcelona. Pero como los oriundos no ocupaban plaza de extranjero, el fraude continuó hasta que se limitó a uno por equipo, visto el nivel de falsificaciones.

ñoles y no habían sido internacionales en su país de procedencia. Quien más, quien menos se inventó que tenía un abuelo en Segovia, y a triunfar. A esta época pertenecen las historias apócrifas de «mi abuelo nació en Celta» o «mi familia es de Osasuna, no de Pamplona».

Algunos, como Rubén Cano, Touriño, Valdez («mi empresario me dijo que mi padre había nacido en Murcia») o Roberto Martínez llegaron a ser internacionales con España, pese a que no tenían ningún vínculo familiar real con nuestro país.

Otros se transformaban en «hermanos» con un mismo padre. Diarte pasó a ser Carlos Martínez Diarte; Cabrera, Diomedes Martínez Cabrera; Leguizamón, Luis Martínez Leguizamón. Todos eran hijos sobrevenidos de Antonio Martínez Rubalcaba, un español emigrante en Paraguay. La vía de acceso menos vigilada: por mil dólares de la época se conseguían papeles oficiales con todos los sellos habidos y por haber. Era tan fácil que argentinos como Aguirre Suárez, Jacquet, Soto, Peña y Bravo se hicieran pasar por paraguayos de padres españoles.

Hecha la ley, hecha la trampa.

LA CESIÓN

A finales de agosto de 1992, España vive un momento de euforia. La Expo 92, con Curro al frente, muestra a Sevilla como contenedor de las maravillas mundiales. Los Juegos Olímpicos celebrados en Barcelona resultan un éxito clamoroso bajo el liderazgo de Cobi, que compensa de alguna manera el (injusto) fracaso internacional de Naranjito.

Pero una pequeña parte de la población no vive tiempos tan felices. La International Board

se ha inventado una regla que impide a los porteros atrapar el balón con las manos si un compañero se lo cede con los pies. Porque hasta entonces, estimados milenials, podías ceder el balón a tu guardavallas con la tranquilidad de que estaba habilitado para recibirlo, aplastarlo contra su pecho, mimarlo, botarlo las veces que fuera necesario y sacar de elegante voleón. Ya no. Te la pasa el defensa y... a quien Dios se la dé, san Higuita se la bendiga. Y así es como se extinguieron los Zubizarretas y florecieron los Ter Stegens.

LOS TROFEOS QUE YA NO EXISTEN

Descansen en paz.

COPA MITROPA

Antes de la Champions, antes de la Copa de la UEFA, antes de todo, estaba la Copa Mitropa. Una suerte de *protochampions* para clubes de Europa Central.[7]

---

7. De hecho, Copa de Europa Central era el nombre oficial del torneo. Mitropa es su patrocinador, una compañía de servicios de restauración, *catering* y coches cama.

La competición comenzó en 1927 y participaron dos clubes de Hungría, Austria, Checoslovaquia y Yugoslavia. A pesar del público objetivo al que va dirigido este capítulo, nos negamos a explicar qué países componen en la actualidad lo que era Checolosvaquia y Yugoslavia. Quizá porque nosotros también nos liamos.

La copa, que se detuvo durante diez años por la Segunda Guerra Mundial, continuó hasta 1979 también con equipos de Suiza, Rumanía e Italia. En un giro inesperado de los acontecimientos, resucitó tras una temporada de descanso, pero ya solo participaron clubes de Segunda División hasta su extinción definitiva en 1992. El Vasas húngaro cuenta con el mayor número de Mitropas en sus vitrinas: seis.

COPA DE FERIAS

A un suizo, a un italiano y a un inglés prebostes de la FIFA se les ocurrió la genial idea de realizar un campeonato entre equipos de ciudades que albergaran ferias de muestras, con el propósito de unir fútbol y negocios. Sin embargo, para no interferir en el desarrollo de las competiciones locales, se decidió que a cada ciudad le representara una selección de sus equipos. Algunos lo hicieron, como Londres,

que alineó a jugadores de Tottenham, Arsenal, Fulham, Queens Park Rangers, Chelsea, West Ham y Charlton. Otros, un poco menos. La Federación Catalana decidió que Barcelona fuera el Barcelona, sin nadie del Espanyol, aunque vistieron de blanco y azul con el escudo de la ciudad.

La primera edición se disputó durante tres temporadas, por ajustes en el calendario (nos imaginamos a Tebas implosionando al leer esto), entre 1955 y 1958, y acabó con la victoria de Barcelona en la final ante Londres. A partir de la siguiente temporada, dejaron de contar con selecciones locales y compitieron clubes hasta 1970/71, el último trofeo. Barcelona (tres), Valencia (dos) y Zaragoza (uno) dominaron esta competición para nuestro fútbol.

RECOPA

La Copa de Europa de Campeones de Copa, felizmente bautizada en nuestros lares como Recopa, recibió una estocada mortal el día que la UEFA aprobó el nuevo formato de la Champions League, con más equipos de las principales ligas. Hasta entonces era una competición simpática que disputaban los equipos campeones de Copa de cada país (o el finalista si el campeón hacía doblete), y que tenía la gracia de que ningún club fue capaz de repetir título consecutivamente en las treinta y ocho temporadas que se disputó el trofeo.

Inglaterra nos gana con ocho títulos, pero somos segundos con siete, y tenemos al equipo más ganador de todos: el Barcelona (cuatro). Atlético, Valencia y Zaragoza completan el palmarés.

uno de Segunda, dos de Segunda B y otro de Tercera. La cosa no funcionaba ni en taquillas ni en audiencia, por lo que se propuso otorgar una plaza en competiciones europeas al ganador. Ni por esas. Tras cuatro ediciones, se cambió el sistema a un triangular entre el campeón de Liga, el de Copa y el del segundo grupo de la Liga del *play-off*. La idea era tan mala que ni siquiera se llegó a jugar esta edición.

COPA EVA DUARTE

COPA DE LA LIGA

Si os decimos English Football League Cup, pues seguramente no. Pero si mencionamos Carabao Cup, todos los milenials futboleros sabéis de qué estamos hablando. Esa extraña Copa, que no es la Copa, pero sí que es una copa, que interrumpe intempestivamente el desarrollo de esa Premier referente del *paraboliquismo*. Esa Copa en la que participan los noventa y dos equipos de las cuatro categorías profesionales del fútbol inglés.

La Copa de la Liga fue la versión nacional de este invento. Un poco de garrafón, eso sí. Nacida en la temporada 1982/83, se jugaba en junio y participaban los clubes de Primera División,

La versión retro de la Supercopa pre-Rubiales también enfrentaba al campeón de Liga contra el campeón de Copa. En 1945, el cónsul argentino en Barcelona propuso la celebración de un partido entre los campeones (en este caso, Barcelona y Athletic). A la Federación le pareció buena idea y se convirtió en torneo oficial. Se la denominó Copa Eva Duarte de Perón, en honor a la primera dama argentina, que donaba el trofeo. La copa se disputó hasta el fallecimiento de Evita en 1952. *Don't cry for me, Argentina*.

14.
¿QUÉ HACE UN CHICO COMO TÚ EN UN EQUIPO COMO ESTE?

«Busqué Osasuna en el mapa. Llegué a Pamplona sin saber que era Pamplona, convencido de que la ciudad a la que decidí emigrar se llamaba Osasuna.»

MICHAEL ROBINSON*

* De su libro *Es lo que hay… Mis treinta años en España*, escrito junto con Jesús Ruiz Mantilla (Aguilar, 2017).

Cuando buscamos un futbolista en nuestra memoria y hacemos clic en «Mostrar resultados», solemos visualizarlo con una determinada camiseta. La mayoría recordamos a Pablo Alfaro repartiendo caramelos de limón con el blanco del Sevilla, no con el del Racing. Romario marcó sus mejores goles en España con el Barça, no con el Valencia. El amarillo sentaba tan bien a Mágico González, y él encajaba tan bien con Cádiz, que casi hemos olvidado que también jugó (poco, eso sí) en el Real Valladolid. Muchos aficionados desconocerán que Thierry Henry fracasó en la Juventus antes de ser canonizado en el Arsenal, que Diego Pablo Simeone hizo la mili en el Pisa, y Mazinho, en el Lecce. Hemos borrado de nuestra mente los últimos y modestos trayectos de jugadores como Kiko (Extremadura), David Trezeguet (Hércules) o Pedja Mijatović (Levante), a quienes identificamos con otros clubes y otras ambiciones. Algunas veces, de hecho, te preguntas si aquello sucedió realmente o si solo lo has soñado. Podemos certificar que cuanto viene a continuación aconteció como se relata (bueno, más o menos).

BEBETO EN EL SEVILLA

Cuándo: temporada 1996/97.

El Sevilla vivía tiempos convulsos. Baste decir que Monchi no era director deportivo, sino portero. Tiempos extraordinariamente convulsos, pues. La temporada había comenzado torcida y en el club pensaron que todo un campeón del mundo, avalado además por 84 goles en la Liga, no podía venir mal. El presidente, José María González de Caldas, compró a Bebeto del Flamengo por 550 millones de pesetas y, dos meses después, se lo vendió al Vitoria de Bahía por 440. ¿Qué quedó entremedias, aparte de 110 millones? Seis partidos (cinco de ellos derrotas) y cero goles.

Bebeto llegó ya a Sevilla alegando molestias y cansancio. «El chaval está reventado», diagnosticó el médico del club, Antonio Leal Graciani. En los entrenamientos, a las órdenes de José Antonio Camacho, no se le vio mucho. Varias indisposiciones levantaron sospechas (un esguince por aquí, una gripe por allá...), alargó las vacaciones de Navidad en Brasil (un clásico) y otro día, directamente, se quedó en casa como medida de presión para que el club saldara sus deudas: «Estoy muy contento aquí con la afición, pero el Sevilla tiene muchos problemas económicos y yo tengo tres hijos, una familia. No sé si va a poder mantenerme». A todo esto, el Flamengo había denunciado ante la FIFA que el Sevilla le había entregado dos cheques sin fondos, y el agente de Bebeto dejaba caer que en realidad su deseo era volver al Deportivo de La Coruña.

Bebeto se marchó, Camacho fue despedido poco después y el Sevilla acabó descendiendo.

A la siguiente temporada, el Deportivo inscribió a Bebeto cinco minutos antes de que cerrara el mercado. Sin embargo, denunció que en su contrato faltaban algunas cantidades extras acordadas y nunca llegó a incorporarse.

ZVONIMIR BOBAN EN EL CELTA

Cuándo: temporada 2001/02.

Campeón del mundo sub-20 con Yugoslavia, campeón de Europa con el Milan, semifinalista del Mundial 98 con Croacia... Boban ya había hecho casi todo en el fútbol; tras nueve temporadas en el Milan, el club y él decidieron que su último año de contrato lo jugara en el Celta, que se había convertido en un asiduo de la Copa de la UEFA y se caracterizaba por su juego alegre, con los rusos Karpin y Mostovói cortando el bacalao.

Como suele hacerse con las viejas glorias, el Milan le pagaba casi todo el sueldo. A los treinta y tres años, llegó dispuesto a vivir una última aventura en el fútbol, pero Víctor Fernández tenía otros planes para él: «Necesitamos que Boban mejore su condición física, su ritmo, su movilidad».[1] El entrenador no se atrevió a juntarle en el once con Mostovói (solo compartieron cuarenta y cinco minutos), recompensó su mejor actuación (un 1-1 ante el Valencia) mandándolo al banquillo al siguiente partido (en Málaga) y, para colmo, unos días después le hizo salir al campo a jugar la segunda parte de una prórroga en Arlonagusia, el campo del Lemona. Aún estábamos a mediados de octubre, pero aquel día Boban decidió marcharse del Celta y del fútbol. Solo fueron siete partidos (cuatro como titular), pero casi dos décadas después sigue pagando su cuota a la Asociación de Exjugadores del Celta.

---

1. *El País*, 2 de septiembre de 2001.

RABAH MADJER EN EL VALENCIA

Cuándo: temporada 1987/88.

Este delantero argelino, que se enfrentó a España en México 86, pasó a la historia por marcar un gol de tacón en toda una final de la Copa de Europa, la de la temporada 1986/87. El Bayern ganaba 0-1 al Oporto y estaba a poco más de diez minutos de ser campeón cuando Madjer inició la remontada, que culminó Juary solo dos minutos después. (Unos días más tarde, Jesús Gil metía a la estrella portuguesa, Paulo Futre, en una avioneta rumbo a Madrid para presentarlo en una discoteca, pero esa es otra historia.)

Madjer jugó seis años en el Oporto, solo interrumpidos por un breve paréntesis de seis meses en Mestalla, llamado entonces Luis Casanova. El Bayern, tan dado a fichar rivales, había cerrado un acuerdo con él para el verano de 1988. En cuanto se supo, el Oporto se lo quitó de encima. «Si no me hubiera comprometido ya con el Bayern, me quedaría en España tres o cuatro años», dijo al llegar cedido a Valencia. Jugó catorce partidos y marcó en los tres primeros, pero se lesionó. El Bayern renunció a su fichaje, y también a última hora el Inter. Regresó a Valencia para jugar la Copa de la UEFA un año después, de nuevo como jugador del Oporto.

ALEKSANDR MOSTOVÓI EN EL ALAVÉS

Cuándo: temporada 2004/05.

El verano de 2004 fue agitado para Aleksandr Mostovói. Primero se marchó del Celta, recién descendido, sin despedirse de la afición, para la que había sido ídolo durante ocho años.

Luego el seleccionador ruso, Georgi Yartsev, le expulsó en plena Eurocopa 2004 por culparle de la derrota ante España. Pasó ocho meses sin equipo, y eso, a su edad, le obligaba a asumir la retirada. Pero en marzo de 2005 el Deportivo Alavés, presidido por Dimitri Piterman, le ofreció un contrato. Y Mosto ya no era el mismo: «Yo en aquella época tenía algunos problemas personales, estaba solo, con treinta y cinco años, en otra ciudad... y en Segunda División. Yo llevaba quince años compitiendo a un nivel altísimo, y de repente verme en Segunda, peleando por migajas..., aquello me quemó».[2] Solo jugó doce minutos, los últimos en un partido contra el Cádiz. El Alavés perdía 0-2 y el entrenador títere de Piterman, Chuchi Cos, le sacó para intentar la remontada. No la logró, porque el partido acabó 1-3, pero a Mostovói le bastaron esos doce minutos para marcar un gol.

RAFAEL MARTÍN VÁZQUEZ EN EL KARLSRUHER

Cuándo: temporada 1998/99.

Todos los madridistas recuerdan, con incredulidad incluso, que en el mejor momento de su carrera Martín Vázquez plantó al Madrid de las cinco ligas seguidas, al Madrid de la Quinta del Buitre (que también era la suya) para irse a jugar a un recién ascendido a la Serie A italiana, el Torino. Menos sabrán, seguramente, que acabó su carrera en la Segunda División alemana, en el equipo que vio debutar a Oliver Kahn y que, con él de portero, endosó un 7-0 al Valencia en la Copa de la UEFA 1993/94.

Martín Vázquez venía de jugar en el Atlético

Celaya, apenas diez partidos en el Torneo Clausura mexicano. «Estuvo bien y recibí una oferta del Karlsruher, que acababa de bajar. Firmé solo un año, cuando podía haber firmado tres, pero no pensé en mí, no tuve egoísmo, y un año duré.»[3] En realidad, ni eso: fueron cinco partidos. «Echaron al entrenador [Jörg Berger] al poco tiempo de empezar la temporada, pusieron al que estaba de segundo [Rainer Ulrich], que solo había entrenado a nivel *amateur*, y lo primero que dijo es que no contaba conmigo.» «Demasiado caro para tenerlo en el banquillo», explicó el club.

LA QUINTA DEL BUITRE FUERA DEL REAL MADRID: BUSCANDO A LUPITA	
EMILIO BUTRAGUEÑO	Atlético Celaya (1995 a 1998)
RAFAEL MARTÍN VÁZQUEZ	Torino (1990 a 1992) Olympique de Marsella (1992) Deportivo de La Coruña (1995 a 1997) Atlético Celaya (1995 a 1998) Karlsruher (1998)
MÍCHEL	Atlético Celaya (1996/1997)
MIGUEL PARDEZA	Real Zaragoza (1985/86 y 1987 a 1997) Puebla (1997/98)
MANUEL SANCHÍS	*One club man*

OLEG SALENKO EN EL CÓRDOBA

Cuándo: temporada 1999/2000.

¿Quién puede resistirse a fichar al Bota de Oro de un Mundial? Un presidente primerizo desde luego que no. La ocasión lo merecía. El Córdoba volvía a Segunda División veintisiete años después y Manuel Palma Marín no dejó escapar a Oleg Salenko, el único jugador que ha marcado cinco goles en un mismo partido en la

---

2. *Jot Down*, número 21, diciembre de 2017. En realidad, Mostovói, nacido en agosto de 1968, estaba ya más cerca de los treinta y siete que de los treinta y cinco años.

3. *Jot Down*, febrero de 2019.

historia de la Copa del Mundo: a Camerún, en Estados Unidos 94. Un fichaje de esos que empezaban a llamarse ya «mediáticos», que hacen que los abonos se vendan solos. Caviar ruso. Un bombazo.

Salenko era un goleador acreditado en Primera División con el Logroñés y (algo menos con el Valencia), pero venía rebotado de Turquía y salía de dos operaciones en la rodilla izquierda. El Córdoba no se acabó de fiar y le firmó un contrato hasta Navidad, prorrogable según sus goles y su estado de forma. Salenko no aportó ninguna de las dos cosas. Intervino en tres partidos, no marcó un solo gol y, desde luego, no se puso en forma. Su periplo no llegó a los tres meses. El de Palma Marín no duró muchos más.

EL EXTRAÑO CASO DEL REAL ZARAGOZA

¿Cuántos equipos pueden presumir de haber contado con campeones del mundo de tres países distintos? Seguramente, solo aquellos con los mayores presupuestos. Fuera de esa élite, el Real Zaragoza supone un caso especial, porque además fueron vistos y no vistos.

ANDREAS BREHME

Cuándo: temporada 1992/93.

El lateral izquierdo de la Alemania campeona en Italia 90, que además marcó el penalti de la victoria en la final ante Argentina (lo tiró con la derecha pese a ser zurdo), no venía de capa caída, sino con treinta y un años y directamente desde el Inter de Milán. Influyó que su mujer es natural de Utebo, una localidad a trece kilómetros de la Basílica del Pilar. Firmó por dos años, pero no llegó a cumplir el primero. Se negó a jugar en un partido contra el Tenerife porque Víctor Fernández (un saludo a Boban) decidió devolverle a la banda: «En los últimos partidos jugué de organizador a tal nivel que, cuando el técnico me quiso colocar de volante izquierdo, mis compañeros se echaron las manos a la cabeza porque no se lo podían creer». Ya sería menos, Andreas. Ya sería menos.

CAFÚ

Cuándo: temporada 1994/95.

El capitán brasileño que recogió la Copa del Mundo en 2002 no pasó de ser el suplente de Alberto Belsué. Y eso que no era ni mucho menos un desconocido: había jugado ya en la selección campeona de Estados Unidos 94; dos años antes, el São Paulo se había negado a traspasarlo al Real Madrid, al que a cambio encalomaron a Claudemir Vitor.[4] ¿Qué pintaba llegando al Zaragoza en enero? El São Paulo aseguraba que era un traspaso (cuatrocientos millones de pesetas) y el Zaragoza que era una cesión por seis meses. En realidad, era uno de los muchos chanchullos de Parmalat en el fút-

---

4. El resultado de esta operación puede comprobarse en el capítulo «Los 40 lamentables».

bol de aquellos años. El Zaragoza no fue más que un puente para un traspaso al Palmeiras, de donde luego dio el salto definitivo a Europa. La estancia sirvió también a Cafú para poder lucir en su palmarés la extinta Recopa, aunque a la final contra el Arsenal no fuera ni convocado.

GERARD PIQUÉ

Cuándo: temporada 2006/07.

Tres años antes de ganar la Copa del Mundo en Sudáfrica 2010, Piqué pasó toda una temporada en La Romareda cedido por el Manchester United. De ahí, para arriba: campeón de Europa en 2008 con el United (sin jugar, eso sí), fichaje por el Barça del recién llegado Guardiola, y, como le gusta a él decir, contigo empezó todo. En Zaragoza dejó buen recuerdo, aunque a veces le hacían jugar de lateral izquierdo (sí, Piqué de lateral izquierdo) y parecía un tanto torpón.

FRANK RIJKAARD

Cuándo: temporada 1987/88.

A diferencia de los tres anteriores, Franklin Edmundo Rijkaard no fue campeón del mundo, pero ganó tres Copas de Europa y la Eurocopa 88 con Holanda. Fue justo antes de ese torneo cuando paseó a orillas del Ebro. Había salido (mal) del Ajax con la temporada ya empezada, tras enfrentarse a Johan Cruyff. Lo fichó el Sporting de Portugal, o mejor dicho, lo fichó Jorge Gonçalves, presidente del Sporting de Portugal, que pretendía cederlo al club. El *transfer* llegó fuera de plazo y la Federación Portuguesa lo echó para atrás. La solución fue ceder a Rijkaard, y el Zaragoza se lo llevó. Le costó un poco entrar en el once, pero, una vez que Manolo Villanova le puso, ya no le quitó. En total jugó once partidos en los que no llamó demasiado la atención…, salvo a Arrigo Sacchi. El entrenador del Milan convenció a Silvio Berlusconi para comprarlo justo antes de la Eurocopa que ganó en compañía de Ruud Gullit y Marco van Basten, uno de los mejores tríos de extranjeros que se recuerdan, cuando en el fútbol había algo llamado «trío de extranjeros».

FÁBIO COENTRÃO

Cuándo: temporada 2008/09.

Otro ilustre campeón de Europa, y además titular en la final de 2014 contra el Atlético de Madrid en Lisboa, por delante de Marcelo. Muchos recordarán a Coentrão por los treinta y cinco millones que costó al Real Madrid en 2011, pero no podemos olvidar sus siete minutos, siete, como zaragocista. Sucedió en un partido de Segunda División contra el Deportivo Alavés en La Romareda, la víspera del Pilar de 2008. Coentrão, que entonces jugaba de extremo, llegó del Benfica para abaratar el traspaso de Pablo Aimar. «No se ha peinado siquiera», se oyó decir a un periodista en mitad de su presentación. Enseguida se ganó el apodo de «Cointreau», vaya usted a saber por qué. Marcelino García Toral no encontró motivos para ponerle sobre el campo un octavo minuto. «Dejaría el fútbol antes que volver al Zaragoza. No me dejaron triunfar —dijo él un par de años más tarde, en pleno Mundial 2010—; no sé si el míster o alguien del club empezó a difundir el rumor de que no me cuidaba, de que salía por la noche… No fueron justos conmigo. Me juzgaron mal, se equivocaron conmigo como futbolista y como persona.» En *Saber y empatar*, por supuesto, creemos a Fábio.

OTROS QUE HABÍAS OLVIDADO
DE JÓVENES
FORLÁN (Manchester United)
PABLO ALFARO (Barcelona y Atlético)
COUTINHO (Inter y Espanyol)
ETO'O (Espanyol y Leganés)
MÍCHEL SALGADO (Salamanca)
ARBELOA (Deportivo)
DE MAYORES
DENILSON (Girondis)
SUKER (Arsenal)
KEMPES (Hércules)
KLUIVERT (Valencia)
TACCHINARDI (Villarreal)
TORRICELLI (Espanyol)
GUARDIOLA (Roma)
DIEGO TRISTÁN (Livorno, West Ham y Cádiz)
GUSTAVO LÓPEZ (Cádiz)
ALFONSO (Olympique de Marsella)
MORIENTES (Olympique de Marsella)

15.
EL FUTBOLISTA
OXÍMORON

«Los tres palos son como la cárcel de un arquero,
pero yo logré escaparme...,
aunque de vez en cuando me atrapa un policía
 y me tira un tiro desde mitad de cancha.»

RENÉ HIGUITA

De niños, todos soñamos con llegar a vestir la camiseta de delantero centro del club de nuestros amores, pero la vida se encarga de reciclarnos a carrilero diestro con poca proyección ofensiva. El míster nos lo comenta. No nos gusta. Pero, poco a poco, nos vamos haciendo a la idea. «Así participo más en el juego»; «Así tengo más posibilidades de jugar», nos engañamos dulcemente. Y con esta farsa, los sueños de nueve se transforman en realidades de dos.

Por suerte, existen jugadores que resisten a su nueva clasificación. Héroes que representan a aquellos a quienes nos impidieron jugar de lo que nos gustaba. Trileros que aceptan su posición inicial en el campo para acabar haciendo lo que les da la gana. El fútbol sería muy aburrido sin estos futbolistas oxímoron.

PORTERO - DELANTERO

El fútbol total se inventó en el patio de un colegio. Encajado en una portería cuyos extremos delimitaban dos montañas de pulóveres, un niño gritó al viento: «AHORA ME PONGO DE PORTERO-DELANTERO». Detuvo el esférico que le lanzó un ariete de esos de pólvora mojada, lo sacó jugado por la posición teórica de carrilero derecho, avanzó unos metros y sorteó a un poco inquisitivo contrario. A dos. A tres. A cuatro. Encaraba ya la portería contraria cuando sintió la presión del líbero. Se trastabilló y remató cual Vinícius Júnior: inocente, flojo, sin potencia ni dirección. El cancerbero lo paró sin despeinarse. Saque rápido, contragolpe y, ¡pum!, gol en contra y retorno a la portería entre las collejas de sus compañeros.

La vida del portero que quiso ser delantero no es fácil. El área los limita. Se sienten como el proverbial oso enjaulado en un zoo de mala muerte. Su hábitat no entiende de fronteras marcadas de cal. Para ellos todo el césped es terreno fértil donde liberar su imaginación futbolística.

Al portero-delantero le sobran las manos para atajar los balones. Si por él fuera, detendría las vaselinas poniendo el pecho, y las faltas a la escuadra, a base de tijeretas estilo Hugo Sánchez. Las manos son un ente superfluo para un guardavallas, como bien demostró el colombiano **René Higuita** con su celebérrimo escorpión *wembleyano*. Higuita, prototipo del portero-delantero, era una delicia con el balón en los pies, pero parar, parar, lo que se dice parar…, digamos que entraban más gallinas de las que salían. Además de contribuir con sus no-paradas a un descenso del Real Valladolid, Higuita permaneció nueve meses en prisión al

ser acusado de mediar en un secuestro y negarse a delatar a su amigo Pablo Emilio Escobar Gaviria, narcotraficante para *boomers*, ídolo pop para milenials. «Ahí me empezaron a decir: "Usted me entrega a Pablo Escobar y no tiene delito. Usted es una persona conocida, querida, y lo que usted hizo le da para siete años". Lo único que les dije fue: "Yo soy un tipo que no tengo problemas, que tampoco sé y, aún sabiendo, tampoco se lo digo".» Actitud que no somos capaces de discernir si es o no digna de respeto.

Otro portero-delantero que debería haber visitado alguna prisión es el mexicano **Jorge Campos**. Por el delito continuado de «ofensa visual al espectador». Qué vestimenta. Qué combinaciones de colores, qué diseños estrambóticos, qué jerséis diecisiete tallas más grandes. Campos, tan pequeño que se subía a un balón en las fotos de equipo para aparecer a la altura de sus defensas, fue el portero-delantero que lo consiguió. Siendo el *Meléndez* de Adolfo Ríos en los Pumas sin opciones de jugar, le pidió a su entrenador probar en la punta de ataque, y ni tan mal: catorce goles en liga en la única temporada completa que actuó de delantero.

Lo triste es que, en ocasiones, se les tacha de majaras. «Yo nunca fui arquero. Fui un jugador de fútbol que estuvo en el arco.» Así se define **Hugo Gatti**. El Loco, antes de transmutar en portavoz florentinista, defendió la portería de Boca y River hasta convertirse en el jugador que ha disputado más partidos en la liga argentina. Con su estilo espectacular, presentaba cierta querencia a salir del arco para disfrute de la hinchada rival y acongojamiento de la propia. De vez en cuando le asaltaba algún propósito de enmienda, pero le duraba poco: «Siento como si un enano me empujara a salir, a mezclarme en el partido».

Definitivamente, hay que estar loco para, siendo portero, debutar con tu selección de interior izquierdo y alcanzar así el cénit del *porterodelanterismo*. Sucedió en un amistoso contra Noruega. Se lesiona López y Javi Clemente ya había realizado cuatro de los cinco cambios pactados. Mira al banquillo y encuentra a Alkorta, Sergi y Caminero. No le valen. Están tocados y no quiere problemas con los clubes. Un poco más allá está **Molina**, el meta del Atlético de Madrid, que ha dado mucho que hablar durante la temporada por su posición en el campo, a medio camino entre el portero y el líbero. «Oye, Moli, ¿te animas a salir de jugador estos quince minutos?» Dudas, pero el portero-delantero que llevas dentro resuelve: sí. Solo hay un pequeño problema: estás inscrito en el acta con el 13 y no hay camisetas de jugador con ese número. El utillero saca la cinta aislante milagrosa que transforma un 18 en un 13. «Molina, calienta, que sales.» Sales. Y enganchas una volea con la diestra. Se va rozando el palo. Habría sido un final de Hollywood.

DEFENSA GOLEADOR

Así que, querido amigo, usted ha decidido ser un defensa goleador. Muy bien, perfecto. Ha considerado que dedicar todos sus esfuerzos a mantener su portería a cero no es suficiente. Que el vulgo que puebla las gradas y los sofás en las tardes-noches de estadio y/o descodificador no reconoce la labor oscura de los defensores como sería menester. Y por esta razón, mi muy querido amigo, se ha decantado usted por enfilar la portería contraria con agresividad inusitada, buscando el reconocimiento al que solo aspiran los que anotan tantos. Entonces, únicamente me queda preguntarle: ¿es usted de los de cabezazo o de los de pepinazo?

Si se decanta por la opción cabezazo, tenemos varios modelos que, estamos seguros, serán de su entera satisfacción. Contamos con **Laurent Blanc**, el besador de calvas más famoso del fútbol, que invadía el área para rematar con acierto y hasta fue el autor del primer «gol de oro» de la historia de los Mundiales (con el pie, eso sí). O con **Daniel van Buyten**, el rígido central belga que sembraba el terror en las áreas cuando actuaba en formato Alexanco. También nos queda el modelo **John Terry,** cabeceador impenitente y agresivo de balones en dudosas condiciones de ser rematados. Y, cómo no, la estrella de esta sección: **Sergio Ramos** y sus elevaciones milagrosas en lo más profundo de las zonas Cesarini para anotar goles decisivos de esos que dan campeonatos y pasan a la historia. En su carrera por ser el defensa más goleador de todos, todos y todos, también practica con desigual fortuna el arte del lanzamiento desde el punto fatídico: lo mismo te manda el balón a la estratosfera que te marca cinco *panenkas* consecutivos sin que le tiemble una uña.

En el caso de que desee adentrarse en el estético universo del pepinazo, podemos ofrecerle al líder de los defensores anotadores, **Ronald Koeman**, doscientos cincuenta y tres goles le contemplan. Ya nos gustaría disponer de alguna de esas eminencias estadísticas que pueblan las ondas hercianas y sociales para asegurarles que la inmensa mayoría de ellos ha sido *a trallonazo*, pero, lamentablemente, no tenemos presupuesto, así que se tendrán que fiar de nuestra memoria. O, si no, *youtubeen* en bucle el zapatazo con el que el Barcelona se llevó para Canaletas su primera Copa de Europa. Por supuesto, siempre tendremos el referente **Roberto Carlos**, de muslamen poderoso, capaz de lanzar misiles teledirigidos a las escuadras, que cambian de dirección tres o cuatro veces antes de besar las mallas. También son interesantes los modelos **Paul Breitner** o **Leighton Baines**, excelsos y precisos ejecutores a balón parado.

Y si ya desea rizar el rizo, encontrará la combinación cabezazo-pepinazo en algunos ejemplares únicos como **Daniel Passarella**, poseedor de un variopinto catálogo de remates de todo tipo, o **Fernando Hierro**, prototipo del central al que la defensa se le queda corta y necesita proyectarse como sea en busca del área contraria. Brillante rematador de córneres y poseedor de un gran disparo de larga distancia, Hierro se caracterizaba por su buen perder, siguiendo siempre los dictados de la letra del himno madridista: «Cuando pierde, da la mano». Recordemos, aunque sea de manera innecesaria, su épico intercambio verbal con el colegiado Gracia Redondo: «No sabes cómo jodernos. No sabes ya cómo jodernos, ¿no? ¿Eh? No sabes cómo jodernos, ¿eh? ¿No sabes cómo jodernos?».[1]

---

1. En la jornada 16 de la temporada 93/94, la Real Sociedad derrota por 2-0 al Real Madrid con la expulsión de Hierro por un codazo a Oceano. El colegiado era Gracia Redondo, el mismo que había sido protagonista en el desastre de Tenerife en el que el conjunto madridista perdió la Liga el año anterior. De esta manera tan elocuente, Hierro le manifestó al colegiado su disconformidad por sus actuaciones.

MEDIO ESTORBO

Dicen los manuales que el fútbol se genera en el centro del campo. Que, a pesar de ser la zona menos decisiva del juego por la ausencia de porterías, es allí donde todo tiene su comienzo, donde se desarrollan las estrategias y, al final, donde se ganan o se pierden los partidos.

La zona media es la zona de creación, el lugar por el que circulan los mayores talentos futbolísticos, los de cabeza levantada y pase largo, los de apoyo constante y juego corto al primer toque. Pero también es el hábitat natural de una tipología de futbolista que deambula por los aledaños del círculo central sin ningún provecho, entorpeciendo la circulación del balón, controlando los esféricos con la espinilla y molestando el correcto movimiento de sus compañeros.

El buen medio estorbo, como **Thomas Gravesen**, procura incomodar a los adversarios, pero no se encuentra aquí su talento principal. Su misión en el verde se centra en tratar de que no se juegue ni para un lado ni para el otro. Que ambos equipos se atasquen en un bucle infinito de pases perdidos y que cualquier encuentro acabe sin que se mueva el marcador. Gravesen, dotado de una fisiología *shrekista* que le hacía especialmente apto para esta función, atacó de manera inmisericorde las tibias de los mediocampistas contrarios e, incluso, le sacó un diente a su propio compañero Ronaldo (el bueno). Cabe destacar también su fabulosa aportación al conjunto de las suertes futbolísticas con la *gravesinha* (© Luis Fermoso), acción de intento de controlar un balón rodilla en césped con resultados desalentadores.

Marcelo *el Pato* Sosa nos dejó boquiabiertos durante su presentación en el estadio Vicente Calderón al caerse de culo mientras intentaba, sin fortuna, dar un par de toques. Luego dejó muestras de su incapacidad psicomotriz vistiendo la rojiblanca y la rojilla de Osasuna. Un gran medio estorbo, en línea con la arraigada tradición atlética en este campo: **Radek Bejbl**, **Wicky**, **Costinha**…

Los vecinos de la capital tampoco se van de rositas. De hecho, gracias a las sabias directrices de Fabio Capello, el equipo madridista compitió durante toda una temporada con un doble pivote de medios estorbo: **Emerson - Mahamadou Diarra** (y, pásmense, le ganó la Liga al Barça). Una fluidez inusitada, recuerdan en el Bernabéu. Como la que aportaron **Geremi**, **Flávio Conceição** o **Pablo García**.

El medio estorbo ¿nace o se hace? Podríamos pensar que nace, pero también se hace, como demuestra el caso de **André Gomes**, de rutilante medio llegador en Valencia a tuercebotas de jerarquía en Barcelona. O de **Illarramendi**, el nuevo Guardiola en la Real y el nuevo Víctor Muñoz en el Real. La presión, la maldita presión.

DELANTERO SIN GOL

Sobre el nueve recae la responsabilidad más pesada: el gol. «No diga gol, diga Kempes.» El delantero centro es sinónimo de gol porque, si no, deja de serlo. Se convierte en un jugador más. Peleón, sí. Incordiante, también. Pero no decisivo. Un personaje en busca de autor.

La mejor definición para un delantero sin gol nos la ofrece **Luis Mario *el Negro* Cabrera**. Desempeñó con desigual acierto su labor futbolística en el Castellón, el Atlético de Madrid y el Cádiz. Mala cosa para un delantero sin gol aterrizar en el Carranza. Las chirigotas se hicieron cargo de él a ritmo de tanguillo: «Ay, Cabrera. Ay, Cabrera, que las tiras todas fuera…».

Demoledor.

Quizá sea el argentino **Óscar Dertycia** quien ha sufrido de manera más visible esta situación. Cuando llegó al Cádiz, bien entrada ya la temporada 1990/91, de la poderosa melena que lucía en los cromos con la Fiorentina no le quedaba ni la pelusilla. Una grave lesión (chocó con Maradona durante un partido de Copa contra el Nápoles) y un problema de salud de su mujer derivaron en nervios, estrés y alopecia. Su nueva afición le apodó «Míster Proper». «Con esa imagen quedé marcado —evocaba ya retirado—; perdí el pelo, pero no la maña.»[2]

Sin salir de Argentina, tenemos el caso del **Pipita Higuaín** y los cariñosos epítetos que se le dedican en Twitter, motivados por su incapacidad para definir cuando viste la casaquilla de la selección nacional. Y, por supuesto, **Martín Palermo** y sus tres penaltis fallados en un Argentina-Colombia.

Cuando se es un delantero remiso ante el marco contrario, conviene ante todo no alardear. Es el caso de **Manucho**, que, al ser presentado con el Valladolid, manifestó que su meta era «marcar entre treinta y cuarenta goles». Fueron cuatro, en realidad. O **Zlatomir Micanovic**, delantero centro del Salamanca y del Málaga, que proclamó vivir obsesionado con el gol. La realidad es que anotó ocho en dos temporadas y acabó confesando que en su país jugaba de líbero, pero que había fingido ser delantero centro para poder escapar de allí.

En ocasiones, este drama del no-gol va por rachas. **Sandro** anotó trece goles con el Málaga, el último de ellos el 1 de mayo de 2017. Los grandes se lo rifaban y fue traspasado al Everton, donde no fue capaz de meter ni una. En el mercado de invierno pasó al Sevilla, y... tampoco. Ni en la siguiente temporada, en la Real Sociedad. El 3 de noviembre de 2019, dos años y medio después, rompió la racha con el Valladolid. Y eso que las perspectivas no eran nada halagüeñas: «El Real Valladolid es un equipo

sin gol, y en un ejercicio de ruleta rusa ha firmado la cesión de un delantero sin gol: Sandro Ramírez».[3] A ver si hay suerte y acaba saliendo de este capítulo en las sucesivas ediciones del libro.

2. Cadena SER. 23 de junio de 2017.

3. *Diario de Valladolid*, 7 de julio de 2019.

16.
LOSERS
MUNDIALES

«Tuve la suerte de conseguir muchas cosas importantes a nivel de clubes, pero cambiaría todo eso por el Mundial.»

LEO MESSI, noviembre de 2009

Menos de quinientos futbolistas tienen el honor de haber ganado la Copa del Mundo desde su creación en Uruguay 1930. Si el brasileño Branco dijo que jugar la final es «el momento culminante en la vida de un jugador, como pisar la Luna», no digamos ya ganarla. La inaccesibilidad de ese trofeo que se entrega cada cuatro años es una de las claves de su mística. Otra es que varios de los mejores jugadores de la historia no hayan podido hacerse con él. Y mira que lo han intentado.

LEO MESSI

Salvo en Rusia 2018, el Mundial es un juego de once contra once en el que a Messi siempre le elimina Alemania. Para la estrella del Barça, la Copa del Mundo es una cruz. Aunque se juega cada cuatro años, la sufre casi a diario, víctima de una heterogénea pinza entre defensores de Maradona y detractores de los colores azul y grana.

Se estrenó en Alemania 2006, con solo dieciocho años y mucho por demostrar (llevaba el dorsal 19). Su aparición en el torneo despertó entusiasmo. Incluso contextualizando que Argentina ganaba ya 3-0 a Serbia y Montenegro,[1] puede decirse que Messi la lio. El partido acabó 6-0, él marcó su primer gol en el torneo y fue titular en el siguiente partido, ante Holanda. El seleccionador, José Pékerman, no terminó de animarse a darle vuelo, no se fuera a incomodar la vieja guardia, y lo sentó en cuanto llegó la hora de la verdad. Apenas le concedió cinco minutitos en octavos ante México, y ni uno solo en cuartos contra la anfitriona. Argentina ganaba 1-0 y faltaban poco más de diez minutos. Con *Valdanito* Crespo reventado, Pékerman prefirió sacar a Julio Cruz. Nada más salir este, como si fuera un castigo, Klose empató y llevó el partido a la prórroga. Sentadito, Messi sufrió por primera vez la guillotina alemana, esta vez en forma de penaltis.

A Sudáfrica 2010 llegó ya con galones, consagrado como Balón de Oro, pero aún cuestionado en su país, donde muchos le consideraban casi un futbolista extranjero por no haber jugado nunca allí. Sin duda, Messi tenía el enemigo en casa. Alguien en la Asociación del Fútbol Argentino debió de pensar que si Messi no era capaz de ganar el Mundial él solo como en su día Maradona…, tendría que ganarlo con ayuda de Maradona. Sí, alguien creyó que nombrar seleccionador al Diego era una buena idea. Y ahí estuvo él, con una experiencia ridícula como técnico,[2] tratando de ganar el Mundial con sus cucamonas desde la banda. Pasó lo que tenía que pasar, claro: garrote ante Alemania en cuartos (4-0), y se acabó Argentina y se acabó Maradona. Y se acabó Messi (lejísimos del área, sin marcar un solo gol) hasta cuatro años más tarde.

Messi llegó a Brasil 2014 tras su peor temporada en el Barça. La del Tata Martino, sí, justo esa. Y, sin embargo, estuvo más cerca del Mundial que nunca. Aquel equipo entrenado por Alejandro Sabella no jugaba ni a las tabas, pero alcanzó la final al ganar por penaltis a Holanda. En Maracaná esperaba (cómo no) Alemania, muy favorita tras el 7-1 a Brasil.

La final fue muy disputada y el 0-0 se alargó hasta la segunda parte de la prórroga. Cuando los alemanes acabaron de celebrar el gol de Mario Götze, a Argentina le quedaban apenas

---

1. A ver, aclaraos: ¿Argentina ganaba 3-0 a Serbia o a Montenegro? No, no nos hemos equivocado. Entonces Serbia y Montenegro eran un solo país, como Antigua y Barbuda.

2. Maradona solo había entrenado al Deportivo Mandiyú (doce partidos) y al Racing de Avellaneda (once).

siete minutos para remediar aquello. Y pudo hacerlo en la última, ultimísima jugada del partido. Messi se resiste, avanza, y Schweinsteiger lo derriba. Rizzoli pita falta, lejana pero bien perfilada para un zurdo. Por supuesto, Messi agarra el balón. Mientras lo coloca, la realización nos muestra las caras de algunos aficionados argentinos en la grada. Vaya caras. Un niño anticipa lo peor y llora. El tiempo ya está cumplido. Es esa falta o nada más. En aquel momento, era difícil no imaginar una película: Messi ponía el ojo en la escuadra, sacaba una rosca a la que el larguísimo brazo de Neuer no era capaz de llegar y Argentina, renacida, se proclamaba campeona en los penaltis. Fin a las críticas, adiós a las comparaciones con Maradona. La gloria. Un final *made in Hollywood* que quedó hecho añicos cuando Messi chutó, posiblemente, la peor falta de toda su carrera.

CRISTIANO RONALDO

Tal vez porque Portugal nunca pintó gran cosa en la escena internacional, Cristiano Ronaldo acostumbra a salir de rositas en cada Mundial. A él no se le exige, como a su némesis argentina, que revalide en la selección los éxitos alcanzados con sus equipos. La victoria en la Eurocopa 2016 le sirve de atenuante, pero no de eximente, que el Mundial es el Mundial. Cristiano también se ha pegado sus castañazos; mucho más gordos que los de Messi, de hecho. Solo alcanzó las semifinales en Alemania 2006, con veintiún años, aún bajo el ala de Deco y Figo. Con él como líder, Portugal jamás ha pasado de octavos de final. En 2010 y 2018 cayó en esa ronda ante España y Uruguay, respectivamente. Más grave aún fue lo de 2014, cuando ni siquiera pasó de la fase de grupos y fue goleada

(4-0) por Alemania (los amigos de Messi). Cristiano, lastrado por una lesión a final de temporada, firmó un torneo pésimo y solo marcó un gol en la inútil victoria final ante Ghana. Pese a ello no debía de estar muy descontento con su aportación, a juzgar por lo que dijo en una especie de documental[3] a mayor gloria de su persona estrenado al año siguiente: «No voy a mentir. Si tuviéramos dos o tres Cristianos Ronaldos en el equipo, yo estaría más cómodo. Pero no los tenemos».

HOLANDA

Sabemos perfectamente que Holanda no es un país, sino una región de Países Bajos. Sabemos, por tanto, que no es correcto llamar así al Estado ni tampoco a su equipo de fútbol. Pero hemos intentado escribir «la Países Bajos del 74» y «la Países Bajos de Cruyff» y, sencillamente, no nos sale. Confiamos además en que, a fuerza de insistir, la RAE o quien corresponda lo acabe admitiendo. Holanda es nuestra «almóndiga».

Ningún otro país ha jugado tantas finales de la Copa del Mundo sin ganar ninguna. La prensa española solía decir que el fútbol le debía

---

3. *Ronaldo* (2015), dirigido por Anthony Wonke. Puntuación en FilmAffinity: 3,6 sobre 10.

un Mundial desde que perdió en 1974 y 1978, pero cuando se plantó en la de Sudáfrica 2010, contra España, nadie pareció recordar la deuda. Menos aún cuando Van Bommel, [Nigel] De Jong y compañía aparecieron en el Soccer City precedidos por la dulce melodía del chiflo, al grito de: «¡El afilador! ¡Ha llegado el afilador! Se afilan cuchillos, tijeras, navajas, hachas...».

Tras la parada de Casillas a Robben y el gol de Iniesta, Johan Cruyff se despachó con una retahíla de adjetivos sobre el juego de su selección: «Feo, ramplón, duro, hermético, poco vistoso y poco futbolístico».[4] Impropio, en definitiva, de once tipos vestidos de naranja. Su legado reducido a escombros.

En sus memorias,[5] Cruyff asegura que superó rápidamente la derrota en Alemania 74 porque «fue mucho más importante la gran aprobación y admiración» que su «fútbol total» y su «ruda osadía» habían despertado en todo el mundo. Puede sonar a excusa barata (y más viniendo de Cruyff, que como entrenador trataba siempre de que la derrota salpicara a otros), pero, viendo las toneladas de literatura que ha generado aquella Naranja Mecánica durante ya casi medio siglo, no

andaba muy desencaminado. La Holanda del 74 es el rey de reyes sin corona, un equipo mucho más recordado que la Alemania campeona del mismísimo Káiser, Franz Beckenbauer. Solo un libro estúpido que insiste en decir Holanda a sabiendas de que es Países Bajos podría calificarlo como *loser*.

KARL-HEINZ RUMMENIGGE Y MICHEL PLATINI

Nacidos en 1955, con una diferencia de tres meses y cuatro días, estos dos señores eran los reyes del mambo a principios de los ochenta. El alemán, tres centímetros más alto, era ya bicampeón de Europa con el Bayern a los veintiún años, ganó la Eurocopa 80 y el Balón de Oro en 1980 y 1981. El francés, el que nació antes, encontró el éxito un poco más tarde: ganó la Eurocopa 84 y la pelotita dorada entre 1983 y 1985;[6] en este último año, además, ganó la Copa de Europa con la Juventus. Los paralelismos continuaron tras la retirada, pues ambos cogieron gusto al poder: uno como director general del Bayern y otro como presidente de la UEFA.[7] Y a ambos, por supuesto, les falta algo en su palmarés.

Rummenigge y Platini disputaron tres fases finales. Argentina 78 les pilló muy jóvenes: Francia no pasó de la primera fase y Alemania se quedó en la segunda. En España 82 se cruzaron en la recordada semifinal de Sevilla, la de la prórroga para la historia con cuatro goles (del 1-1 al 3-3). Rummenigge, con problemas musculares, no salió hasta

---

4. *El Periódico*, 12 de julio de 2010.

5. *Johan Cruyff 14. La autobiografía* (Planeta, 2016).

6. Hasta 1995, el Balón de Oro se entregaba solo a futbolistas europeos. Antes que Platini, únicamente Cruyff lo había ganado tres veces, pero no seguidas. El siguiente en lograrlo fue Leo Messi.

7. En 2015 fue suspendido por ocho años de sus cargos en FIFA y UEFA debido al escándalo de corrupción conocido como «FIFAgate».

el tiempo extra. Él y Platini marcaron un gol cada uno y también su penalti en la tanda; lanzaron uno detrás del otro (los dos con la derecha, los dos a la izquierda del portero) porque eran los designados para el quinto, el que tiran los buenos. Pero hubo que ir al sexto: falló Bossis y marcó Hrubesch. En la final del Bernabéu, Rummenigge seguía tieso, pero esta vez el seleccionador, Jupp Derwall, no se atrevió a sentarlo. Uli Stielike dijo que «con once jugadores sanos» Alemania habría ganado a Italia en lugar de perder (3-1), a lo que Rummenigge vino a responder: «Cuando salí a salvarles en la prórroga contra Francia, nadie se quejó».[8]

El cruce en semifinales se repitió en México 86, el último Mundial de ambos. Rummenigge llegaba como estrella del Inter, y Platini, de la Juventus. El partido no tuvo la épica del Sánchez Pizjuán, pero sí el mismo clasificado: Alemania ganó 2-0. Platini jugó mal. Rummenigge no anotó, pero se marcó un tremendo piscinazo junto al pico del área que, no obstante, coló. En el saque de la falta, Brehme marcó el 1-0. Con la izquierda.

Rummenigge sí llegó esta vez en condiciones a la final. Con treinta y un años, sien-

do realista, era su última oportunidad.[9] Y se resistió a dejarla escapar. Hasta marcó el 2-1, que espoleó a Alemania y la llevó a empatar solo siete minutos después. Pero ese Mundial llevaba el nombre de Maradona. En medio del aturdimiento argentino, el 10 tocó de primeras para el desmarque de Burruchaga. Y mientras este avanzaba en dirección al portero Shumacher sin que nadie se opusiera, Rummenigge tuvo que asumir que jamás levantaría esa copa.

SUBCAMPEONES EN DOS MUNDIALES		
CON HOLANDA (1974 y 1978)		
Arie Haan		
Jan Jongobloed		
René van de Kerkhof		
Willy van de Kerkhof		
Ruud Krol		
Johan Neeskens		
Rob Rensenbrink		
Johnny Rep		
Wim Rijsbergen		
Piet Schrijvers		
Wim Suurbier		
Harry Vos		
CON ALEMANIA (1982 y 1986)		
Hans-Peter Briegel		
Karl-Heinz Förster		
Felix Magath		
Karl-Heinz Rummenigge		
Harald Schumacher		
Pierre Littbarski*		
Lothar Matthäus*		* Campeones en Italia 90

HUNGRÍA

Además de Holanda, Hungría y Checoslovaquia son las únicas selecciones que han jugado más de una final de la Copa del Mundo sin ganar ninguna. A los checoslovacos, que ya ni existen,[10] pocos reproches podemos hacerles: cayeron en Italia 34, el Mundial hecho a medi-

---

8. *Mis mundiales*, Inocencio Arias (Plaza y Janés, 2014).

9. De hecho, solo jugó un año más en la élite y se retiró en 1989 tras dos temporadas en el Servette.

10. La República Checa y Eslovaquia acordaron una separación de lo más pacífica que culminó el 1 de enero de 1993.

da de Mussolini, y en Chile 62, ante el Brasil de Pelé. Pero lo de Hungría es otra cosa. Porque, aunque los magiares no asoman sus barbas hípsters por los álbumes de Panini desde México 86, hubo un día en que dominaron el mundo. Bueno, casi.

Hungría fue la mejor selección a. T. (antes de la Televisión).[11] Eso tiene su parte negativa, porque te aleja del *mainstream*, pero también sus ventajas, porque te instala en la leyenda. Lean las crónicas de la época y les parecerá que Kocsis, Czibor o Puskás medían dos metros y eran más formidables aún.

Hungría perdió la final de Francia 38 ante Italia, que revalidó título. Poco que objetar. En Suiza 54, en cambio, llegó a la final como gran favorita: llevaba más de cuatro años sin perder, era la campeona olímpica y un año antes había ganado un amistoso (3-6) a Inglaterra en Wembley. Esto último, que ahora puede parecer anecdótico, generó entonces una conmoción en la fuerza, porque nadie había mojado la oreja a los inventores del fútbol en su propia casa, y menos por goleada. Hasta lo llamaron «el partido del siglo», cuando esa expresión aún signifi-

caba algo. ¿Cómo no iba a ganar Hungría a Alemania, si además ya la había aplastado por 8-3 en la primera fase? A los ocho minutos, ganaba ya 0-2. Normal que el 3-2 final haya pasado a la historia como el «milagro de Berna».[12]

ROBERTO BAGGIO

En la vida siempre se van los mejores, y en los penaltis siempre fallan los buenos. El primer tópico nunca lo hemos entendido muy bien, pero el segundo lo abonó Italia en la final de Estados Unidos 94, el primer Mundial resuelto desde los once metros. En la tanda, además de Massaro y del brasileño Marcio Santos, fallaron las dos grandes figuras italianas, con permiso de Paolo Maldini: Franco Baresi y Roberto Baggio.

Baggio, la coleta más famosa de la historia del fútbol, hizo tetracampeón a Brasil al fallar el quinto (sí, el de los buenos). En su cabeza diseñó un lanzamiento a media altura y por el centro, pan comido para un superdotado técnico como él: «Sabía que [el portero] Taffarel se tiraba

---

11. El primer Mundial retransmitido por televisión fue el de Suiza 54, pero eso no significa que se viera en los hogares, donde los televisores iban entrando poco a poco. Televisión Española, por ejemplo, comenzó a emitir dos años después, en 1956.

12. El «milagro» no se refiere solo al resultado de la final, sino al despegue económico y social que experimentó Alemania apenas una década después de la Segunda Guerra Mundial. En este contexto, la victoria en Suiza 54 (tras haber sido excluidos de Brasil 50) supuso una enorme inyección de orgullo.

siempre, y no podría despejarlo con los pies». La idea era buena. Taffarel se venció, pero el balón prefirió irse por encima del larguero. Una traición inesperada, porque el Mundial de Baggio había sido impresionante, digno de lo que era: el vigente Balón de Oro. En octavos evitó la eliminación ante Nigeria a falta de dos minutos y marcó un gol más en la prórroga; en cuartos vacunó a España haciendo justo lo contrario que Julio Salinas poco antes; en semifinales firmó los dos goles ante Bulgaria... Roby no se merecía un final tan cruel, clavado en el área chica, agachando la cabeza. Un momento que marcó su carrera y su vida. Muchos años después, admitió: «Todavía sueño con aquel penalti».[13]

MOACIR BARBOSA

Para calibrar el impacto del Maracanazo en Brasil basta recordar cómo lo definió el periodista Nelson Rodrigues: «Nuestro Hiroshima».

Aquella derrota ante Uruguay en el partido final de Brasil 50 estigmatizó a una generación de futbolistas, pero a ninguno tanto como al portero, Moacir Barbosa. Tragarse por su palo el derechazo mordido de Alcides Ghiggia y convertirse en un apestado fue todo uno. Las noches siguientes lo llevaron a dormir a un hotel, por seguridad. Las críticas lo hundieron. «La pena máxima en Brasil por un delito son treinta años, pero yo he cumplido condena perpetua.» No exageraba. Décadas después, su fechoría aún no había prescrito. En 1993, Mário Zagallo[14] le impi-

dió visitar a la selección; era muy supersticioso y no quería que Barbosa contagiara el cenizo a los futbolistas. Su hijo, Paulo Zagallo, contó que un año más tarde, al ver que Roberto Baggio se encaminaba a lanzar el famoso penalti, Zagallo padre profetizó que iban a ser campeones: Baggio fallaba seguro, les dijo, porque su nombre y su apellido sumaban trece letras. Menudo genio.

EL BALÓN DE ORO DEL *LOSERISMO*

Nadie ha hecho tanto por glorificar a los *losers* mundiales como la propia FIFA. Desde la creación del Balón de Oro del torneo, en España 82, solo ha distinguido a un campeón en tres ocasiones, todas en el siglo pasado. Si no fuera porque la votación tiene lugar antes de la final, podríamos pensar que la FIFA le ha pillado el gusto a esto de ir contracorriente y explotar el potencial dramático de la derrota. ¿Quién no recuerda la cara de Messi recogiendo el trofeo apenas un cuarto de hora después de perder la final contra Alemania?

Mundial	Balón de Oro del torneo	Resultado en el torneo
ESPAÑA 82	Paolo Rossi	Campeón
MÉXICO 86	Diego Armando Maradona	Campeón
ITALIA 90	Salvatore Schilacci	Tercero
ESTADOS UNIDOS 94	Romario	Campeón
FRANCIA 98	Ronaldo	Subcampeón
COREA Y JAPÓN 2002	Oliver Kahn	Subcampeón
ALEMANIA 2006	Zinedine Zidane	Subcampeón
SUDÁFRICA 2010	Diego Forlán	Cuarto
BRASIL 2014	Leo Messi	Subcampeón
RUSIA 2018	Luka Modrić	Subcampeón

---

13. De su autobiografía *Una porta nel cielo* (Limia, 2001).

14. Aunque en aquellos tiempos fuera solo un auxiliar de Carlos Alberto Parreira, Zagallo fue el primer campeón del mundo como jugador (Suecia 58 y Chile 62) y como entrenador (México 70). Volvió a ser seleccionador en Francia 98 y, como Zinedine Zidane tiene catorce letras, quedó subcampeón.

17.
CABECEDARIO

«A Robinson le echan un cochinillo y lo remata de cabeza.»
CÉSAR LUIS MENOTTI

Pocas cosas superan la estética del testarazo. Ese elevarse, ese suspenderse en el aire, ese giro de cuello que imprime al balón la potencia y la colocación necesarias para superar al guardameta... elevan a los grandes cabeceadores a la categoría de superhéroes. A lo largo de la historia, estos rematadores han protagonizado momentos decisivos. Sus vuelos legendarios han conquistado las paredes de nuestras habitaciones, nos han enamorado.

Johan Cruyff decía que el fútbol es un deporte al que se juega con el cerebro, pero se olvidó de la cáscara que lo cubre.

CABECEDARIO

A	ADURIZ, ARITZ		**G**	GODÍN, DIEGO
B	BIERHOFF, OLIVER		**H**	HRUBESCH, HORST
C	CRISTIANO RONALDO		**I**	IBRAHIMOVIĆ, ZLATAN
D	DROGBA, DIDIER		**J**	JARDEL, MARIO
E	EUSEBIO		**K**	KLOSE, MIROSLAV
F	FERGUSON, DUNCAN		**L**	LLORENTE, FERNANDO

M	MÜLLER, GERD	**T**	TERRY, JOHN
N	NESTA, ALESSANDRO	**U**	URZAIZ, ISMAEL
O	OTAMENDI, NICOLÁS	**V**	VAVÁ, EDVALDO IZIDIO NETO
P	PANDIANI, WALTER	**W**	WRIGHT, IAN
Q	"QUINI", ENRIQUE CASTRO	**X**	XISCO
R	RAMOS, SERGIO	**Y**	YORDI
S	SANTILLANA, CARLOS	**Z**	ZAMORANO, IVÁN

18.
DICCIONARIO ESPAÑOL - PERIODISTA DEPORTIVO

«Cásese con un enterrador, cásese con un pistolero, cásese con un tramposo... pero nunca se case con un periodista.»

WALTER BURNS (Walter Matthau) en *Primera plana* (Billy Wilder, 1974)

Una de las claves para practicar el periodismo deportivo es recoger todas las expresiones (especialmente las más tópicas) que hayan venido usando las anteriores generaciones de informadores y asumirlas como propias. Antes de terminar su primera beca, los jóvenes hablan ya como veteranos (como «auténticos» veteranos), sin preocuparse demasiado por si lo que replican tiene mucho sentido o no. Esta breve guía les servirá tanto a ellos, para comprobar cómo se han alejado del lenguaje de los espectadores, como a estos, que a veces no entienden muy bien la intención de ese hombre que habla (y muchas veces chilla) en su radio o televisor.

PERIODISTA DEPORTIVO - ESPAÑOL

El estadio está lleno a reventar = El estadio está lleno

Lleno total = Lleno

El hotel de concentración está cerrado a cal y canto = No nos han dejado pasar

El hotel de concentración es un auténtico búnker = No nos han dejado pasar

Fulano rompe su silencio = Fulano nos ha dado una entrevista

La entrevista de la que todo el mundo habla = Fulano nos ha dado una entrevista
y no se está hablando de ella tanto como nos gustaría

Nuestras cámaras han cazado a Fulano = Hemos grabado a Fulano por la calle,
pero no nos ha hecho declaraciones

(Al entrevistar a un jugador) Y ya la última… = Sé que estás deseando acabar,
te pido un último esfuerzo

Todo preparado para que aquí, mañana, se dispute la final = Imposible que esté todo
preparado faltando aún un día

La capital del Turia = Valencia

El equipo de la capital del Turia = El Valencia

Sigue valiendo el gol de Fulano = El partido va 1-0, gol de Fulano

Cada vez queda menos para conocer al campeón = El avance del tiempo es inexorable

El técnico afronta un difícil reto = Desconozco el significado de la palabra «reto»

El equipo encadena tres triunfos consecutivos = Desconozco el significado del verbo «encadenar»

El acuerdo con el jugador es total; ya solo falta ponerse de acuerdo con su club = Ya solo falta todo

Según hemos podido saber, existe ya un principio de acuerdo para el traspaso = Aún no hay acuerdo

El fichaje es cuestión de horas = El fichaje va para largo

Esta es la información que les podemos contar A DÍA DE HOY = A saber qué les contamos mañana

Tal y como ya adelantamos... = Al fin hemos acertado una

El preceptivo reconocimiento médico = El reconocimiento médico

(Cuando el balón sale muy por encima del larguero) ¡Ensayo! = No he visto un partido de rugby en mi vida, Hulio

El árbitro le dice que se levante = No hay falta

El estadio se viene abajo literalmente = El público vibra y yo no sé lo que significa «literalmente»

El remate se va directamente fuera = El remate se va muy desviado

El remate se va indirectamente fuera = [Dijo nadie nunca]

El entrenador tiene varias dudas en la alineación = No sabemos quién va a jugar

ESPAÑOL - PERIODISTA DEPORTIVO

Los fotógrafos = Los compañeros de la prensa gráfica

Los ultras = Los cuatro cafres de siempre

Caerse = Perder la verticalidad

Empate = Tablas

Le han vendado la cabeza = Le han colocado un aparatoso vendaje (si el periodista es veterano, quizás opte por «le han colocado un vendaje a lo Quincoces»)

El entrenador se enfada = El entrenador se desespera en la banda

El entrenador se levanta del banquillo de repente = El entrenador ha saltado como un resorte (o mejor, como un «auténtico» resorte)

Encajar ese gol ha sido una decepción enorme = El gol ha caído en el banquillo como un jarro de agua fría (o mejor, como un «auténtico» jarro de agua fría)

El césped está en buenas condiciones = El que no juegue bien aquí es porque no sabe

El entrenador ha sacado a todos los delanteros que tenía en el banquillo = El entrenador ha puesto toda la carne en el asador (en este caso, no hace falta aclarar que se trata de «auténtica» carne)

Mengano (no) va a jugar = Mengano (no) va a ser de la partida

El estadio se viene abajo literalmente = Las gradas se están desplomando, hay heridos

BINOMIOS INDISOLUBLES

Centro de gravedad **+** bajo

Llama la atención **+** poderosamente

Protesta **+** airada / enérgica

Bocana **+** vestuarios

Inmediaciones **+** área

Conjurar **+** peligro

Típicos **+** flecos

19.
LA IMPORTANCIA DEL *NAMING*

«Soy como Ronaldo pero con "e".»
RENALDO, delantero del Deportivo

VICENTÍN
VICENTE

Kirk Douglas lo sabía. Era consciente de la importancia del *naming*. Presumía que Issur Danielovitch Demsky no iba a llegar a ningún lado, pero Kirk sí. Kirk va a pegar fuerte.

Fuera Farrouk Bulsara, dentro Freddie Mercury. Stefani Germanotta, no (aunque este nos gusta), Lady Gaga, sí. Bruno Mars *mola mars* que Peter Hernández. Natalie Portman es más fino que Neta-Lee Hershlag. Si sabes que vas a ser una *Legend*, póntelo de apellido y no me seas John Stephens. Cuando ves claro tu futuro, sabes que con Rafael Payá no vas a ningún lado, y que con Rappel y unas gafas al revés te vas a comer el mundo. Elsa de la Fuente, bien; Elsa Pataky, sobresaliente. Sale del terreno de juego del taxi José Luis Cantero y entra el Fary. El mundo del *show business* ofrece abundantes ejemplos de la influencia del *naming* en la carrera de los artistas. El fútbol no iba a ser menos.

Como marcan los cánones del *branding*, una vez que has posicionado tu marca, conviene cambiarla lo menos posible. Recordemos la tragedia que supuso la metamorfosis de Matutano en Lay's, o la de Míster Proper en Don Limpio. Todavía no nos hemos recuperado.

Conviene animar a los jugadores a que elijan un nombre y no vayan cambiando según les dé el viento. Los aficionados de a pie nos liamos. **Rodri**, el futuro del mediocentrismo nacional, ¿se sigue llamando Rodri o ahora se le debe tratar de **Rodrigo**? Estas duplicidades confunden al hincha medio. Nada nuevo bajo el sol. **Kiko**, el estandarte del Atlético del doblete, lució orgulloso la nomenclatura «**Quico**» en la conquista de la medalla de oro en Barcelona 92. **Voro** fue Voro en el Deportivo, pero **Boro** en el Valencia. Sin salir del equipo che, de **Vicentín** a **Vicente** hay un par de temporadas. Y también aquí asistimos al curioso caso, digno de novela de Hércules Poirot: LA DESAPARICIÓN DE UNA «O». **Roberto**. Quince temporadas entre Valencia y Barcelona. **Robert** al llegar a Villarreal. La adecua-

ción lingüística autonómica ha hecho mucho daño: de **Alesanco** a **Alexanko** y de **López Recarte** a **López Rekarte** los cambios son muy sibilinos, pero se notan.

En cambio, nada tenemos que objetar a los cambios de *naming* si el que los ordena es David Vidal: «Recuerdo que cuando llegué al Cádiz Juvenil pregunté: "¿Quién es Mami?". "Zoy yo", me respondió un chaval. "Vale..., ¿usted piensa llegar al Cádiz con ese nombre?" Sí. Y no solo llegó al Cádiz, sino también al Atlético de Madrid, aunque yo le puse **Quevedo**. A otro le llamaban García. Le dije: con ese nombre no vas ni a la esquina, y le pusimos **Arteaga**, que era el nombre deportivo de su padre».[1]

Claro que, cuando la afición cambia el nombre mediante un apodo bien colocado, ahí no nos podemos resistir. Faruk **Hadzibegić**, líbero del Betis con nombre y apellidos casi imposibles de pronunciar en el Benito Villamarín: «**Pepe**». Simple, memorable, efectivo. Rinat **Dassaev**, leyenda de los cancerberos rusos, apodado fonéticamente «**Rafaé**» en su periplo sevillano. Como Petros **Marinakis**, «**Mari Paqui**». En el caso de Nenad **Mirosavljević**, Francisco Ibáñez habría aprobado con nota el sobrenombre «**Mortadelo**». Clavado. **Carmelo** Navarro, el líbero gaditano experto en salir con el balón controlado: «**el Beckenbauer de la Bahía**». Óscar **Dertycia** y sus dramas alopécicos, «**Mr. Proper**». Vágner Silva de Souza, delantero brasileño conocido como «**Vágner Love**» por sus escapadas nocturnas de las concentraciones. Demetrio **Albertini**, centrocampista controlador como pocos del *tempo* de un encuentro: «**il Metrónomo**». Iván **de la Peña**,

---

1. *Diario de Cádiz*, 6 de diciembre de 2015.

pelado desde juvenil: «**el Pequeño Buda**». Lucas **Chupa Melano**, delantero argentino de imbatible denominación. Gerd **Müller**, «**Torpedo**», adaptación hispana (muchos años antes de Chiquito de la Calzada) del original «**Der Bomber**». Al legendario José Ángel **Iribar** le puso el apodo otro futbolista, Etxabe, que había sido portero del Basconia. Al verle

saltar con los brazos estirados para atrapar un balón elevado, dijo: «¡Parece un chopo!». Y con **«el Txopo»** se quedó.[2]

Pero hay que resistirse, ahora y siempre, cuando los sobrenombres no hacen justicia al depositario. Cuando despistan más que aportan. Llaman **«Matigol»** a Matías Fernández, el mediapunta chileno que deslumbró con sus cifras anotadoras en su paso por el Villarreal: noventa y un partidos, siete goles, para un promedio estratosférico de 0,08 go-

les por encuentro. Va a ser que no. Miljan, *Lola*, Smiljanić es un bigardo serbio de los de «conmigo, pocas bromas», de escasas similitudes con Lola Herrera o Lola Flores, pongamos por caso. El **«Pitu»** Abelardo puede que fuera un pitufo de pequeño, pero ha pasado a la historia como un fiero central que imponía su ley en el juego aéreo. «**Lobo**» Carrasco era más bien un canario flauta en cuanto a su actitud belicosa en el terreno de juego, pero se parecía físicamente en los rasgos faciales al auténtico «Lobo»: el paraguayo Diarte.

Hay quien se resiste, pero da igual. Coincidiremos en que Iván Cuéllar tiene un nombre agradable, por lo que no acaba de cuadrarnos que sea conocido y vaya a ser recordado por su apodo, **«Pichu» Cuéllar.** En sus inicios, quizás oliéndose esto, aprovechó una entrevista radiofónica para reclamar que le llamaran por su apellido, no por su apodo. El portero extremeño nunca ha sentido demasiado aprecio por los periodistas;[3] en aquella charla, de hecho, se mostró

---

2. *Jot Down*, enero de 2019.

3. Su mayor logro en este ámbito fue su enfrentamiento con un periodista que le acusó de encararse con la afición rival al llegar a La Coruña, cuando en realidad sus gestos se debían a que estaba presenciando un ataque epiléptico entre la multitud: «¿Tú crees que la información que tú das es correcta, sí o no? [...] Ese es el periodismo en el que vivimos hoy en día, para que te hagas una idea. Lo que tú haces. Dar una información y que cada uno ponga lo que le salga de los cojones. Jugar con la salud de una persona. [...] Tú eres periodista, ¿estás grabando un vídeo y no te das cuenta de que a una persona le está dando un ataque epiléptico? Permíteme el lujo de decirte que eres un idiota. Y te voy a decir una cosa: no es ningún insulto, es un adjetivo calificativo. Es lo que tú haces, dar una información idiota. Decir idioteces, eso es lo que haces tú. [...] Ni una más, porque yo no juego con vosotros, yo digo las cosas a la cara. No voy a permitir esto. Yo no leo periódicos y luego me informan. Pero poniendo eso... Es de ser un hijo de puta. No me toquéis los cojones».

bastante hosco. En cuanto le despidió y se apagó la luz roja del estudio, el entrevistador dijo: «Pues por mis cojones que este se va a quedar con Pichu».

APODOS EXITOSOS

Otros están tan bien tirados que se convierten en apellidos. Nadie se acuerda de Carlos Alonso González, pero todos recuerdan a Carlos **Santillana**. Uno de los mejores rematadores de cabeza de la historia del fútbol, el delantero centro del Real Madrid antes de la Quinta del Buitre, nació en Santillana del Mar, una bella localidad cántabra. Cuando fichó por el Racing juvenil, su entrenador (Agustín Cuétara) no era capaz de aprenderse el nombre de los jugadores y los llamaba en función de su origen: «Tú, el de Maliaño; tú, el de San Vicente; tú, el de Santillana…».

José Martínez Sánchez tampoco lo tenía fácil en esto del *naming* futbolero y realizó una destilación de su nombre con la que pasaría a la historia madridista: José —> Pepe —> Pepirri —> **Pirri**. Pepe Pirri estudió Medicina mientras jugaba. Al retirarse, pasó a los servicios médicos del Real Madrid. Por pura seriedad hipocrática, intentó que se le conociera como doctor Martínez, con poco éxito.

Rafael Carlos Pérez González optó por utilizar el nombre con el que se conoce a su familia: **Marañón**. Su tío, Adolfo Pérez Marañón, jugó en Osasuna con este nombre, y su padre, Antonio Pérez Marañón, también era conocido por el segundo apellido. El máximo goleador histórico del Espanyol en todas las competiciones también paseó su zurda de oro[4] por Sporting, Real Madrid y Sabadell.

¡CÓMO RENUNCIAR AL CHISTECITO!

Algunos apellidos extranjeros dan lugar a equívocos, risitas y chirigotas. El delantero rumano Ciprian **Marica** (Marica antes de llegar al Getafe, Ciprian durante su estancia allí) tuvo la suerte de encontrarse en el Shakhtar Donetsk con el centrocampista ucraniano Oleksiy **Gai**. Es una pena que el gran Pierre **Webo**, de Osasuna y Mallorca, nunca haya coincidido en el mismo equipo con Lubo **Penev**, como sucedió con Arben **Minga** y Agustin **Kola**, taladradora delantera de la

---

4. Pach da fe de ello: tuvo la suerte de coincidir con él en el campo cuando Rafa tenía casi sesenta años, y alucinó con la precisión con que colocaba el balón a cuarenta metros. Y es que nuestro amado amigo prologuista (y extraordinario jugador de fútbol) es su hijo Carlos. Con ocasión de su boda convocó un duelo en Abegondo: «AMIGOS DEL NOVIO» y «AMIGOS DE LA NOVIA». Marañón sénior con los del novio. Marañón júnior con los de la novia. Antes de comenzar el partido, Marañón sénior reunió a sus jugadores en el centro del campo y les soltó un *speech* inolvidable: «Chicos, hoy no nos recordarán porque jugamos bien, hoy nos recordarán porque GANAMOS». Ganar a su hijo. El día anterior a su boda. Magia competitiva pura.

Albania de los ochenta. Simone **Vergassola**, centrocampista de Sampdoria y Torino, podría haber formado un doble pivote extraordinario con Antonio **Poyatos,** medio de Xerez, Logroñés, Valencia y Sporting. Y estamos esperando con ansia el desarrollo de dos de las grandes promesas del fútbol mundial: **Karamoko** Dembelé (Inglaterra) y **Ronaldo Zinedin** Hernández (México).

de Montenegro, centrocampista del Hércules que jugaba bajo la denominación **Ariel TMT**, compuesto por su nombre de pila y las iniciales de sus tres hijos, pero que, en realidad, parecía publicidad encubierta de una nueva variedad del famoso detergente. Y acabemos de una vez con esa infausta moda de añadir la inicial junto al apellido: ¿es que aporta algo **A. Iniesta** frente a la pureza de un **Iniesta** sin aditivos?

Pero, como suele suceder en el mundo del fútbol, la modernidad mal entendida es el peligro más acuciante del *naming*. El libertinaje de los nombres serigrafiados en las camisetas. Esa plaga que nos asola. Urge reunión de International Board para evitar aberraciones como que un jugador pueda llevar **«El Mono» Navarro Montoya** sobre su dorsal. O **Guti.HAZ**, que no es un imperativo del verbo hacer sino un acrónimo de Hernández (segundo apellido del talentoso jugador blanco), de Aitor y de Zaira (sus hijos). Por no hablar de **SQD**, la onomatopeya que lucía el defensor Julien Escudé en el Sevilla. **RDT**, más de lo mismo. O el tremendo caso

20.
CULOS
DE MAL
ASIENTO

«Estoy cansado de andar por Europa como un gitano.»
JUAN SEBASTIÁN VERÓN

Frente a la lealtad a prueba de jeques de los *one club men*, encontramos a estos firmes creyentes de la cultura del alquiler, futbolistas baqueteados que se resistieron a echar raíces en un club.

Bueno, normalmente el que se resistió fue el club.

Según ha podido comprobar el servicio de documentación de *Saber y empatar* (mediante una búsqueda en Google), varias fuentes señalan a un portero inglés, John Burridge, como el futbolista profesional que ha pasado por más equipos: 29. No tenemos el gusto de conocerle, pese a sus casi tres décadas de dedicación al oficio (de 1969 a 1997), pero hemos encontrado uno al que sí hemos visto jugar y que iguala su marca.

SEBASTIÁN, *EL LOCO*, ABREU

Defensor Sporting (1994-96), San Lorenzo (1996-98 y 2000/01), Deportivo de La Coruña (1998), Grêmio (1998/99), Tecos (1999/2000 y 2004), Nacional (2001, 2003, 2004/05, 2013 y 2015), Cruz Azul (2002/03), América (2003), Dorados de Sinaloa (2005/06), Monterrey (2006), San Luis (2007), Tigres (2007), River Plate (2008), Beitar Jerusalén (2008), Real Sociedad (2009), si aún sigue usted leyendo esto consulte con su farmacéutico, Aris Salónica (2009), Botafogo (2010-12), Figueirense (2012), Rosario Central (2013/14), Aucas (2015), Sol de América (2016), Santa Tecla (2016 y 2019), Bangu (2017), Central Español (2017), Puerto Montt (2017), Audax Italiano (2018), Deportes Magallanes (2018), Rio Branco (2019), Boston River (2019), que se mejore.

En los años noventa, y no digamos ya antes, la mayoría de los futbolistas extranjeros que llegaban a España, salvo las figuras, eran unos perfectos desconocidos. No fue el caso de Abreu cuando fichó por el Deportivo en un mercado de invierno, gracias a una narración del locutor argentino Marcelo Araujo en la que se recreaba en un fallo a puerta vacía. Como con Pelé o Cardeñosa, se habla del «gol de Abreu» como si hubiera entrado, lo cual también tiene su mérito. Toda su carrera, tanto ir y venir, cobró sentido una noche del verano de 2010 en Johannesburgo, donde clasificó a Uruguay para las semifinales del Mundial 2010 con un penalti a lo Panenka ante Ghana: «Cuando la toco, levanto la cabecita y veo que el moreno se había tirado, digo: "Papá, esta es mi noche"».[1]

El día que alguien se moleste en contrastar si en la lista de equipos en los que jugó Abreu no hay ninguno inventado volveremos a creer en el periodismo.

CHRISTIAN VIERI

Torino (1991/92), Pisa (1992/93), Ravenna (1993/94), Venezia (1994/95), Atalanta (1995/96, 2007/08, 2009/10), Juventus (1996/97), Atlético de Madrid (1997/98), Lazio (1998/99), Inter (1999-2005), Milan (2005/06), Mónaco (2006/07), Fiorentina (2008/09).

A diferencia de otros jugadores que pasan de mano en mano como la falsa moneda, *il Capocannoniere* cambió de aires cada verano durante los mejores años de su carrera, mientras crecía como jugador, pero no siempre fue a un club mejor. Salvo en el Inter, *Bobo* Vieri nunca jugó más de un año seguido en el mismo equipo. Nada parecía complacerle: ni siquiera jugar una final de Champions como titular en la Ju-

---

1. Declaraciones a Fox Sports Sur, noviembre de 2018.

ventus de Zidane y Del Piero, con la que ganó la única liga de su carrera; ni ganar una Recopa, la última, con la Lazio millonaria de Cragnotti; ni aún menos ser pichichi con el Atlético de Madrid: 24 goles en 24 partidos. Los marcaba hasta con dos defensas colgándole de cada brazo. Una noche se empeñó en ganar él solo al Salamanca y casi le sale bien: marcó cuatro goles y el Atleti perdió 5-4.

MIQUEL SOLER

Espanyol (1983/85 y 1986/88), Hospitalet (1985/86), Barcelona (1988-91) y 1992/93), Atlético de Madrid (1991/92), Sevilla (1993-95), Real Madrid (1995/96), Real Zaragoza (1996-98), Mallorca (1998-2003).

Es una lástima que este pundonoroso lateral de largo recorrido no añadiera a su extenso currículum (una oda a la profesionalidad en el fútbol) al menos un breve paso por el Betis. Jugó en el Espanyol y en el Barça, en el Atlético y en el Real Madrid, en el Sevilla y en el... Pues eso, que es una pena.

El *Nanu* corría la banda izquierda en aquel Espanyol de Clemente que se dejó una UEFA en Leverkusen, y Johan Cruyff lo fichó para el Barcelona. Con el Atlético ganó aquella final de la Copa 1991/92 en el Bernabéu al Real Madrid..., en el que también jugó. Fue en una de las peores temporadas de la historia blanca, la 1995/96, que empezó con Jorge Valdano y acabó con Arsenio Iglesias y sin clasificación para Europa. Soler desapareció de las alineaciones del técnico gallego, curiosamente, cuando le faltaba un partido para renovar automáticamente. Y de ahí, otra vez, al polvo del camino.

CARLOS ARANDA

Real Madrid (1999-2002), Numancia (2001-03, 2008/09 y 2014/15), Villarreal (2002/03), Albacete (2003/04 y 2005/06), Sevilla (2004/05), Murcia (2006/07), Granada 74 (2007/08), Osasuna (2009-11), Levante (2011/12), Zaragoza (2011-13), Granada (2013/14), Las Palmas (2013/14).

Por abreviar, podríamos decir que Aranda ha pasado por casi todos los equipos de España, incluido algo tan matemáticamente improbable como jugar en el Granada 74. A su llegada al Granada (al de toda la vida) se convirtió en el único futbolista de la historia que ha jugado en ocho equipos distintos de Primera División, amén de unos cuantos de Segunda. Dos años en Osasuna, tocando ya la treintena, fueron lo más parecido a la estabilidad. Y su tarde de gloria, aquella en que volvió loca a la defensa del Real Madrid de José Mourinho, que hincó rodilla en El Sadar (entonces Reyno de Navarra). Pero tampoco Pamplona le ató: «Es una ciudad muy tranquila, con un clima al que no estoy acostumbrado. La vida en Málaga es muy diferente, y yo quiero disfrutar de mi vida, no solo de jugar al fútbol».

Con el Real Madrid nunca jugó en la Liga, pero sí en dos Champions, que acabaron siendo la Octava y la Novena. Aranda, sí, es bicampeón de Europa. Tras una infancia traumática, se convirtió en una de las perlas de la vieja Ciudad Deportiva. Vicente del Bosque, entonces guardés de la cantera, solía repetir que el fútbol había salvado a aquel chico del duro destino que la vida le tenía reservado. Ahora que su nombre aparece en sumarios judiciales en los que el amaño de partidos es solo la punta del iceberg, habrá que ver si aquello no fue solo un aplazamiento.

RIVALDO

Paulista (1989/90), Santa Cruz (1990-92), Mogi Mirim (1992-94 y 2014/15), Corinthians (1993/94), Palmeiras (1994-96), Deportivo de La Coruña (1996/97), Barcelona (1997-2002), Milan (2002-04), Cruzeiro (2004), Olympiacos (2004-07), AEK Atenas (2007/08), Bunyodkor (2008-10), São Paulo (2011), Kabuscorp (2012), São Caetano (2013).

Cuando uno debuta con diecisiete años y se retira con cuarenta y tres, lo normal es pasar por unos cuantos equipos. Salvo que te llames Paolo Maldini, claro. Vítor Borba Ferreira Gomes tuvo una carrera aún más longeva que la leyenda italiana, alargada en destinos tan improbables para un campeón del mundo y Balón de Oro como Uzbekistán y Angola. Incluso llegó a compartir vestuario con su hijo (Rivaldinho, cómo no), veintitrés años más joven.

El Deportivo se lo trajo a Europa ya bien talludito, veinticuatro tacos, pero fue el Barça quien más disfrutó, en cantidad y calidad, de sus piernas arqueadas. Josep Lluís Núñez pagó su cláusula el último día de mercado, con nocturnidad y alevosía, sin dar margen al Deportivo, que entonces peleaba por la Liga como el que más. Aunque no se entendió con Van Gaal, la zurda de Rivaldo fue la estrella de aquel Barça de finales de los noventa que ganaba la Liga y se la pegaba a las primeras de cambio en Europa.

Su gol más recordado, de hecho, es aquella chilena al Valencia desde la frontal, controlando el balón con el pecho, que sirvió al Barça para acabar cuarto y meterse en la siguiente Champions. Joan

Gaspart lo celebró en el palco como el gol de Koeman en Wembley. La tijereta, eso sí, lo merecía.

NICOLAS ANELKA

Paris Saint-Germain (1995-97 y 2000-02), Arsenal (1997-99), Real Madrid (1999/2000), Liverpool (2002), Manchester City (2003/04), Fenerbahçe (2004-06), Bolton Wanderers (2006/07), Chelsea (2007-11), Shanghái Shenhua (2011/12), Juventus (2012/13), West Bromwich Albion (2013/14), Mumbai City (2014/15).

de pesetas. Tardó varios meses en marcar su primer gol, y fue en un partido contra la droga. Luego dejó, eso sí, otros tres muy celebrados: uno al Barça (su primer gol oficial en la Liga, en febrero, con Arnau de portero) y dos al Bayern en semifinales de la Champions. Como Aranda, Anelka es bicampeón de Europa, pues además de la Octava blanca jugó varios partidos con el Chelsea en la 2011/12, aunque lo de Terry levantando la copa le pilló ya jugando en China. Todo el mundo recuerda el resbalón del

capitán *blue* en la tanda de la final cuatro años antes, frente al Manchester United, pero tras aquella pifia la tanda siguió hasta el séptimo lanzamiento. Giggs marcó para el United y... ¿quién falló el del Chelsea? Exacto: Anelka.

Había que estar muy ciego para no ver que ese delantero del Arsenal era «*The next big thing*». Qué facilidad para quedarse solo ante el portero, qué naturalidad para superarlo. Con diecinueve años, Anelka marcó diecisiete goles en la Premier League y se ganó las comparaciones más generosas: de Ronaldo (el bueno) para arriba. Normal que Lorenzo Sanz decidiera acometer el fichaje más caro en la historia del Real Madrid: 5.500 millones

21.
NOMENCLATURA ARBITRAL

«Sobre el árbitro, división de opiniones:
unos se acordaron de su madre, y otros, de su padre.»
JOSÉ MARÍA GARCÍA

¿Por qué en España se conoce a los árbitros por sus dos apellidos? Al margen del chascarrillo de José María García que encabeza este capítulo, siempre se ha dicho que todo se debe a Ángel Franco Martínez, destacado colegiado de Primera División desde 1969. Al apellidarse Franco, la prensa veía oportuno (o se lo hacían ver, que en aquellos tiempos era lo mismo) usar también el segundo apellido, porque Franco no podía haber más que uno; más aún teniendo en cuenta las lindezas que habitualmente se dirigen a los árbitros.

Como esto nos olía un poco a leyenda urbana, nos dispusimos a investigar sobre el tema y hallamos la mejor noticia posible: alguien había hecho ya esas averiguaciones y nos basta con copiar y pegar. En un artículo titulado «Un árbitro llamado Franco»,* Alfredo Relaño explica que hasta aquel momento los árbitros siempre habían sido conocidos por su primer apellido: Escartín, Melcón, Asensi, Plaza, Gardeazábal, Zariquiegui, Birigay, Oliva, Bueno... «Los segundos apellidos no se utilizaban salvo caso de duplicidad —Medina Díaz y Medina Iglesias— o si el primer apellido era muy común, para diferenciarle en caso de coincidencia.» Y también, claro, si el apellido era compuesto, como Ortiz de Mendívil. De Franco Martínez en adelante empezaron a usarse los dos apellidos y España descubrió que en las partidas de nacimiento de aquellos hombres de negro, habituales bultos sospechosos, latía una tremenda musicalidad.

INSTRUCCIONES: relacione los primeros y los segundos apellidos de los árbitros más destacados en la historia del fútbol español.

AÑOS 70

ACEBAL	ALADRÉN
BALSA	ARMINIO
CANERA	AZPITARTE
DE SOSA	CASTILLO
FRANCO	CEDENILLA
GURUCETA	COSCOLÍN
LAMO	MARTÍN
MAYORAL	MARTÍNEZ
PES	MURO
RIGO	PALANQUES
SÁNCHEZ	PÉREZ
SORIANO	PEZÓN
URIZAR	RON
TOMEO	SUREDA

AÑOS 80

ANDÚJAR	BLANCO
BELLO	BUENO
BENAVENTE	CÓRDOVA
CAETANO	DÍAZ
CALVO	FREIRE
CASAJUANA	GARASA
ENRÍQUEZ	GONZÁLEZ
MAZORRA	MORRO
MIRÓ	NEGREIRA
RIERA	OLIVER
SOCORRO	PASTOR
TABOADA	RIFÀ
URÍO	SOTO
VICO	VELÁZQUEZ

AÑOS 90

ANDRADAS	ANGULO
ANSUATEGUI	ARCEO
BARRENECHEA	ASURMENDI
BRITO	CRESPO
BUENO	GRIMAL
CONTADOR	IBÁÑEZ
DAUDÉN	MARTEL
GRACIA	MONTERO
HERNANZ	PAZ
JAPÓN	REDONDO
PAJARES	ROCA
RODRÍGUEZ	SEVILLA
RUBIO	UZQUEDA
SANTAMARÍA	VALDIVIESO

AÑOS 2000

AYZA	ÁLVAREZ
CARMONA	BURRULL
ESQUINAS	CANTALEJO
ITURRALDE	CORTÉS
LIZONDO	DÁVILA
LOSANTOS	GÁMEZ
MEDINA	GONZÁLEZ
MEGÍA	LEIRA
PÉREZ	MÉNDEZ
PINO	OMAR
PUENTES	OLIVA
RUBINOS	PÉREZ
TRISTANTE	TORRES
TURIENZO	ZAMORANO

AÑOS 2010

ALBEROLA	ACEITÓN
ARCEDIANO	BENGOETXEA
BIKANDI	BORBALÁN
DE BURGOS	GARRIDO
DEL CERRO	GRANDE
FERNÁNDEZ	HERNÁNDEZ
HERNÁNDEZ	LAHOZ
MARTÍNEZ	MALLENCO
MATEU	MONESCILLO
MUNUERA	MONTERO
PARADAS	MUNUERA
TEIXEIRA	ROJAS
UNDIANO	ROMERO
VARÓN	VITIENES

22.
VERDUGOS
POR
ACCIDENTE

«Cada día, da igual dónde esté, alguien me recuerda el "Tamudazo".
Fui a Dubái y en el control de pasaportes un empleado me dijo algo muy entusiasmado.
Pedí que me lo tradujeran: "Dice que les jodisteis la Liga".»

RAÚL TAMUDO

En los veranos de 1993 y 1994, el F.C. Barcelona invitó al Trofeo Joan Gamper al C.D. Tenerife y el Valencia C.F. respectivamente.* Algo extraordinario, porque habían pasado casi veinte años desde la última participación de otro equipo español en el torneo (Athletic, 1974). Formaba parte del agradecimiento (léase primas) por el imprescindible cable que ambos habían echado al Barça para llevarse las tres últimas ligas adelantando en la *foto finish* al Real Madrid y al Deportivo de La Coruña.

Cuando se sortea el calendario (sobre todo antes, cuando se sorteaba de verdad), los reporteros piden opinión a los presidentes de cada club, que tiran de manual y responden: «Da igual, al final tenemos que jugar todos contra todos». Obvio, pero no da igual. Las últimas jornadas son un torneo aparte: no da igual jugar contra un equipo salvado y relajado que contra uno con el agua al cuello. Y, sobre todo, no da igual contra quién juegue tu rival si necesitas que pinche. Ahí, además de llenar el maletín con billetes pequeños no consecutivos, tienes que encender alguna vela que ilumine al delantero (o al portero) de ese equipo, que, de repente, cuenta con todas tus simpatías. He aquí algunos de esos hombres que, sin comerlo ni beberlo, se vieron decidiendo el destino de otros.

---

* Y ambos ganaron la final al Barça con autoridad: 1-3 el Tenerife y 1-4 el Valencia.

ÓSCAR ALBERTO DERTYCIA

Las últimas jornadas se le daban bien a Míster Proper. En la de la temporada 1990/91, evitó el descenso del Cádiz, que se iba derecho al hoyo. A falta de diez minutos, el Zaragoza ganaba en el Ramón de Carranza, pero él y Kiko marcaron dos goles en apenas dos minutos. Descendió el Castellón, y Kiko, entonces un canterano semidesconocido, fue sacado a hombros. En plena euforia, gritó a Dertycia: «¡Calvo, no me mires de cerca, que eres el feo de los Goonies!».[1]

Su partido más recordado, el que justifica su inclusión en este capítulo, fue el Tenerife-Real Madrid (2-0) que dio al Barça la Liga 1992/93. Por segundo año seguido, los blancos se jugaron (y se dejaron) el título en el Heliodoro Rodríguez López ante el equipo entrenado por Jorge Valdano. Dertycia, que no había participado en la primera debacle, ascendió aquel día a los altares del barcelonismo, y del antimadridismo en general. Marcó el primer gol de la tarde, de cabeza, desde el punto de penalti, con un remate ni demasiado potente ni demasiado colocado. Y aunque Chano remató la faena, la historia solo tiene ojos para él. A sus veintiocho años (aparentaba fácilmente diez o quince más), Dertycia estaba hecho un animal y sacó de quicio desde el principio a la defensa formada por Chendo, Nando, Sanchís y... Luis Enrique.

En el estadio se mezclaron dos fiestas: el Tenerife se clasificó por primera vez para la Copa de la UEFA y, un año más, las cámaras se fijaron en un ataúd blanco con crucifijo morado que alguien agitaba con júbilo en la grada.

1. Cadena SER, 3 de diciembre de 2016.

JOSÉ LUIS GONZÁLEZ

Aunque los guionistas del fútbol demuestran cada semana por qué son los mejores en su oficio, pocas veces nos reservan un momento tan *hollywoodiano* como el penalti de Djukić. Un título de Liga a cara o cruz. Treinta y ocho jornadas, un año de trabajo y casi la historia entera del Deportivo reducidos a un solo disparo desde once metros.

Como el fútbol es poco cinematográfico (ilustres productores sostienen, y suscribimos la tesis, que la realidad es insuperable), el instante no ha sido elevado a la pantalla, pero sí reconstruido por Julio Llamazares en «Tanta pasión para nada (La paradoja de Djukić)»,[2] un relato que abarca desde las horas previas a aquel Deportivo-Valencia («No se te ocurra tirar un penalti», le había advertido su mujer) hasta el trepidante desenlace, cuando el árbitro entregó el balón al defensa serbio y «le miró un instante, como si le compadeciera».

Llamazares cuenta que, «para consolarse», Djukić imaginó que a González, el portero del Valencia, «tampoco le llegaría el aire hasta los pulmones, porque estaría tan nervioso como él en ese instante». Cuesta creer que Djukić fuera tan iluso, la verdad. González no tenía nada que perder. Y, sin embargo, celebró su parada blandiendo un puño eufórico, gesto que indignó a los aficionados del Deportivo (y a los del Real Madrid, claro) e hizo concluir a todos que la prima a terceros del Barcelona debía de ser muy gorda.

«Yo soy una persona impulsiva. De hecho, en la jornada anterior paré un penalti e hice un gesto muy parecido, pero nadie se acuerda», se

2. Incluido en *Cuentos de fútbol* (Alfaguara, 1995).

defiende González.[3] Y la videoteca le avala. En la penúltima jornada de aquella Liga 1993/94, ante el Valladolid, el veterano Sempere fue expulsado por cometer un penalti. Sin tiempo para calentar, González salió y se lo paró a Iván Rocha. Con Sempere sancionado, la última jornada en Riazor también le iba a tocar a él. Un final inesperado para un año casi completo en el banquillo.

«Sí, cobré, pero era un dinero amargo», admitió[4] otro valencianista, Fernando Giner, que tuvo que consolar a sus excompañeros Voro y Nando. La entrega de aquella amargura por valor de cincuenta millones de pesetas (300.000 euros) se realizó solo unos días más tarde en la autopista, a mitad de camino entre Barcelona y Valencia. Intervino un jugador de cada equipo, aunque no podemos confirmar que emplearan el conocido método de intercambiar maletines idénticos mientras miraban al frente. «Lo guardamos en casa de uno del equipo y lo fuimos repartiendo. Salimos a tres millones de pesetas (18.000 euros) cada uno de la plantilla —relató un jugador—. Los chicos que solo habían jugado algún partido, como Diego Ribera, a menos. [El entrenador, Guus] Hiddink no cobró nada. Dijo que estaba cumplido.»[5] Cuentan que Lubo Penev, al enterarse del reparto, exclamó: «¡Cómo tres millones! ¡Una Liga vale por lo menos diez!».[6]

RAÚL TAMUDO

Ídolo del *espanyolismo*, Tamudo es venerado también por las aficiones de otros equipos a los que hizo felices. No nos referimos a Lleida, Alavés, Real Sociedad, Rayo Vallecano, Pachuca y Sabadell, en los que también jugó, sino a Real Madrid y Castellón. A este último, en teoría, el asunto no le iba ni le venía porque entonces (temporada 2011/12) penaba en Tercera tras un descenso administrativo. Pero un gol de Tamudo al Granada en el minuto noventa salvó al Rayo y condenó a Segunda al Villarreal, el expansivo rival provincial, para alegría de la hinchada albinegra. Estas cosas siempre gustan.

Cinco años antes, Tamudo ya había sido decisivo para que el F. C. Barcelona se dejara una Liga (la 2006/07) en el camino. En realidad, fue una concatenación de goles. En una noche de partidos simultáneos y transistores a la antigua usanza, como demanda la penúltima jornada, el Barça ganaba 2-1 al Espanyol y arrebataba el liderato al Real Madrid, que perdía 2-1 en La Romareda. Los blancos necesitaban dos goles, uno en cada campo, para llegar por delante a la última jornada. Y los iban a conseguir: uno en el minuto 89 y otro en el 90. Van Nistelrooy (¡qué delantero!) marcó el suyo y, exactamente diecinueve segundos después, con los narradores de Zaragoza aún en pleno éxtasis, los del Camp Nou les pisaron para cantar el Tamudazo. Un gol que no sirvió para alejar al Espanyol del descenso ni para acercarle a Europa, tan solo para ratificarle en zona de nadie, pero que su autor celebró besando el escudo como si no hubiera un mañana. Y no por estar quitándole la Liga al Barça. ¿Cómo iba a ser consciente de eso en el campo, si ya le resultaba difícil asimilarlo a quien estuviera viéndolo por televisión?

«Más que joderle la Liga al Barcelona, lo que pensaba era en que había marcado en el Camp Nou, que habíamos empatado, que superaba a Marañón como máximo goleador del

3. *Sport*, 13 de mayo de 2016.

4. *El Confidencial*, 6 de mayo de 2008.

5. Confesión anónima ofrecida por *El País*, 20 de mayo de 2011.

6. Información de Cayetano Ros en la citada pieza de *El País*.

club[7] y que el año anterior nos habían cantado: "¡A Segunda, a Segunda!" —explicó Tamudo años después—.[8] «Acabó el partido, entré en el vestuario y alguien me dijo: "Madre mía, la que has liado". Por fin me enteré. Se agotaron las camisetas con mi nombre, me llegaron mensajes de todos lados... Y yendo por Barcelona la gente te decía cosas que..., en fin, yo lo comprendo.»

MIDO

Tamudo no es el único jugador que ha dado media Liga al Real Madrid en la penúltima jornada. Cuatro años antes también sirvió a la causa blanca de manera indirecta Ahmed Hossam Hussein Abdelhamid, más recordado (sobre todo en Vigo y San Sebastián) como «Mido». Este delantero egipcio llegó al Celta cedido por el Ajax con diecinueve años, al final de la temporada 2002/03. Solo jugó ocho partidos, pero desde el principio se entendió bien con Mostovói y le dio tiempo a marcar cuatro goles, incluido el que dio la puntilla a la Real Sociedad (3-2).

La Real llegaba a Balaídos como líder, con un punto de ventaja sobre el Madrid, y volvía a soñar con la Liga dos décadas después de los dos títulos de Arconada, Zamora, Satrústegui o López Ufarte. Raynald Denoueix, un perfecto desconocido (que, eso sí, había ganado la liga francesa con el Nantes), sacó lo mejor de una plantilla que mezclaba calidad, carácter y oficio: Xabi Alonso, De Pedro, Karpin, Nihat, Kovacevic... Un equipazo que dejó escapar su momento. La temporada siguiente, la Real fue decimoquinta, con Denoueix destituido. Jamás volvió a entrenar.

Aquel partido fue el último de Mido con el Celta, uno de los trece clubes por los que pasó. Con ninguno jugó más de cincuenta partidos y con la mayoría no llegó a diez. El presidente, Horacio Gómez, trató de quedárselo, aunque en el club sabían perfectamente que más pronto que tarde se le podían saltar los plomos en la cabeza. Su carácter ya era más que conocido. Zlatan Ibrahimović desveló un suceso años después, al publicar su autobiografía:[9] durante una discusión en el vestuario del Ajax, Mido llegó a lanzarle unas tijeras que le pasaron rozando la cabeza y que se estrellaron en la pared, donde abrieron una grieta. Aun así, son amigos.

El entrenador, Miguel Ángel Lotina, tragó con sus rarezas y su intensa vida nocturna mientras siguiera ayudando al equipo a meterse en la Champions, como al final se logró. El Faraón dejó en Vigo un sello poco frecuente: el de un juerguista muy profesional. En algunos rincones de la ciudad también se le recuerda por su bendito coche, que aparcaba en cualquier sitio y de cualquier manera. Posiblemente, el Ferrari rojo peor tratado de la historia.

DENIS LAW

El Manchester United lamentó no haber ofrecido la renovación a Denis Law. El delantero escocés, una de las grandes leyendas de su historia, formó parte de la plantilla que ayudó al club a superar el trauma de Múnich; la que ganó la primera liga (1965) tras el acci-

---

7. Antes de que nuestro querido prologuista, Carlos Marañón, nos llame al orden, puntualicemos que Tamudo es el máximo goleador histórico del Espanyol EN LA LIGA. En la suma de todas las competiciones oficiales, ese honor sigue correspondiendo a su padre, Rafa Marañón.

8. Tanto esta cita como la que abre el capítulo corresponden a una entrevista de Tamudo en *Jot Down*, septiembre de 2017.

9. *Soy Zlatan Ibrahimović*, escrito en 2011 por David Lagercrantz y el propio jugador sueco, fue publicado en España por Córner en 2015.

dente aéreo; la que conquistó la primera Copa de Europa en la historia de la entidad (1968); la de la Santísima Trinidad, como se les conocía a él, a George Best y a Bobby Charlton, ganadores todos del Balón de Oro (y Law el primero de ellos, en 1964).

Pero, al comenzar la temporada 1973/74 (justo la primera sin Charlton), el club pensaba que Law ya estaba amortizado tras una década de servicio. Tenía treinta y tres años y lo había hecho todo en el fútbol..., menos jugar un Mundial. Aquel cabo suelto le acabó costando caro al United. El gran rival ciudadano, el Manchester City, ofreció a Law (que ya había jugado allí en sus inicios) un contrato de un año que le permitió alargar su carrera hasta Alemania 74.

La temporada del United fue calamitosa. De haber retenido a Law, es probable que lo

hubiera sido también, pero al menos se habrían evitado el bochorno de la última jornada de Liga. El equipo se jugaba la permanencia y enfrente estaban (cómo no, o esto no tendría gracia) el Manchester City, ya salvado, y Denis Law. En el minuto 85 y de tacón, como queriendo redondear la historia, Law marcó el único gol de la tarde en Old Trafford. Quien pensara que le movía la venganza salió del error de inmediato: no es que Law no lo celebrara, es que la pesadumbre cubría cada facción de su rostro. En realidad, viendo el resto de los resultados, el United no se habría salvado de ninguna manera. Law no estaba obligado a mortificarse, pero la culpa le acompaña desde entonces. Cuando le preguntan cuánto le duró ese sentimiento, él responde: «¿Cuánto hace que se jugó el partido?».[10]

---

10. *Daily Mail*, 26 de abril de 2012.

Tras descender al equipo de su vida, Law fue convocado para Alemania 74. Jugó solo un partido, contra Zaire, y se retiró.

CARLO MAZZONE

Hoy en día, la Lazio cuenta con dos títulos de Liga. El primer *scudetto* sobre la camiseta celeste lo cosieron en 1974 Giorgio Chinaglia y el resto de los delincuentes conocidos como «la Lazio de las pistolas».[11] El segundo generó mucha menos literatura, pero contó con la participación involuntaria de un personaje inimitable.

Es difícil seguir el *calcio* y no amar a *Carletto* Mazzone, un mito de los banquillos desde que comenzó la temporada 1968/69 en el Ascoli como jugador y la terminó como entrenador. Un personaje carismático y entrañable que, pese a su metro noventa, nunca será imagen de Ermenegildo Zegna. Tampoco le ha hecho falta.

Mazzone ha entrenado a tantos equipos en Italia que acabaríamos antes citando a los que no. También a la Roma, durante tres temporadas. El equipo de su ciudad y de su corazón. Por eso no le debió de resultar sencillo entregar la serie A 1999/2000 en bandeja al eterno rival.

La Lazio necesitaba que el equipo de Mazzone, el Perugia, ganase a la Juventus, entrenada por otro célebre «Carletto», Ancelotti. También necesitaba ganar a la Reggina, pero eso desde el principio se vio que no iba a ser problema. En Perugia, con 0-0, la madre de todas las tormentas se desató sobre el estadio Renato Curi; el mítico árbitro Pierluigi Collina (un clon de Derlycia) detuvo el partido durante una hora, lo que arruinó el final simultáneo del campeonato. La Lazio ganó 3-0 y se sentó a esperar al gol de Calori. «El *tiffoso* se queda en el vestuario, incluso cuando entrenaba a la Roma», explicó luego Mazzone en la RAI con su deje del Trastevere. «Ser profesional es justo esto: salir a ganar siempre».

---

11. Muy recomendable el *Informe Robinson* (valga la redundancia) titulado precisamente así: «La Lazio de las pistolas».

23.
LA INCREÍBLE (?)
HISTORIA DE
LA LIBRETA DE
VAN GAAL

«Tú eres muy malo. ¡Tu interpretación siempre negativa,
siempre negativa! ¡Nunca positiva!»

LOUIS VAN GAAL

Una de las tres preguntas que me hacen, invariablemente, sobre *La Libreta de Van Gaal* es si no temo que ser crítico con el periodismo pueda cerrarme puertas en la profesión. Suelo responder que aquellas que se me cierren no tengo interés en abrirlas. Así lo pienso, pero debo añadir que la pregunta parte de una base errónea: en el periodismo, de entrada, las puertas están cerradas. Cada año se licencian en España miles de estudiantes, de los que solo un pequeño porcentaje trabajarán como periodistas. La mayoría acabará en otros sectores, y muchos de ellos jamás tendrán ni siquiera la oportunidad de pisar una redacción. Apenas se publican ofertas de empleo (todo se mueve por contactos) y, cuando eso sucede, se agolpan en ellas miles de inscritos entre los que es imposible sobresalir. ¿Qué sentido tiene el miedo a cerrarse puertas, cuando ya están todas cerradas? Desde su creación, casi por azar, en 2004, lo que ha hecho *La Libreta de Van Gaal* es abrirme puertas. Ha sido la mejor idea de mi vida. Quizá la única buena.

Capítulo escrito por MIGUEL

Suelo contar parte de lo que explico en este capítulo cada vez que doy clase por primera vez a un grupo de alumnos. Les aclaro que no lo hago porque me considere un ejemplo, pero sí creo que mi experiencia les puede abrir la mente. Los periodistas tienen hoy a su disposición herramientas que en mis años de facultad eran ciencia ficción, pero pocos se plantean aprovecharlas. Se han formado en el siglo XXI, pero la mentalidad de la mayoría es tan antigua como la de las generaciones precedentes. Desdeñan escribir un blog, mantener un *podcast* o un canal de YouTube porque no atisban un retorno inmediato. No conciben la necesidad de generar eso que ahora se denomina «marca personal». Su única expectativa es ser contratados por un gran medio de comunicación porque, además, nadie les ha sacado de su inocencia explicándoles conceptos como el IVA trimestral o el régimen especial de trabajadores autónomos.

Ya me diréis adónde iba yo, un recién licenciado como tantos otros, con seis meses de prácticas en una escuela de radio local y otros tantos tirados a la basura en una editorial médica. A la redacción de *El País* no, desde luego. Mientras iba trabajando en lo que salía (reponiendo juguetes en Hipercor por Navidad, ensobrando folletos...), pensé que, si los medios de comunicación no me contrataban, iba a crear mi propio medio de comunicación. Por Internet, naturalmente.

Solo había un pequeño escollo logístico: no tenía ni idea de cómo hacerlo.

Fue a principios de 2002. Mi contacto con la red de redes se limitaba a algunos ordenadores habilitados en la facultad solo para uso académico: teníamos prohibido consultar el correo electrónico y la información debía viajar físicamente con nosotros, grabada en un disquete de 1,44 MB. Leído ahora, más que mi paso por la universidad, parece «Yo fui a EGB».

Descubrí que montar una web exigía disponer de algo llamado «dominio» y de algo llamado «*hosting*». Y que había que pagar por ambas cosas. Además, había que manejar lo que me parecían complejas herramientas tecnológicas, como el FTP. Para el diseño empleé Photoshop (era joven y creía saber utilizarlo) y Front Page de Microsoft. Un cacao espectacular que derivó en un no menos fenomenal desastre.

¿Pensaban que les estaba contando cómo creé *La Libreta de Van Gaal*? No, eso vino bastante más tarde. Escribí dos o tres artículos en aquella web infernal y claudiqué. Pero tuve suerte, porque me llamaron para empezar a trabajar en una revista de viajes. Me olvidé de aquello de la web de deportes... O eso pensaba. Un tiempo después, se produjo la epifanía.

UN INVENTO LLAMADO BLOG

No recuerdo la fecha exacta: finales de 2003 o principios de 2004. En el suplemento «El País de las tentaciones» cantaban las virtudes de algo llamado «bitácoras» o «weblogs». Tan incipiente era todo que aún no habían acortado el nombre a «blogs». Era una herramienta revolucionaria, porque permitía a cualquiera publicar contenido en Internet de forma sencilla y gratuita, como quien le escribe un correo a un amigo. No me lo creía.

Lo primero que hice al llegar a casa fue comprobar que aquello era cierto. Y lo era: tenía ante mí la herramienta que habría necesitado para mi proyecto frustrado apenas unos años antes. Y gratis. Y con tu propio dominio (acabado en blogspot.com, eso sí). Y sin necesidad de contratar eso del *hosting*. Hasta podías elegir entre cuatro o cinco plantillas de colores. No podías publicar fotos, solo texto. Y tampoco vídeos: aún faltaba un año para que se creara YouTube.

En aquel Cretácico de Internet fui haciendo pruebas. Creé un blog de opinión, otro en el que recogía cosas de la prensa deportiva (aún sin el enfoque crítico de *La Libreta*), otro con información sobre el Real Madrid, otro sobre el Barça...[1] Por supuesto, que yo pudiera publicar artículos no significaba que alguien los leyera. Los cuatro autores que habíamos creado blogs sobre fútbol nos leíamos entre nosotros, y nada más. Junto con uno de ellos, David Arranz, seguí experimentando en el verano de 2004, cuando creamos un blog sobre la Eurocopa de Portugal y otro sobre los Juegos Olímpicos de Atenas.

Así que, mientras me ganaba (mal) la vida con las revistas, empecé a desdoblar mi personalidad. El 27 diciembre de 2004, durante las vacaciones de Navidad, creé otro de esos blogs experimentales que no iban a ningún lado, con más papeletas aún si cabe de terminar en la basura: un cuaderno sin mucho criterio en el que ir anotando todo aquello que pudiera resultar de mediano interés: una alineación histórica, una frase brillante, un artículo lamentable... Y al rellenar el campo «Título», sin mucha convicción, pensé en el más famoso de los cuadernos del mundo del fútbol: la libreta de Van Gaal.[2] Es decir, hice todo lo contrario de lo que se supone que se debe hacer: pensar muy bien cómo enfocar el blog, elegir un nombre que se identifique claramente con su tema... Quizá lo mejor es lanzarse a trabajar y

tener luego la flexibilidad necesaria para frenar o girar.

La comunidad lectora de blogs se había multiplicado: si los primeros ensayos los leían tres, ahora debían de leerme... seis o nueve. Empecé a comprobar que los textos sobre periodistas tenían mucha mayor aceptación entre la diminuta audiencia. Lo achaqué a dos motivos: la escasez de información sobre el tema y mis conocimientos sobre él, avalados por más de dos décadas como consumidor de información deportiva y, en menor medida, por mis estudios de periodismo.

Años después, leyendo un libro sobre *marketing*, me di cuenta de que esto es un concepto básico que los gurús ilustran con dos circulitos. Allí donde confluyen lo mejor de ti y el interés del público está tu producto de éxito.

En aquellos primeros años, *La Libreta de Van Gaal* apenas era una colección de extractos de prensa escrita con algún comentario crítico breve. El subtítulo original del blog fue «Apuntes de un enfermo del fútbol», que pronto cambié por «Qué divertido es leer la prensa deportiva». Luego, al extender mi radar a los medios audiovisuales, lo retoqué: «Qué divertido es el periodismo deportivo». Con el tiempo fui acentuando este enfoque irónico y con un punto de

---

1. No os molestéis, hace años que los borré.

2. El porqué del nombre es la segunda pregunta que cae en todas las entrevistas.

estoicismo,[3] en especial tras el auge de las redes sociales, en las que la crítica a los medios de comunicación suele ser más bien amarga y tremendista. Había que huir de la afectación en la que había podido caer alguna vez durante los inicios y tomar la mayor distancia posible.

Mi primer roce con un periodista[4] tuvo lugar en octubre de 2006. Toni Frieros,[5] uno de los redactores más destacados del diario *Sport* (se le recuerda, imagino que muy a su pesar, porque es el periodista al que Figo juró y perjuró que no se iba al Real Madrid, solo unos días antes de hacerlo), me hizo internacional al escribir en una columna: «¡Qué fácil es criticar y despreciar al prójimo desde la cobardía, desde un escondite, sin dar la cara, sin aceptar el derecho a réplica! ¿Verdad?». La acusación era sorprendente. Primero, porque todos los lectores conocían mi doble identidad (pese a firmar los posts como Louis). Y segundo, porque cualquier lector podía ejercer ese derecho a réplica dejando un comentario.

Me enteré entonces de que en el *Sport* me seguían porque la hija de otro periodista del diario dio conmigo al buscar en Google referencias al trabajo de su padre. Yo hasta entonces jamás me había planteado que fueran a leerme en las redacciones. No escribía condicionado. Quizá por eso mis artículos resultaban interesantes.

@LALIBRETA

Resultó que mi blog indexaba en Google, como los medios de verdad. Poco a poco, comenzó a desembarcar gente. De seis o nueve lectores pasé a treinta, sesenta o cien... Cifras ridículas aún, sí. El salto se produjo en 2010, cuando Twitter (fundado cuatro años antes) comenzó a penetrar en España. *La Libreta* (desde entonces @lalibreta, como en la cubierta de este libro) empezó a acumular cientos, miles, decenas de miles de seguidores (A DÍA DE HOY, al escribir esto, son cerca de setenta mil). Entre ellos, decenas de periodistas deportivos. Una redactora de una radio me dijo que abrió su cuenta en esta red social tras oír hablar de un tipo que se pasaba el día allí repartiendo mandobles a la prensa.

Twitter había multiplicado (ahora sí, de verdad) mi audiencia potencial. Mis artículos eran mucho más elaborados que al principio y atraían miles de lectores al día, cada vez más.[6] Me hizo ilusión recibir el Premio Bitácoras 2010 al mejor blog de deportes. La época además coincidió con la llegada de José Mourinho al Real Madrid, su duelo con Pep Guardiola y, lo que es más importante, la etapa de Eduardo Inda como director de *Marca*. Un festín diario.

En esa época colaboré con un programa de corta vida en La Sexta: *Periodistas Fútbol Club*, presentado por Dani Mateo y Ricardo Castella. El director, Ángel Ayllón, descubrió mi blog (gracias de nuevo, Google) y me propuso ser una especie de asesor externo. Mi trabajo consistía

3. Siempre recordaré la respuesta de un compañero de clase, Samuel, cuando un profesor le preguntó quiénes eran los estoicos: «Unos búlgaros». El fútbol no siempre es fuente de conocimiento.

4. La tercera pregunta obligada es: «¿Te ha traído el blog problemas con otros periodistas?». Y como suelo responder: la inmensa mayoría han sido públicos y a la vista de todos, como este caso o el recordado «Ladrillo resentido» con el que se dirigió a mí el entonces director de Radio Marca, Paco García Caridad. Lo más parecido a una condecoración.

5. Reconozco que me pegué una pasadita al calificar a Frieros como «posiblemente, el periodista más pelota del mundo». Igual tenía el hombre algún motivo para enfadarse.

6. A finales de 2011 tuve que tomar una decisión que no me gustó nada: eliminar la sección de comentarios. La conversación se había descontrolado y me resultaba imposible leer cientos de mensajes al día para autorizarlos (o no), así que opté por la solución menos mala posible, para enfado de los asiduos. Espero que me lo hayan perdonado.

en enviarles cada mañana un correo con ideas y temas. Fue una pena que el programa durara solo cinco semanas. Ojalá encuentre otro trabajo así cuando sea mayor.

Las marcas, que acababan de descubrir el potencial de las redes sociales, comenzaron a fijarse en el blog. No duró mucho, pero fue intenso. Una empresa de móviles me llevó al tenis, el no va más del postureo. Una marca de cerveza me invitó a varios partidos de la Champions League: San Siro, Camp Nou y hasta la final de 2011 en Wembley, en la que el Barça barrió al Manchester United. Otra marca de cerveza (esta vez sin alcohol) me envió a Lituania como *blogger* oficial del Eurobasket, que España ganó en la final a Francia. No sé muy bien por qué este idilio con las marcas duró tan poco. Quiero pensar que porque no puse *La Libreta* tan a su disposición como querían, pero seguramente fue porque sus campañas, acostumbradas a emplear canales más potentes, no tuvieron el alcance esperado. No me lo explicaron. Simplemente, dejaron de llamar.

ONDA CERO

En todo caso, *La Libreta* ya era conocida y hacía ruido. En el verano de 2010 me llamó José Antonio Abellán, director de deportes de la Cope, con el que ya había hablado cuatro años antes sobre la posibilidad de dar visibilidad a los deportes de la emisora en forma de blog. Aquello quedó en nada, pero esta segunda vez llegamos a un acuerdo para colaborar en su programa *El tirachinas*, con una sección de lunes a jueves, sobre la una de la madrugada; es decir, en el hueco que había dejado «El radiador», la divertidísima sección del Grupo Risa. Alguien me puso sobre aviso: «Igual ni debutas; se ru-

morea que la Cope va a fichar a Paco González». Y así fue. La Cope despidió a Abellán y yo sufrí los daños colaterales. Visto en perspectiva, creo que es lo mejor que me pudo pasar: en aquel momento, yo no habría podido sacar adelante una sección tan exigente sin haber desatendido otras obligaciones. No recuerdo cuánto iba a cobrar, pero sí que era una cantidad ridícula para el esfuerzo que suponía. Se me da mejor escribir que negociar.

Abellán me volvió a llamar poco antes de empezar la temporada 2011/12, cuando llegó a Punto Radio, pero se le había adelantado Javier Ares. Alexis Martín-Tamayo, *Míster Chip*, le había hablado de mí, y Ares me propuso crear una sección en el programa *Radioestadio*, que dirigía en Onda Cero. Una de esas ofertas que no podrás rechazar.

Aquella sección fue mi principal vía de escape durante los meses siguientes, en los que tuve que poner el blog en barbecho por temas profesionales. Me he saltado esto, pero en 2006 cambié las revistas de viajes por la prensa económica (un año en *La Gaceta de los Negocios*, primero en la sección de empresas y luego en la de edición y cierre) y, al fin, por la prensa deportiva, primero en *ADN.es* y luego en *Sportyou*, el medio nativo digital fundado por Elías Israel. No creo que me hubieran contratado en ninguno de los dos sin ser «el de *La Libreta*».

Cuando retomé el blog un par de años más tarde, las redes sociales, que tanto ayudaron a aumentar mi audiencia, habían fagocitado las webs. Descubrí que la gente era mucho más reacia a pinchar en un enlace (lógico: ya habían descubierto que los periodistas estábamos dispuestos a engañarles por un mísero clic) y los contenidos se consumían en las propias redes, que habían incorporado ya la foto y el vídeo. Además, la oferta de contenidos en Internet no paraba de crecer y costaba lo indecible atraer la atención de los lectores. Los artículos del blog, cada vez más esporádicos, tenían muchas menos lecturas que años antes, cuando @lalibreta tenía menos seguidores. Paradójico, pero real.

En esas estábamos en 2016 cuando decidí abandonar Onda Cero. Subrayo lo de «abandonar» porque, teniendo en cuenta que mi salida se produjo solo unos meses después de la llegada de José Ramón de la Morena (y de Roberto Gómez) a la emisora, casi todo el mundo interpretó que me habían echado. Yo lo habría pensado también, y también me habría equivocado. Cuando llegó a mis oídos que algún responsable de Atresmedia (cuyo nombre ignoro) pensaba que mi sección no estaba en sintonía con los intereses del grupo, tuve claro que la única manera de seguir haciéndola a mi gusto era marcharme. Hacer algo como *La Libreta* condicionado no tiene el menor sentido.

Varias personas me animaron a seguir por mi cuenta, en formato *podcast*. Me pareció una idea descabellada. No era lo mismo prepararse tres o cuatro cortes y comentarlos en mitad de un programa que encargarse de hacerlo todo, sin medios y, sobre todo, sin recompensa.

Aun así, le di vueltas a la idea. Los artículos de siempre ya apenas atraían lectores. Había que experimentar. ¿Por qué no con sonido? Al comenzar en Onda Cero, jamás había utilizado un editor de audio. Durante los primeros meses tenía que enviar enlaces a los redactores del programa para que, por favor, me sacaran los cortes.[7] Para no depender de ellos, poco a poco fui aprendiendo cómo funcionaba Audacity, un programa gratuito y algo rudimentario según me dicen, pero con el que yo me manejo bien. Nunca he hecho un curso de edición de sonido. Todo lo que sé ha sido a base de probar muchas cosas. Os contaré la más rara de todas.

Uno de mis grupos de WhatsApp más activos es el que formamos los antiguos autores del blog *Diarios de Fútbol*.[8] Durante una época nos dio por enviarnos notas de voz mañana, tarde y noche. Varios miembros del grupo no daban abasto a escucharlas todas y se me ocurrió recopilar lo mejor de cada día. Los «resúmenes», como los bautizamos, se convirtieron en algo parecido a la droga: cotizados, adictivos y susceptibles de meternos en problemas legales si alguien los descubría. No dejaban títere con cabeza, perdón por el tópico. Empecé a añadirles música y efectos, y a machacar con frases recurrentes. Fueron el germen de lo que estaba por llegar.

---

7. Miguel Venegas y Héctor Fernández, os ganasteis el cielo.

8. En 2006 fundé *Diarios de Fútbol* junto con amigos con los que ya había coincidido en un proyecto anterior, como Borja Barba, Ramón Flores y Galder Reguera. Luego se nos unieron Sergio Cortina, Antonio Agredano, Enrique Ballester y Pol Gustems.

EL #*NODCAST*

En diciembre de 2016, publiqué en *La Libreta* algo parecido a eso, sustituyendo las frases de mis amigos por las de los tertulianos de radio y televisión. El episodio cero versó sobre el cuarto Balón de Oro ganado por Cristiano Ronaldo, con un montaje muy picadito, efectos de sonido y frases intercaladas. Lo publiqué con bastante pudor: por su sonido casero; por las dudas sobre mi tono de locución; con un par de tímidas ráfagas musicales, no fuera a enfadarse la SGAE...

Desde el primer momento avisé a la audiencia de que aquello no iba a ser un *podcast*. No estaba dispuesto a meterme cada semana esa carga de trabajo entre pecho y espalda. Ni en broma. Lo haría solo cuando me apeteciera contar algo y el audio fuera la mejor fórmula.

Aquel episodio cero de lo que llamé el «No podcast» de *La Libreta* tuvo buena acogida. Yo lo achaqué a la curiosidad del personal y a cierto morbo por si rajaba de Onda Cero. Pero lo cierto es que se escuchó el doble que mis audios en *Radioestadio*. Envalentonado, me planteé otro episodio. Estábamos a finales de año y no me resultaría complicado recopilar los mejores sonidos de todo 2016, como solía hacer en la radio. Algo asumible, pensé. Descubrí que casi todos los audios tenían que ver con Zinedine Zidane, que había ganado su primera Champions como entrenador a los pocos meses de volver al Real Madrid. Así que, siete días después de estrenar el «No podcast», me encontré dando continuidad a algo que yo pretendía que fuera esporádico. Un oyente me sugirió que lo llamara «Nodcast».

A las pocas semanas, Spainmedia Radio, plataforma de *podcast* del grupo Spainmedia (editor de revistas como *Forbes* o *Tapas*), me propuso hacer *La Libreta* para ellos. Me ofrecieron grabar en su estudio, aunque yo preferí seguir haciéndolo en el salón de casa. El sonido es mucho peor, sí, pero grabo cuando puedo o me apetece (un sábado por la noche, un domingo por la mañana...) sin tener que ponerme de acuerdo con nadie. El apoyo de Spainmedia Radio durante las tres primeras temporadas del *#Nodcast*[9] fue fundamental para hacer crecer el proyecto. El acuerdo me obligaba a publicar un episodio cada semana y, además, me compensaba por ello.

Aunque mantuve el nombre, asumí al fin que aquello era, sí, un *podcast*. Comencé a tomármelo más en serio de lo que jamás habría podido pensar. La respuesta de la gente era tan positiva que cada semana me esforzaba un poco más que la anterior. Sin darme cuenta, iba subiendo el listón de la autoexigencia lentamente, a lo Bubka. Fui ganando soltura con el Audacity

---

9. Desde la cuarta temporada, el #Nodcast se puede escuchar en otra plataforma, Cuonda.

e incorporé ya la música sin complejos, cubierto por el paraguas de Spainmedia, tratando siempre de ligar, siquiera de forma tangencial, las canciones y los temas. Además, el *show* iba incorporando su propio metalenguaje gracias al retorno que me daban los oyentes: latiguillos como «Tirad de hemeroteca», «A día de hoy» o «Pedrito en la frontal» llegaron para quedarse.

Desde que existe el *#Nodcast* hay una cuarta pregunta habitual en las entrevistas: «¿Cuánto tardas en hacer cada episodio?». Calculo que son al menos doce horas, a veces quince, la mayoría escuchando programas de radio y televisión para extraer sonidos. Hay un paso previo: escoger tema, aunque normalmente los medios, machacones, lo escogen por mí. Luego viene esa labor de documentación, la más tediosa, y al fin la más divertida: una vez que ten-

go delante todos los cortes, los ordeno por subtemas y pienso cómo los voy a mezclar. Y ahí me río, mucho. Finalmente, la escritura del guion, la locución y el montaje suponen solo un veinte por ciento del tiempo.

Al principio, muchos oyentes se quejaban de que el *#Nodcast* era muy corto. Su cuarto de hora escaso, una vez por semana, no encaja en los esquemas de quien está acostumbrado a consumir programas diarios de una o dos horas. Ya apenas me llega esa queja. No sé si porque se acostumbraron o porque captaron al fin aquello que quiso decir Julio Camba: «Perdóneme que esta crónica haya salido algo extensa, pero la premura de tiempo para mandársela no me ha permitido escribir algo más corto».

Para no enfadar a Camba, remato este capítulo ya, solo unos días después de que *La Libreta* cumpliera quince años. Desde luego, aquel 27 de diciembre de 2004 no podía sospechar que estaba cambiando mi vida. Suena grave, pero no encuentro mejor manera de describirlo. Sin duda, todo habría sido peor sin *La Libreta*. No lo digo por lo profesional (que también), sino por la cantidad de vivencias y de personas a las que me ha acercado. No sé qué soportes y formatos nos deparará el futuro a los comunicadores, y aún menos qué me deparará el destino, pero no me gustaría tener que renunciar a esta parte de mí. Eso sí, espero no tener que hacerme *youtuber*, que ya no tengo edad.

24.
NACIERON EN UNA EUROCOPA

«El fútbol es un milagro que permitió a Europa odiarse sin destruirse.»
PAUL AUSTER

En *Saber y empatar* jamás suscribiremos eso de que el Mundial es una Eurocopa con Brasil y Argentina, pero sí creemos que el torneo del Viejo Continente es la segunda cita más atractiva del calendario de selecciones, incluso tras su última ampliación. De los ocho participantes de Suecia 92 (una cantidad ridícula) hemos pasado a los veinticuatro de Francia 2016 y la Euro 2020, con una primera fase a mayor gloria de la UEFA y sus federados en la que se juegan treinta y seis partidos para eliminar ocho equipos, la mayoría de los cuales venían ya eliminados de casa. El número ideal era dieciséis, pero, como asumimos que el mapa político exige abrir la mano, ofrecemos una idea a la UEFA, y además gratis: cárguense los octavos de final y que solo pasen a cuartos los ocho mejores. Se jugarán ocho partidos menos, sí, pero otros treinta y seis ganarán en emoción. De nada.

Nos gusta la Eurocopa porque confirma que los veranos buenos son los pares (salvo que una pandemia diga lo contrario). Por nuestro ídolo Arconada parándolo todo, hasta «aquella» falta. Por la volea imposible de Van Basten. Por aquella selección danesa. Por el gol de Alfonso a Yugoslavia. Por tantos *highlights* vitales y tantas cosas que aparecieron en nuestras vidas en alguna de sus ediciones.

FOOTBALL'S COMING HOME

Football's coming home

It's coming home

It's coming home

It's coming...

Como tantas canciones, *Three lions* es más nombrada por su estribillo que por su título real. Con motivo de Inglaterra 96, la Football Association inglesa encargó la letra a dos presentadores de la BBC,[1] David Baddiel y Frank Skinner. Ian Broudie compuso la música e interpretó el tema con The Lightning Seeds, su banda de Liverpool.

El mensaje de *Three lions* combate el fatalismo incubado durante décadas por los aficionados ingleses a golpe de decepciones. Apela al orgullo con esos tres leones del escudo y guiños constantes a la victoria en el Mundial 66, que también organizaron ellos. «Treinta años de dolor no me han hecho dejar de soñar», cantaba Broudie, con menciones a Bobby Moore, Bobby Charlton y Nobby Stiles:[2] «Sé que eso ya pasó..., pero podría volver a pasar».

El tema se ha convertido en himno y hasta disfrutó de un *revival* durante el Mundial de Rusia 2018, cuando Inglaterra volvió al fin a pisar unas semifinales. El tiempo ha demostrado que Baddiel y Skinner pecaron de optimistas, aunque eso no les ha impedido grabar nuevas versiones. Además, el día que Inglaterra vuelva a ganar algo, cantarlo ya no será lo mismo.

---

1. ¿A qué dos periodistas del capítulo 2 de este libro habría elegido usted, querido lector?

2. Junto a esos tres campeones del 66, la letra menciona también a Gary Lineker para dar cabida a algún hito más reciente del equipo, como el cuarto puesto de Italia 90.

EL GOL DE ORO

En Inglaterra 96 asistimos por primera vez a una experiencia mística: el gol de oro, denominación oficial del «el que marque gana» de toda la vida. Oliver Bierhoff, que prestaba sus servicios de típico-tanque-alemán en el modesto Udinese, fue el primer futbolista en experimentar ese particular éxtasis. La canasta sobre la bocina trasplantada al fútbol, pero sin saber que va a sonar la bocina.

A la FIFA no le acabó de gustar y a nosotros tampoco, no solo porque ya de entrada animaba a los equipos a taparse un poco más, sino porque nos privaba de ver al equipo que lo encajaba tratando de ir a por todas durante algunos minutos más. El gol de oro nos habría impedido disfrutar de la prórroga del Alemania-Francia en las semifinales España 82, por ejemplo. Y el finalista habría sido Francia.

El invento duró seis años y en la Eurocopa de Portugal 2004 fue sustituido por el gol de plata: si alguien iba ganando al descanso de la prórroga, no era necesario jugar el segundo tiempo. *Meh*. Tampoco cuajó. En Alemania 2006 se restauró la tradición: prórroga y penaltis. «Ojalá vuelva el gol de oro», dijo nadie nunca.

JUGADOR	EQUIPO	RIVAL	TORNEO	FASE
GOLES DE ORO EN EUROCOPAS				
BIERHOFF	ALEMANIA	R. CHECA	INGLATERRA 96	FINAL
ZIDANE	FRANCIA	PORTUGAL	BÉLGICA Y PAÍSES BAJOS 2000	SEMIFINALES
TREZEGUET	FRANCIA	ITALIA	BÉLGICA Y PAÍSES BAJOS 2000	FINAL
GOLES DE PLATA EN EUROCOPAS				
DELLAS	GRECIA	R. CHECA	PORTUGAL 2004	SEMIFINALES
GOLES DE ORO EN MUNDIALES				
BLANC	FRANCIA	PARAGUAY	FRANCIA 1998	OCTAVOS
CAMARA	SENEGAL	SUECIA	COREA Y JAPÓN 2002	OCTAVOS
AHN JUNG-HWAN	COREA DEL SUR	ITALIA	COREA Y JAPÓN 2002	OCTAVOS
ILHAN MANSIZ	TURQUÍA	SENEGAL	COREA Y JAPÓN 2002	CUARTOS

LOS VÍDEOS *FAKE*

Solemos resumir los éxitos del fútbol español en «las dos Eurocopas y el Mundial», aquel vergel tras tantas dunas entre 2008 y 2012. A menudo se olvida el primer título europeo de la selección, tan remoto como el año 1964. España organizó la segunda edición del torneo y jugó la final contra el campeón de la primera: la Unión Soviética de Lev Yashin, la Araña (Negra, en su caso) más famosa del mundo hasta que Stan Lee y Steve Ditko crearon a Spider-Man.

La propaganda franquista exprimió todo lo que pudo y más aquella victoria (2-1) ante los odiados comunistas. El NO-DO tuvo que salvar un pequeño escollo: no disponían de la jugada decisiva, la del gol de Marcelino. Las limitaciones técnicas de la época impedían tomar imágenes de un partido completo. El cámara dependía de su intuición: tenía que estar atento para filmar cuando creyera que podía pasar algo. Y no siempre acertaba. El de aquella final en el Bernabéu pilló el remate de Marcelino por los pelos y se comió el centro. Nada que no se pudiera remediar en la sala de montaje, donde tantos engaños para el ojo ha maquinado el cine y lo que no es el cine. El montador de aquel NO-DO, Antonio García Valcárcel, confesó[3] casi medio siglo después que, en lugar del centro de Chus Pereda, utilizó uno de Amancio en otra jugada por la misma banda. Es divertido repasar el vídeo a cámara lenta: Amancio centra casi desde el banderín de córner, sin aparente peligro. La imagen funde brevemente a negro y, al volver, el área soviética se ha poblado de jugadores y el balón está ya casi en la cabeza de Marcelino, que sorprende a Yas-

hin. A Pereda, que justo antes del centro había hecho un regate de cola de vaca, el truquito nunca le hizo mucha gracia.

LA ESPAÑA DEL *TIKI TAKA*

Luis Aragonés nunca se había distinguido por ser un lírico precisamente, así que debió de asumir uno de esos mantras de los libros de autoayuda: si la vida te da limones, haz limonada. Sus cítricos se llamaban Iniesta, Xavi, Silva, Cesc o Xabi Alonso. Centrocampistas capaces de amasar el balón cuanto hiciera falta como punto de partida. Luego, claro, hay que saber defenderse sin balón y recordar que los partidos se ganan con goles y no con porcentajes de posesión. Aquella selección completó con éxito todas las tareas, acabó con todas las dudas (que si «toro o torero») y hasta con algunas certezas («la furia»).

3. Televisión Española, 27 de febrero de 2008.

De aquella Eurocopa 2008 recordamos los dos bailes a Rusia, a Marcos Senna corriendo, el gol de Villa a Suecia que nos permitió vivir una clasificación tranquila por una vez en la vida, los penaltis ante Italia, a Marcos Senna que seguía corriendo y, por supuesto, el gol de Fernando Torres. La explosión del *tiki taka* que durante los cuatro años siguientes gobernó el mundo.

Sin embargo, hay quien sitúa el origen de todo varios meses antes, en un partido de clasificación olvidado (de esos que dan pereza) en Aarhus (Dinamarca). La cosa estaba tensa, porque España había empezado la fase de clasificación dando el cante en Irlanda del Norte y Suecia, y Luis Aragonés se había cargado a Raúl, el emblema de la selección durante la última década y el que más grados inclinaba la cabeza hacia el cielo cuando sonaba el himno. Aquella victoria (1-3) en Dinamarca no solo tranquilizó las cosas, sino que dejó un gol para enmarcar de Sergio Ramos tras una gran jugada coral. El *tiki taka* era eso. Aquel día, Aragonés juntó a Xavi, Iniesta, Cesc y Joaquín, con Albelda de guardaespaldas. Este, uno de los fijos en el equipo, cayó en desgracia poco después para su entrenador en el Valencia, Ronald Koeman, y se perdió la Eurocopa. Hay quien opina que España está en deuda con Koeman. En *Saber y empatar* no sabemos qué hubiera pasado. Solo sabemos que, a estas horas, Marcos Senna sigue corriendo.

BERND SCHUSTER

Schuster, la joven promesa. Una estrella *mainstream* nacida en una Eurocopa, la de Italia 80, con apenas veinte años. Un nibelungo desconocido de melena rubia al viento se adueña-ba, él solito, del centro del campo. El fútbol total comprimido en un jugador.

Schuster, el *trendsetter*. En los ochenta, todo niño rubio con pelo lacio recibía un corte a tazón en su peluquero de confianza (o a tijeras de su madre, en el peor de los casos) y era denominado «Chúster» por sus compañeros de partidillos en el patio. En todos los colegios había uno.

Schuster, todo un carácter. En la final de la Copa de Europa 1985/86 contra el Steaua de Bucarest, de triste recuerdo barcelonista, Terry Venables le cambió en el minuto 81. «Yo era el principal lanzador de penaltis e íbamos a la prórroga. Salí y lo vi claro desde el primer momento, voy al vestuario solo, me abren y me dejan ahí. [...] Dándole vueltas pensé: "Ya sé lo que pasa. Este cabrón quiere ganar sin mí, para decir luego que el alemán no hace falta. Se la ha jugado el cabrón. Por el ego suyo de querer echarme se la ha jugado". [...] Cuando vi que se la estaba jugando me vestí y dije: "Me voy. A tomar por culo". Me duché, me fui, cogí un taxi y el taxista: "Pero, Bernardo, ¿qué haces aquí? Si estabas jugando". Yo le dije: "Tú méteme en el hotel". Escuché el partido en la radio y vi los penaltis en el hotel.»[4]

Schuster, la estrella del fútbol de clubes. Rechazó ir a una convocatoria de la selección alemana para un amistoso contra Albania porque estaba a punto de nacer su tercer hijo. Nunca volvió.

Schuster, el entrenador temible. Cuando dirigía al Real Madrid, no le gustó mucho un arbitraje de Álvarez Izquierdo: «¿De dónde es el árbitro? ¿Catalán? Gracias. No hace falta decir nada más. Para mí con eso basta».

---

4. Revista *Líbero*, verano de 2013.

Ustedes, *influenciadores milenials,* quizá le reconozcan como ese Bernardo que habla con acento raro en el sanedrín de De la Morena. No saben lo que se han perdido.

EL PENALTI A LO PANENKA

El ingenio y la valentía a veces tienen premio. Antonín Panenka recogió el suyo en Belgrado una noche del verano de 1976 y convirtió a Checoslovaquia en campeona de Europa al derrotar por penaltis a Alemania, la campeona del mundo. En aquella tanda, Panenka sorprendió al mundo con su lanzamiento kamikaze y revolucionario. «No se trata simplemente de mandar el balón al centro de la portería, sino de convencer al portero de que la vas a poner en un lado, con gestos, con miradas, y luego sorprenderle», explica.[5] Aunque causó un gran impacto, pocos se atrevieron a imitarlo en los años posteriores. Curiosamente, los *panenkas* no se han popularizado hasta la última década.

Panenka confiesa que dio con la fórmula gracias a sus piques con el portero Zdenek Hruska, con el que se quedaba a ensayar penaltis tras los entrenamientos y se apostaba una chocolatina o una cerveza. Una historia preciosa, pero que no cuadra mucho, ya que Hruska no llegó a su equipo (el Bohemians) ni a la selección hasta después de la Eurocopa 76. En cualquier caso, asegura que llevaba cerca de dos años lanzando así algunos penaltis, primero en amistosos y luego en partidos de Liga. En su selección todos sabían que, llegado el momento, lo iba a tirar así. Algunos compañeros trataron de hacerle entrar en razón, pero él estaba «seguro al mil por cien» de que no iba a fallar: «En ese caso, me habría metido a tornero, que es mi profesión de formación».

Dos meses antes de la Eurocopa, ya había imaginado que ganaban la final con su penalti, aunque en su predicción la víctima era el holandés Piet Schrijvers, y no Sepp Maier. El orgulloso portero alemán, que un mes antes había ganado con el Bayern la tercera Copa de Europa seguida, siempre lo llevó muy mal. La prensa entendió el penalti de Panenka como una humillación. Él lo niega: «Simplemente, fue el camino más corto que se me ocurrió para llegar al gol». Quien seguro que lo agradeció fue otro histórico del Bayern, Uli Hoeness, cuyo fallo en el penalti anterior quedó eclipsado. El fútbol ganó una nueva forma de tirar penaltis y Praga perdió un tornero.

ALEMANIA EN LAS TANDAS DE PENALTIS, ANTES Y DESPUÉS DE PANENKA			
RIVAL	TORNEO	FASE	RESULTADO
SUIZA	FRANCIA 38	OCTAVOS	KO
CHECOSLOVAQUIA	YUGOSLAVIA 76	FINAL	KO
FRANCIA	ESPAÑA 82	SEMIFINALES	OK
MÉXICO	MÉXICO 86	OCTAVOS	OK
INGLATERRA	ITALIA 90	SEMIFINALES	OK
INGLATERRA	INGLATERRA 96	SEMIFINALES	OK
ARGENTINA	ALEMANIA 2006	CUARTOS	OK
ITALIA	FRANCIA 2016	CUARTOS	OK

... Y LOS «PANENKITAS»

Para ser estrictos, los «panenkitas» no nacieron en una Eurocopa, pero cuelgan del árbol genealógico de Panenka desde aquella noche de Belgrado. El concepto quizá resulte desconocido para muchos lectores, así que vamos a tratar de exponerlo por boca de quien lo acuñó, el periodista Roberto Gómez, que en su día lo definió así en el programa *Estudio estadio*: «El

---

5. Declaraciones a *Panenka,* qué mejor revista para hacerlas, número 0 (2011).

panenkismo es una filosofía de juego que critica constantemente otros sistemas que son tan lícitos como el suyo. Todos los que critican a Bordalás, Caparrós, Mendilibar, Capello, Simeone... son panenkitas».[6] Gómez, hombre de costumbres arraigadas, en realidad da al término un uso mucho más amplio. Y ojo, porque, aunque su intención sea despreciarlos, puede que (sin darse cuenta) haya tocado una tecla interesante.

«Panenkita es la gente joven que ha incluido un lenguaje con el punto ciego, la presión alta, laterales largos, el relato del partido, filtrar pases... Yo me parto, me descojono», contaba Gómez.[7] En *Saber y empatar* entendemos también por «panenkitas» a aquellos veinteañeros que glorifican el fútbol antiguo por mera contraposición al moderno, que es el único que han vivido y que les ha hecho aficionarse. Tan mal no estará.

Son «panenkitas» aquellos comunicadores que pretenden introducir con calzador nuevas palabras en el lenguaje deportivo, generalmente voces sudamericanas a capón: la jornada 12 ahora es «la fecha 12»; dar un taconazo es «pasarla de taco» (o peor aún, «de taquito»); los equipos ya no ganan tres puntos, sino que «suman de a tres»... El manual «panenkita» recomienda también diferenciarse mediante verbos alternativos: «dibujar» un pase, «filtrar» un pase, «inventar» un pase... No se trata de usarlos de vez en cuando, sino por sistema.

El postureo es clave. Son «panenkitas» quienes prefieren ver (o al menos eso dicen) un *playoff* de ascenso a Segunda B que una final de la Champions. Los de la «fase ofensiva», el «jugador diferencial» y, aún peor, el «contextual». Los que pronuncian el once de la selección alemana con acento de Baden-Wurtemberg. Los que presumen de *merchandising* del St. Pauli y de fotos en el Emirates (mejor aún, en Craven Cottage). Los que llaman Porto al Oporto, Napoli al Nápoles y «Cheska» al «Ceseká» de toda la vida.

Si presenta usted alguno de estos síntomas, puede considerarse al menos un poco «panenkita». ¿Y eso es grave, doctor? No necesariamente, salvo que pretenda usted hacerse amigo de Roberto Gómez.

---

6. En el origen del nombre de Gómez está la muy recomendable revista *Panenka*, que hemos citado en este mismo capítulo y en la que uno de nosotros (Miguel) publicó en su día un reportaje. Pero el concepto de «panenkitas», como se verá, va mucho más allá de quienes la editan o la leen, como explica el propio Gómez: «La gente piensa que lo digo de forma peyorativa contra la revista *Panenka*, pero no, soy lector y me extraña que no me hayan hecho una entrevista con este tema».

7. Entrevista en *Marca*, 26 de diciembre de 2019.

25.
ONCE
ONCES

«Implantaré el método Berlusconi: el presidente decidirá la alineación.»
JESÚS GIL Y GIL

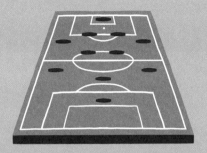

L'équipe type de *France Football*. El once ideal del Comunio. La selección para la Eurocopa. El once de gala del Wolverhampton. El *Team of the Season* del FIFA. El equipo tipo de la jornada 17. *The Professional Footballer's Association Team of The Year*. El equipo de la semana de Radio Las Águilas. El FIFA FIFPro World 11. El once más destacado de la liga de Majadahonda. Los mejores jugadores del centenario del Atleti. El equipo ideal de la Champions League. La selección de Castilla-La Mancha. Al final juegan los mismos once cabrones.

Cada aficionado tiene su once ideal. Estos son algunos de los nuestros.

CALATRAVA JUNIORS

GARCÍA ALL STARS

U.D. SUPERGARCÍA

DRINKING TOWN

COMO UNA OLA C.F.

C.D. PIZO Y DIEZ MÁS

TETES COUNTY

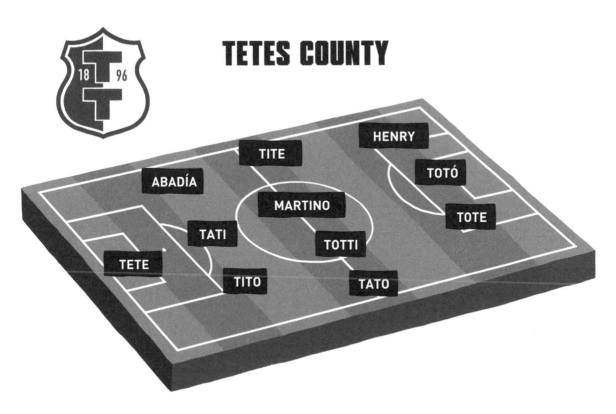

NAMING OLD BOYS

SIEMPRE EN MI EQUIPO

ATLÉTICO MINGAFRÍA

DEPORTIVO PARECÍA

26.
UNA Y NO MÁS

«Hacer la lista es ser injusto. Es una parte ingrata de mi trabajo,
y la única receta para hacerlo es una: la honestidad.»

JULEN LOPETEGUI, seleccionador nacional y miembro del club «Una y no más».

Imaginen que asisten a una boda y que, tras la ceremonia y los correspondientes dieciséis platos del menú encabezados por unos entremeses variados y finalizados por su tarta nupcial, tejas y cafés y licores al gusto, ya se han quedado sin temas sobre los que departir con sus compañeros de mesa. Lógico. La enrevesada situación política, el apremiante cambio climático y lo gordo que se ha puesto el marido de Maite dan para lo que dan.

Es aquí, precisamente aquí, donde *Saber y empatar* cobra todo su valor. De repente, en medio de ese silencio incómodo, abre usted el libro, hojea este capítulo y propone: «Oye, ¿qué jugadores han sido internacionales con España una sola vez?». Ya tienen ustedes tema de conversación hasta el infinito y más allá: que si el *Pipiolo* Losada, que si Megido (que además marcó), que si Bojan...

Los ochenta son una década maravillosa por multitud de cosas interesantes: los relojes calculadora Casio, *Canción Triste de Hill Street*, Rick Astley, el Kick Off, el teletexto, Naranjito, el Betamax, David Hasselhoff... Es un no parar. Sin embargo, para los autores de este vademécum lo más bonito de los ochenta es que comenzamos a ver fútbol. Por eso nos permitirán que solo hablemos de los «Una y no más» a los que vimos jugar.

(Entre paréntesis, el club al que pertenecían y el año de SU partido)

LANDÁBURU (Barcelona, 1980): Valladolid, Rayo Vallecano, Atlético de Madrid y Barcelona disfrutaron del pase largo de este centrocampista distribuidor de contragolpes que debutó en un amistoso contra Holanda (1-0).

DIEGO (Real Sociedad, 1980): el centrocampista menos conocido de la Real Sociedad bicampeona de Liga (Diego, Alonso, Zamora) sustituyó a Saura en el descanso de un amistoso contra Inglaterra en el Camp Nou (0-2).

GUISASOLA (Athletic, 1980): acreditado central «pregabarra», jugó como mediocentro en el mismo amistoso que Diego.

RUBIO (Atlético de Madrid, 1981): escurridizo y, en ocasiones, piscinero extremo izquierdo de los de guante en la zurda. Criado en la cantera del Atleti, debutó en su Vicente Calderón en un amistoso contra Francia (1-1).

JIMÉNEZ (Sporting, 1981): la pareja de Maceda en uno de los mejores Sporting de todos los tiempos solo disfrutó de una oportunidad en la selección en un amistoso contra Polonia celebrado en Lodz (2-3).

ESTELLA (Barcelona, 1982): el mediocentro de la cantera azulgrana fue titular en un amistoso de preparación para el Mundial 82 contra Gales (1-1).

NIMO (Sevilla, 1983): este defensa jugó 183 partidos con el Sevilla antes de finalizar su carrera en el... Betis, en el que permaneció una temporada sin llegar a debutar por culpa de las lesiones. Su única internacionalidad, un amistoso en el Parque de los Príncipes contra Francia (1-1), anticipo de la final de la Eurocopa 84.

MARINA (Atlético de Madrid, 1985): solo ocho minutos con la selección, una verdadera lástima para este centrocampista de calidad, llegador y de dimensiones muy reducidas. Un amistoso contra Eire en Cork (0-0).

LICERANZU (Athletic, 1985): «Rocky», el inseparable compañero de Goikoetxea en el Athletic campeón de Liga y Copa, jugó con su pareja de siempre en su único encuentro internacional. La cosa fue regular, porque perdimos 3-0 contra Gales en partido de clasificación para el Mundial 86. Goles de Rush y Hughes, dos miuras.

LLORENTE (Real Madrid, 1987): apodado «el Lechuga» por sus compañeros debido a sus macrobióticas rutinas alimenticias que parece haber transmitido a su vástago Marcos, el rapidísimo extremo fue el primer jugador en aplicar el decreto 1006 (la cláusula de rescisión) para pasar del Atlético al Real. Tuvo cuarenta y cinco minutos con la selección de Miguel Muñoz (y marcó) en la fase de clasificación para la Eurocopa 88 contra la Albania de Minga (sin Kola, en esta ocasión. 5-0).

LUIS GARCÍA (Mallorca, 1988):[1] central en sus inicios, llegó a la selección como mediocentro en un amistoso contra la RDA en el Luis Casanova (Mestalla, vamos. 0-0).

DIEGO (Betis, 1988): correoso defensa de melena al viento, el marido de la cantante Lucía tuvo su debut y despedida en un amistoso contra Checoslovaquia en La Rosaleda (1-2).

LARRAÑAGA (Real Sociedad, 1988): hacendoso mediocentro y/o central que corrió la misma suerte que Diego (pero sin Lucía y sin melena).

SOLANA (Real Madrid, 1988): comodín defensivo formado en el Real Madrid que hizo carrera en el Zaragoza. Se le recuerda por ser el protagonista de la famosa jugada «Joder, Rafa» en la que Rafa Guerrero, árbitro asistente, se chiva a Mejuto González de que Aguado, del Zaragoza, ha agredido a Fernando Couto, del Barcelona y tiene que pitar penalti y expulsión. El que le da la colle-

---

1. Véase capítulo «Guía de desambiguación».

ja a Couto, en realidad, es Solana. Seis minutitos, seis, en la clasificación para el Mundial 90 en el Benito Villamarín contra Eire (2-0).

MINGUELA (Valladolid, 1989): centrocampista *one club man,* Minguela reclama dos internacionalidades,[2] pero la RFEF solo le reconoce una. El DIJMA (Departamento de Investigación Juan María Alfaro) de *Saber y empatar* ha indagado a fondo y solo ha encontrado treinta y dos minutos con la selección en un amistoso contra la Polonia de los míticos osasunistas Kosecki y Ziober en Riazor (1-0).

OCHOTORENA (Valencia, 1989): el preparador de porteros que nos llevó a la gloria mundial también fue un destacado cancerbero de la cantera del Real Madrid, que alcanzó con el Valencia sus mayores éxitos. Debutó con Minguela.

VALVERDE (Athletic, 1990): el *Txingurri* tiene una puerta a su nombre en el estadio del Espanyol y varios títulos como entrenador con el Barcelona, pero, además, fue un habilidoso extremo que llegó a la internacionalidad en el partido de clasificación para la Eurocopa 92 celebrado en el Benito Villamarín contra Islandia (2-1).

BERTO (Oviedo, 1991): el *Motorín,* toda una vida corriendo por el Oviedo, debutó en casita, como tiene que ser. Amistoso contra Uruguay (2-1).

JUAN CARLOS (Atlético de Madrid, 1991): el rápido lateral izquierdo titular del Barcelona en la final de Wembley fue internacional mientras jugaba en el Atlético, en un amistoso celebrado en el Príncipe Felipe de Cáceres contra la Rumanía de Hagi (0-2).

CONTE (Sevilla, 1991): extremo o interior derecho de mucha clase, pasó por la cantera del Betis para debutar en Primera con el Sevilla. Participó en la fase de clasificación para la Eurocopa 92 contra Checoslovaquia en el Sánchez Pizjuán (2-1).

IMAZ (Real Sociedad, 1993): mediocampista para el complicado combo Real Sociedad-Athletic, fue titular en su único encuentro: un amistoso en el Insular contra México (1-1).

LARRAINZAR (Athletic, 1994): Larrainzar II, lateral derecho histórico de Osasuna, Athletic y Córdoba, participó en el *reality* (dato muy de *Saber y empatar*) de la ETB *El conquistador del Aconcagua*, en el que fue nominado a petición propia en la tercera etapa y cayó eliminado. Jugó con la selección un amistoso en Balaídos contra Portugal (2-2).

LOPETEGUI (Logroñés, 1994): antes de *liarla parda* con su fichaje *florentinista* en la previa del Mundial 2018, el espectacular (aunque no tan efectivo) portero pudo contribuir a la causa deportiva de la RFEF con un partido amistoso en el Luis Casanova contra la Croacia de Jarni, Prosinecki y Suker (0-2).

PIER (Sporting, 1994): Pier Luigi Cherubino, delantero centro de los de antes, fue convocado en la única temporada que jugó en Gijón, aunque la mayor parte de su carrera la pasó marcando goles en Tenerife. Un partido de clasificación para la Eurocopa 96 en Skopie contra Macedonia (0-2).

CHANO (Tenerife, 1994): el caso más triste de todos. Unos minutos antes de comenzar el encuentro, Javier Clemente le comunicó la fatal noticia de la muerte de su padre. Chano decidió jugar y lloró mientras sonaban los himnos. El resultado es lo de menos: 1-1 contra Polonia en su Heliodoro Rodríguez López.

LOSADA (Celta, 1995): el *Pipiolo,* como le bautizó Clemente, ya ha cumplido cincuenta y dos años, pero, en la mente de los que le vimos jugar, continúa siendo la eterna promesa del fútbol español. Pasó a la historia maldita del *espanyolismo* por su

---

2. «A raíz de jugar la final de la Copa del Rey, justo terminó, y al empezar la temporada, Luis Suárez me llamó. Jugué dos partidos. Uno, amistoso en Vigo, y el segundo, oficial, en La Coruña.» *As,* entrevista con Ignacio Bailador, 30 de junio de 2019. El de Vigo no aparece por ningún lado y el de La Coruña fue un amistoso.

fallo decisivo en la tanda de penaltis de la final de la Copa de la UEFA 87/88, pero casi nadie recuerda que en el partido de ida anotó dos goles. Una única internacionalidad, de la mano de Javi, en un amistoso contra Uruguay en Riazor (2-2), antes de retirarse prematuramente a los veintisiete años para dedicarse a la abogacía.

KARANKA (Athletic, 1995): quizá más conocido para los milenials por su etapa *mourinhista* como segundo entrenador, el central zurdo contó con una oportunidad en la selección de la mano de Clemente, el mayor *central lover* de la historia, que alineó cuatro de inicio el día que debutó Aitor. Contra el siempre complicado combinado armenio, en un partido de clasificación para la Eurocopa 96 celebrado en el estadio Hrazvan de Yereván (0-2).

EZQUERRO (Athletic, 1998): delantero de la cantera osasunista, sus únicos treinta minutos con la selección se produjeron en el partido que supuso el cese de Javier Clemente. Contra Chipre, claro. En Larnaca, clasificación para la Eurocopa 2000 (3-2).

ITO (Betis, 1998): el mediocentro de la casa que fue pieza clave en el ascenso meteórico del Extremadura a Primera División salió sustituyendo a Raúl en el minuto 87 de un amistoso contra Rusia (con Karpin, Mostovói, Onopko y Cherishev padre, ojo) en Los Cármenes (1-0).

MARCOS VALES (Zaragoza, 1998): «Nunca entendí a los técnicos ni lo que pasaba por sus cabezas».[3] Pues tienes toda la razón, Marcos, es muy complicado de entender que en tu único partido con la selección te sacaran en el minuto 90 contra Israel (1-2). Internacional un minuto, pero internacional.

JUAN SÁNCHEZ (Celta, 1998): el Romario de Aldaya, delantero oportunista, de esos que son un incordio para los defensas, solo disfrutó de catorce minutos con la selección en un amistoso en Salerno contra Italia (2-2). Y, además, le marcó Moreno Torricelli.

JUANMI (Zaragoza, 2000): solo nueve minutos, pero, eso sí, en su Cartagena natal. Portero de la cantera madridista, alcanzó su mejor nivel en Zaragoza y jugó en un amistoso contra Polonia (3-0).

LUIS CEMBRANOS (Rayo Vallecano, 2000): solo dos jugadores han conseguido ser internacionales vistiendo la camiseta del Rayo: Guzmán y él. Ni siquiera Potele ni Felines. Dieciséis minutos en el mismo amistoso que Juanmi.

VÍCTOR (Valladolid, 2000): delantero goleador de Valladolid y Villarreal, de esos que están siempre en el lugar apropiado en el momento justo, Víctor consiguió debutar en un amistoso en el estadio del Hajduk Split contra Croacia (0-0).

CÉSAR (Real Madrid, 2000): un partido, cuatro goles encajados. Malas estadísticas para el cancerbero titular en la final de la Champions que trajo al mundo la celebérrima volea de Zidane. Se retiró jugando en Primera División con el Villarreal con cuarenta años. Amistoso en Hannover contra Alemania (4-1).

UNAI (Villarreal, 2001): el primer internacional español en la historia del Villarreal participó en un amistoso en el Villa Park contra Inglaterra (3-0). Central contundente con mala suerte con las lesiones.

TIKO (Athletic, 2002): célebre por sus *tikotazos*, disparos *a trallón* en el borde del área, el centrocampista de Osasuna y Athletic probó las mieles internacionales en un amistoso en el mítico De Kuip[4] contra la Holanda de Overmars, Kluivert y Hasselbaink (1-0).

CONTRERAS (Málaga, 2002): sustituto de Cañizares en la lista para el Mundial 2002 tras el famo-

---

3. *El Periódico de Aragón*, 14 de abril de 2014.

4. *El Periódico de Aragón*, 14 de abril de 2014.

so incidente del bote de colonia que le rompió un tendón al ahora comentarista mediático, el felino guardavallas tuvo que esperar a octubre de ese mismo año para debutar en un amistoso en Logroño contra Paraguay en el que no se pudo cantar «¡Gol en Las Gaunas!» (0-0).

ARANZUBIA (Athletic, 2004): el portero titular de la selección que conquistó el Mundial sub-20 en Nigeria 1999 (por delante de Casillas) marcó el primer gol de cabeza de un guardameta en la Liga española. Fue internacional en un sainete amistoso en Getafe contra Andorra (4-0) en el que Iñaki Sáez alineó a tres porteros, cada uno treinta minutos: Casillas, Cañizares y el propio Aranzubia.

LÓPEZ REKARTE (Real Sociedad, 2004): solo cincuenta y nueve minutos con la selección por culpa de Iberdrola, Endesa o la compañía que estuviera encargada de suministrar energía eléctrica al Ciutat de València. Apagón simultáneo de las luces del estadio y de la carrera internacional del correoso lateral *hermanísimo*. 1-1 contra Escocia.

GUAYRE (Villarreal, 2005): según la siempre socorrida Wikipedia, Guayre era «el nombre con el que los aborígenes de la isla de Gran Canaria denominaban a una especie de capitán o jefe tribal de su sociedad antes de la conquista europea». Este extremo o mediapunta, ejemplo del talento canario, destacó en el Villarreal hasta ser llamado por Luis Aragonés para un partido de la fase de clasificación del Mundial 2006 celebrado en Almería contra San Marino (5-0).

PUERTA (Sevilla, 2006): la historia de Antonio Puerta es demasiado triste como para condensarla aquí en un par de líneas. Debutó con la selección en un partido de clasificación para la Eurocopa 2008 en Solna, Suecia (2-0), y murió el verano siguiente a los veintidós años. Descanse en paz.

ARIZMENDI (Deportivo, 2007): si la vida deportiva te conduce hacia una sola internacionalidad, por lo menos que sea ganando a Inglaterra (0-1) en Old Trafford. Arizmendi, trotamundos del fútbol, cargó con el sambenito de «intelectual» en su carrera. Nada más peligroso para la integridad del deporte rey que alguien que piense.

MANU DEL MORAL (Getafe, 2011): el delantero debutó sustituyendo a Villa en un amistoso celebrado en Puerto La Cruz, Venezuela, ante la selección local (0-3).

MICHU (Swansea, 2013): retirado prematuramente por culpa de una lesión de tobillo muy complicada, el centrocampista *box-to-box* ovetense contribuyó a la clasificación de España para el Mundial 2014 en un partido contra Bielorrusia en el Iberostar Estadi de Palma de Mallorca (2-1).

A VER SI SE LES VA A PASAR EL ARROZ, AUNQUE AÚN ESTÁN A TIEMPO.

JUGADOR	CLUB	AÑO
BOJAN	Barcelona	2008
DIEGO LÓPEZ	Villarreal	2009
BORJA VALERO	Villarreal	2011
SUSAETA	Athletic	2012
TELLO	Barcelona	2013
CASILLA	Espanyol	2014
MUNIR	Barcelona	2014
CAMACHO	Málaga	2014
ETXEITA	Athletic	2014
ALEIX VIDAL	Sevilla	2015
JUANMI	Málaga	2015
ASENJO	Villarreal	2016
DENIS SUÁREZ	Villarreal	2016
SERGIO RICO	Sevilla	2016
IÑAKI WILLIAMS	Athletic	2016
JONATHAN VIERA	Las Palmas	2017
LUIS ALBERTO	Lazio	2017
BRAIS MÉNDEZ	Celta	2018
MATA	Getafe	2019
DANI OLMO	Dinamo Zagreb	2019
UNAI NÚÑEZ	Athletic	2019

OTROS HÉROES POR UN DÍA.

JUGADOR	CLUB	AÑO
SILVERIO	Real Sociedad	1920
VÁZQUEZ	Racing de Ferrol	1920
ARBIDE	Real Sociedad	1921
BALBINO	Fortuna de Vigo	1921
FAJARDO	Athletic	1921
MONTESINOS	Espanyol	1922
TRAVIESO	Athletic	1922
DEL CAMPO	Real Madrid	1923
SPENCER	Sevilla	1923
JUANTEGUI	Real Sociedad	1924
ROUSSE	Athletic	1924
LACA	Athletic	1924
LARRAZA	Athletic	1924
SAGI-BARBA	Barcelona	1926
ARRILLAGA	Real Sociedad	1927
FÉLIX PÉREZ	Real Madrid	1927
ALFONSO OLASO	Atlético de Madrid	1927
GALATAS	Real Sociedad	1927
VALDERRAMA	Racing de Madrid	1927
VÁZQUEZ	Deportivo	1927
ADOLFO	Sporting	1928
CHOLÍN	Real Sociedad	1928
ANTERO	Alavés	1928
ROBUS	Arenas de Getxo	1928
LEGARRETA	Athletic	1928
TRIANA	Real Madrid	1929
URQUIZU	Real Madrid	1929
GARIZURRIETA	Athletic	1930
OLIVARES	Alavés	1930
SASTRE	Barcelona	1930
OBIOLS	Europa	1930
BATA	Athletic	1931
CASTILLO	Barcelona	1931
LARRINAGA	Racing	1933
AYESTARÁN	Real Sociedad	1933
VALLE	Real Madrid	1933
NOGUÉS	Barcelona	1934
PEDROL	Barcelona	1935
SOLADRERO	Oviedo	1935
BERTOLÍ	Valencia	1936
NANDO GARCÍA	Racing	1936

JUGADOR	CLUB	AÑO
VEGA	Celta	1936
ACUÑA	Deportivo	1941
JORGE	Espanyol	1941
TRÍAS	Espanyol	1941
VÁZQUEZ	Atlético de Madrid	1941
ECHEVARRÍA	Athletic	1941
PÉREZ	Hércules	1941
RAICH	Barcelona	1941
MACHÍN	Atlético de Madrid	1941
ARENCIBIA	Atlético de Madrid	1942
ARQUETA	Athletic	1942
BRAVO	Barcelona	1942
MILLÁN	Granada	1945
MOLEIRO	Real Madrid	1945
PEDRITO	Deportivo	1945
HUETE	Real Madrid	1946
JUGO	Oviedo	1946
BAÑÓN	Real Madrid	1947
LEZAMA	Athletic	1947
SANS	Barcelona	1947
ALDECOA	Athletic	1948
VIDAL	Atlético de Madrid	1948
ARTIGAS	Espanyol	1949
ONTORIA	Real Sociedad	1950
SOBRADO	Real Madrid	1951
MENCÍA	Atlético de Madrid	1951
COQUE	Valladolid	1952
FUERTES	Valencia	1952
MARTÍN	Barcelona	1952
JOSEÍTO	Real Madrid	1952
MANOLÍN	Athletic	1953
ARGILA	Oviedo	1954
LESMES I	Valladolid	1954
MANCHÓN	Barcelona	1954
MAÑÓ	Valencia	1955
MATITO	Valladolid	1955
VALERO	Sevilla	1957
HERRERA	Atlético de Madrid	1957
CANITO	Athletic	1957
MARSAL	Real Madrid	1958
CHUZO	Atlético de Madrid	1960

JUGADOR	CLUB	AÑO
HERRERA	Real Madrid	1960
ARETA II	Betis	1961
CASADO	Real Madrid	1961
MIERA	Real Madrid	1961
PIQUER	Valencia	1961
DOMÍNGUEZ	Levante	1963
MINGORANCE	Córdoba	1963
SERENA	Osasuna	1963
RÍOS	Betis	1964
ZABALLA	Barcelona	1964
NEME	Pontevedra	1965
JARA	Córdoba	1966
SANTAMARÍA	Zaragoza	1966
POLI	Valencia	1968
SANTOS	Zaragoza	1968
BALLESTER	Elche	1969
BARRACHINA	Valencia	1969
PUJOL	Barcelona	1969
RODILLA	Celta	1970
LICO	Valencia	1972
BECERRA	Atlético de Madrid	1973
CLARES	Castellón	1973
DEUSTO	Málaga	1973
DE FELIPE	Espanyol	1973
MARIANÍN	Oviedo	1973
OCHOA	Espanyol	1973
ROJO II	Athletic	1973
PLANAS II	Zaragoza	1974
TOURIÑO	Real Madrid	1974
MEGIDO	Sporting	1975
FORTES	Barcelona	1975
ALABANDA	Betis	1976
IDÍGORAS	Real Sociedad	1977
LÓPEZ	Betis	1977
MANZANEDO	Valencia	1977
LANCHAS	Espanyol	1978
ESCALZA	Athletic	1978
GARCÍA NAVAJAS	Real Madrid	1978
CANITO	Espanyol	1978
BOTUBOT	Valencia	1978
VERDUGO	Espanyol	1978
ARIAS	Valencia	1979

27.
CAMPEONES DEL MUNDO PUBLICITARIO

«El fútbol son dos *wines* bien abiertos y un *centroforward* que la mande a guardar. Y se acabó, querido. ¿Qué quieren inventar?»

Del *spot* «Somos todos argentinos»

Desde la distancia, resulta lógico que el personal argentino exprese su frustración ante los fracasos mundialistas de la selección capitaneada por el, con toda probabilidad, mejor jugador de la historia. Cada fallo de Messi supone que el altar maradoniano se eleve otros dos o tres escalones. Porque Diego Armando es campeón del mundo y Leo, no.

Mientras en los cafés de Recoleta se discute sobre si el fútbol argentino de la «era Messi» es superior al brasileño o al alemán, y en Twitter le echan la culpa de todo a un Cementerio de Canelones, quizá convenga adentrarnos en un aspecto en el que, a mi entender, los argentinos sí que son indiscutibles campeones del mundo: la publicidad futbolística.

Es una pena que en Cannes Lions, el festival internacional de publicidad más prestigioso, no exista una categoría sobre fútbol. Arrasarían. Sus piezas mundialistas nos ponen los pelos de punta mientras pensamos: «¿Algo así funcionaría en España?». Y no, creo que no. La marca «selección española» (me niego a escribir La Roja, invento de dudoso gusto) no soporta unas campañas tan emocionales. Por aquí somos mucho más fríos, salvo cuando ganamos algo. Entonces sí que el carro se nos queda pequeño.

Saber y empatar ha utilizado las más sofisticadas técnicas en el análisis del *big data* futbolero para generar un informe exclusivo sobre las claves de la superioridad de la comunicación publicitaria balompédica argentina. Tal vez sea por esto o, quizá, porque lo llevan inscrito en su ADN, en esa viveza criolla, esa maestría en el engaño, en el chamuyo, en la que llevan años luz de distancia al resto de los mortales. Pueden ver todas las campañas en la *playlist* de YouTube de *Saber y empatar*.

Capítulo escrito por PACH

1. SON FUTBOLISTAS

La mística de los grandes torneos está muy bien. Las marcas patrocinadoras tienden a aprovecharse de ella y nos inundan de piezas que rezuman grandes gestas alcanzadas y por alcanzar, goles decisivos, primeras calidades técnicas y esfuerzos inigualables que derrochan raza, pasión y sentimiento. Gradas enfervorizadas, desfiles victoriosos por las plazas públicas.

Pero, parafraseando a Tebas, existe la realidad publicitaria y la realidad real. En esta, mientras sueñas con saltar al césped y protagonizar la más bella historia futbolística jamás escrita, eres consciente de que juegas al fútbol 7 los sábados por la tarde en la liga de Villamanta. Y que la temporada pasada fuiste el mínimo goleador de tu equipo con un solitario tanto en propia meta.

Aquí también hay magia. Y los comerciales argentinos nos retratan como nadie. Movemos la cabeza afirmando en cada fotograma que nosotros también somos así, ejecutores de rabonas sin sentido, rematadores al aire, besadores de medalla ante pena máxima. En la campaña de CTI «Háganlo por todos los que no llegamos» se disfruta de un catálogo de ineptitudes futbolísticas que, a buen seguro, harían sacar una sonrisa a un Secretário que podría verse reflejado en cada *insight*. También son muy recomendables, en este sentido, «Hacha» y «Mago» de Gatorade. ¿Quién no ha jugado con ellos? Y, por supuesto, la trilogía «Médico», «Psicólogo» y «Maestro», que nos habla de nuestro lado oscuro como futbolistas y nos lleva de la mano a un cierre brillantísimo: «Gatorade. Para los futbolistas que trabajan de otra cosa». Sí, señor. Ese soy yo.

2. SON TRIBUNEROS

El tribunerismo verdadero no consiste en hacer aspavientos a tu hinchada desde el banquillo para que anime a tu equipo. O en besar con fingido fervor el escudo de la camiseta tras haber firmado un contrato de cuarenta millones de euros. Ni siquiera en declarar públicamente que «desde pequeño había soñado con jugar en este club», cuando sobrevuela la posibilidad de que conocieras la existencia del susodicho equipo ya pasados los veinte.

El tribunerismo bueno, el pata negra, se encuentra en anuncios como «Club Atlético Argentina», de TyC Sports para la Copa América 2019. Historias construidas para ganarse el fervor de la platea televisiva, el aplauso sensiblero, el retuit indiscutible. Magistral. «Un país en el mundo es como un barrio. Y nosotros somos un equipo de barrio. Habrá días en los que no van a querer saber más nada. Pero, créanme, a este club no lo van a querer cambiar por ningún otro en el mundo.» Cholo *approves*.

Es la magia del conectar con tu público haciéndole la pelota y que se note lo justo. O que al espectador no le importe que se note. Es colocar a Ruggeri en el centro del terreno de juego intentando convencer a todo un estadio de que continúe animando a la selección, pese a esa serie de catastróficas desdichas que le suceden últimamente. Un Cabezón transformado en educada hermanita de la caridad, que se enoja porque los memes le parecen «agresivos» y propone a los aficionados la firma de un contrato en modo salmo responsorial: «Señores, yo dejo todo. Me voy a ver a Argentina. Porque los jugadores me van a demostrar. Que salen a ganar. Que quieren salir campeón. Que lo llevan adentro. Como lo llevo yo». Todo esto pasa en

«Contrato», de Quilmes, promoción del Mundial 2018.

Y es que los argentinos son máquinas de alentar, lo que nos conduce a las puertas de un filón creativo excepcional. Puedes inventarte que son los jugadores los que animan a los honrados *laburantes* que salen del *subte* en hora punta, como Juampi Sorín, *Kily* González, el *Muñeco* Gallardo, el *Burrito* Ortega, Zanetti y Almeyda en «Aliento», de Quilmes, otro ejercicio excelso de tribunerismo. O tal vez, si cuentas con tanto talento, se te ocurra montar una academia de animación en Lesoto para asegurar que tu selección tenga el aliento que se merece en Sudáfrica 2010, como en «Lesoto», de Coca-Cola.

3. SON MAGOS DEL *JINGLE*

Qué capacidad para adaptar el cancionero a piezas publicitarias y conseguir que las tonadas comerciales se instalen en tu cabeza y no logren salir de ahí. Tengan cuidado: son adictivos.

«En esto estamos juntos», pieza de Coca-Cola para el Mundial 2006, utiliza la melodía de *We didn't start the fire*, de Billy Joel, para musicalizar un corto surrealista en el que los objetos y personajes más variopintos se unen alentando a la selección:

Tarotistas, celulares, *champignons*, bolas de fraile, alicates, esqueletos, postes de luz.

Camaritas, viejos punks, sushis, los tucanes,

las peras maduras, edificios, cuadros *kitsch*.

Calzoncillos, mimos, la Venus de Milo,

cataratas, microondas, pelados con onda.

En esto estamos juntos.

Aguante, Argentina, en la Copa del Mundo.

Lo adaptan todo, loco. En el *spot* «En tu cabeza hay un gol» de Quilmes se atreven a utilizar la canción principal de la película *Trainspotting* (titulada *Born Slippy Nuxx*, de Underworld) y les sale *rebién*. Un tremendo homenaje a los que vivimos obsesionados con el gol, aunque no seamos capaces de marcarle uno al arcoíris. Hasta a la cumbia le pegan y le toman prestado a Gilda su mítico «No me arrepiento de este amor» para componer la banda sonora de un anuncio del mismo nombre de Quilmes para el Mundial 2006.

Y con Maradona de locutor *en off*. O, simplemente, ponen el himno de su país tarareado por los hinchas y les queda un anuncio precioso como en «Himno» de Quilmes. ¿Se imaginan aquí a los fans patrios tarareando «chunda-chunda-tachunda-chunda-chunda-chunda-chunda-chun-tachunda-chunda-chun» capitaneados por Manolo *el del Bombo* en un anuncio de cerveza? Ya, yo tampoco.

4. SON EXPERTOS SOBRE LA NATURALEZA HUMANA

Saben dónde encontrar la verdad más profunda, esa que duele, la que te va destrozando poco a poco. Lo saben todo de nosotros, nuestros deseos, nuestras esperanzas, nuestros miedos más ocultos. Y nos enfrentan a una realidad casi imposible de asimilar.

La campaña «Conver S.O.S.» de TyC Sports

nos habla de ese fatídico día en el que te das cuenta de que tu hijo, ese ángel en el que depositaste todas tus esperanzas, se ha convertido en un traidor que reniega de lo más sagrado. Es seguidor de tu máximo rival. Además de un dramático vídeo de seis minutos de duración sobre los desafortunados padres que padecen esta endemoniada situación, esta acción cuenta con las piezas «El camaleón» e «Hijos de su madre» que nos advierten de las tentaciones y los peligros que se presentan ante las nuevas generaciones. Les reconozco que no lo supe detener. Pacheco Jr. es del Barça como su madre. Devastador.

Tienen tal dominio de los comportamientos del ser humano que son capaces de adelantarse varias décadas a las tendencias. En 1993, la campaña «Fútbol», de Canal 13, ya anticipaba el postureo instagramero que nos asola, mostrando a un jugador saliendo por el túnel de vestuarios luciendo una permanente perfectamente definida al grito de «No me pidan que cabecee, se lo anticipo desde ahora». Una profecía estilo *Los Simpson* del *affaire* Ben Arfa.[1]

Analizan como pocos las situaciones del entorno futbolero y combinan lo mejor y lo peor del ser humano en films publicitarios como «Representante», del diario *Olé*, en el que disfrutamos de los entresijos de la negociación de la venta de un jugador a un club de un país rico en petrodólares. Un retrato al óleo creativo de las triquiñuelas de los Jorge Mendes de la vida.

Nos conocen, ya lo creo que nos conocen. Saben que somos todos árbitros, somos todos goleadores y somos todos técnicos, como reza la letanía de «Somos todos argentinos» de los

cigarrillos (¡¿!) Jockey Club. Que no sufrimos el periodo, pero sí el promedio, como en la campaña de TyC Sports que muestra al mundo la agonía del sistema matemático que controla los descensos de categoría en el fútbol argentino. Y que el fútbol siempre gana por 3-0 a nuestra pareja como en «Carta», del mismo canal deportivo. Y, sí, somos así. Qué se le va a hacer.

5. DIOS ES ARGENTINO

Se habla mucho de que D10S es argentino. En las tertulias deportivas se debate sobre si es más dios el que ya tiene una Iglesia constituida en torno a su figura y que cuenta con sus diez mandamientos:

1. La pelota no se mancha, como dijo D10S en su homenaje.

2. Amar al fútbol sobre todas las cosas.

3. Declarar tu amor incondicional por Diego y el buen fútbol.

4. Defender la camiseta Argentina, respetando a la gente.

5. Difundir los milagros de Diego en todo el universo.

6. Honrar los templos donde predicó y sus mantos sagrados.

7. No proclamar a Diego en nombre de un único club.

8. Predicar los principios de la Iglesia maradoniana.

9. Llevar Diego como segundo nombre y ponérselo a tu hijo.

10. No ser cabeza de termo y que no se te escape la tortuga.

---

1. El 29 de enero de 2020 se presentó Ben Arfa como flamante refuerzo del Valladolid en el mercado de invierno. Tras dar los rutinarios toques de balón, los fotógrafos le pidieron que diera algunos con la cabeza, a lo que el jugador se negó por miedo a despeinarse.

¡ARGENTINA OTRA VEZ CAMPEONA DEL MUNDO!

(PUBLICITARIO)

Su padrenuestro:

Diego nuestro que estás en la tierra,

santificada sea tu zurda,

venga a nosotros tu magia,

háganse tus goles recordar,

así en la tierra como en el cielo.

Danos hoy una alegría en este día,

y perdona a aquellos periodistas

así como nosotros perdonamos

a la mafia napolitana.

No nos dejes manchar la pelota

y líbranos de Havelange.

Diego.

Su avemaría:

Dios te salve, pelota.

Llena eres de magia, el Diego es contigo.

Bendita tú eres entre todas las demás

y bendito es el Diego que no te deja manchar.

Santa redonda, madre del gol,

ruega por nosotros los jugadores

ahora y en la hora de nuestro encuentro...
Diego.

Y su credo:

Creo en Diego.

Futbolista todopoderoso,

creador de magia y de pasión.

Creo en Pelusa, nuestro D10s, nuestro Señor.

Que fue concebido por obra y gracia de Tota y don Diego.

Nació en Villa Fiorito,

padeció bajo el poder de Havelange,

fue crucificado, muerto y mal tratado.

Suspendido de las canchas.

Le cortaron las piernas.

Pero él volvió y resucitó su hechizo.

Estará dentro de nuestros corazones, por siempre y en la eternidad. Creo en el espíritu futbolero,

la santa Iglesia maradoniana,

el gol a los ingleses,

la zurda mágica,

la eterna gambeta endiablada,

y en un Diego eterno. Diego.

O ese joven acumulador de balones de oro que nos embelesa con sus gambetas a cuatrocientos kilómetros por hora y sus registros goleadores intergalácticos. Mientras se pelean unos y otros, *Saber y empatar* puede afirmar y afirma que el Dios futbolero es argentino, sí, pero es un publicitario. «Dios», de Quilmes.

28.
GUÍA DE DESAMBI-GUACIÓN

«Lamento la irreparable pérdida del luchador Nelson Mandela, uno de los más grandes actores que ha dado Hollywood, D. E. P.»

JAVI JIMÉNEZ, portero del Levante (confundiendo al mandatario sudafricano con Morgan Freeman)

Ya lo dijo Güiza parafraseando al filósofo Dinio: «La noche confunde a los futbolistas, eso sí que es verdad. A mí me confundía».*

El estado de confusión es consustancial al fútbol. Los jugadores se parecen mucho, se cortan el pelo en el mismo Ruphert (te necesito), visten igual y sus tatuajes son sospechosamente semejantes. Algunos, incluso, se llaman de la misma manera. Todo es un lío. *Saber y empatar*, en un proyecto de responsabilidad social corporativa sin precedentes en el mundo editorial, pretende ayudar a solventar la confusión denominativa existente y distinguir, de una vez por todas, aquellos jugadores que (mal) eligieron un mismo nombre. A desambiguar tocan.

* Agencia EFE, 29 de enero de 2007.

LOS LUIS GARCÍA

La combinación Luis + García no parece muy exótica. No debería sorprendernos que varios jugadores atiendan a esta denominación, pero el problema es que tres de ellos pasaron por el Atlético y dos coincidieron en la Liga al mismo tiempo, generando bastante lío. Sin contar con otro que tuvo el buen ojo de jugar con su segundo apellido: Tevenet. Intentaremos distinguirlos.

LUIS GARCÍA *GARCÍA*

Este defensa central/mediocentro fue el primero de los Luis García en vestir la camiseta rojiblanca en la temporada 88/89. Procedía del Mallorca, donde pasó a la historia.

Es el autor del gol del ascenso a Primera en Las Gaunas, y ya en Primera, se convierte en el primer jugador mallorquinista que debuta con la selección.[1]

Infelizmente, que diría Cristiano, se tuvo que retirar con veintiséis años debido a una grave lesión de rodilla.

LUIS *ALEJANDRO* GARCÍA *POSTIGO*

Este delantero centro internacional mexicano participó tres temporadas en nuestra Liga, dos en el Atlético (bien) y una en la Real Sociedad (regulero).

El momento *top* en su carrera se produjo al marcar dos goles a su propia selección en un amistoso Atlético-México. El partido se recuerda por una bonita tangana tras una entrada *finalizacarreras* de Ramírez Perales a Kosecki, en la que nuestro protagonista no entró porque «no podía pegarle a ninguno». Los puños volaron y el guardameta Jorge Campos, especialmente incisivo, fue expulsado (quizá porque se le veía más que a nadie).

Para la facción más *Sálvame deluxe* de *Saber y empatar*: este Luis García estuvo casado con Kate del Castillo, cuya relación con el *narco Chapo* Guzmán dio para serie de Netflix: *Cuando conocí al Chapo*.

LUIS *JAVIER* GARCÍA *SANZ*

Pocos jugadores son considerados héroes en Liverpool y en Calcuta. Este es uno de ellos. Su *prime time* futbolero coincidió con las gestas del «Spanish Liverpool» de Rafa Benítez, remontada épica en final de la Champions ante el Milan incluida. Y en su atardecer balompédico capitaneó al Atlético de Kolkata (la sucursal del Atlético en la Superliga india) hacia el primer título de liga.

El delantero badalonés fue un «culo de mal asiento». De la cantera *blaugrana* salió al Valladolid. Después, Toledo, Tenerife, Atlético (en dos etapas), Barcelona, Liverpool, Racing, Panathinaikos, Puebla, Pumas UNAM, Atlético de Kolkata y Central Coast Mariners, equipo australiano donde jugó tras permanecer un año retirado.

LUIS GARCÍA *FERNÁNDEZ*

Convertido en uno de los referentes espirituales del *espanyolismo*, la afición cuenta con él en los momentos de crisis: «El primer mandamiento del perico es no rendirse nunca; por historia, por dónde vive, por todo lo que ha sufrido y por todo lo que hemos pasado». A lo que ayudan, por supuesto, los planteamientos teóricos antivecino: «No entrenaría al Barcelona ni loco. Mi

---

1. Véase el capítulo «Una y no más».

gran sueño sería entrenar al Espanyol. Yo soy perico y no me iría en ninguna de las vidas que pudiera tener al Barça. El tema no es por dinero».[2]

La carrera de este Luis García (que no coincidió por meses con el anterior en la selección, lo que hubiera originado un bucle espacio-temporal ingobernable) comenzó en las canteras del Oviedo y del Real Madrid. Tras pasar por Murcia y Mallorca, recaló en el Espanyol, donde ganó la Copa del Rey 2005/06.

LUIS GARCÍA CONDE

Este espigado portero ocupó la meta del Getafe en la Copa del Rey 2006/07. Es decir, fue el que recibió en semifinales aquel gol en el que Messi calcó la jugada de Maradona a Inglaterra (5-2), y también el que formó en el partido de vuelta, el de la remontada increíble en el Coliseum Alfonso Pérez (4-0). Para la final, Bernd Schuster optó por mantenerle como titular en lugar del *Pato* Abbondanzieri, ganador del Zamora aquella misma temporada. Ganó el Sevilla (1-0).

En un triple tirabuzón de la desambiguación, les hacemos notar que ninguno de estos cinco Luis García es Luis García Plaza, el entrenador.

LOS ADAMA TRAORÉ

Los conocimientos de los autores de *Saber y empatar* son inabarcables, pero no nos alcanzan para saber si la denominación Adama Traoré es igual de popular en Mali que Luis García por aquí.

El caso es que no hay uno, sino dos Adama Traoré jugando simultáneamente en el Metz. Y ninguno de los dos es el nuestro.

2. Radio Marca. 18 de junio de 2019.

ADAMA NOSS TRAORÉ

Mediocentro del Mónaco, donde lleva cinco temporadas sin conseguir la regularidad necesaria y encadena cesión tras cesión. Parece que la competencia con otro de los Adama Traoré le ha revitalizado, aunque haya tenido que inventarse el apodo «Noss» para una correcta desambiguación. Como «Lass» en el Real Madrid, si recuerdan el caso de los Diarra simultáneos.

ADAMA TRAORÉ

Extremo izquierdo que aterrizó en el Metz en 2018, ya talludito, procedente del Mazembe congolés. Internacional con Mali, está por estrenarse en la Ligue 1. No parece que vaya a ser el mejor Adama Traoré.

ADAMA TRAORÉ DIARRA

Nuestro Adama nació en L'Hospitalet de Llobregat. Antes de convertirse en el conglomerado de músculos que luce actualmente, arrasaba por las bandas de la cantera del Barcelona cual Correcaminos huyendo del Coyote. Debutó con diecisiete años con el primer equipo, pero pronto fue traspasado al Aston Villa, para pasar al Middlesbrough y al Wolverhampton.

Podríamos considerarlo el primer seleccionado por causa de las redes sociales. El 6 de noviembre de 2019 apareció en Instagram sujetando una camiseta de Mali, el país de origen de sus padres. Instantáneamente, se activa el PROTOCOLO BOJAN en la Real Federación Española de Fútbol y, cuatro días después, Robert Moreno le convoca para sustituir a Rodrigo, lesionado. Pero Adama también andaba *tocado* (o eso alegó) y ni siquiera pasó por Las Rozas, con lo que continúa siendo seleccionable por Mali. Eso no se le ocurrió a Munir.

LOS JUANFRAN

Juan + Francisco = Juanfran. Rápido, fácil y memorable. Pero esta sencillez ha derivado en una proliferación de *juanfranes* que obstaculiza el correcto entendimiento de las plantillas patrias.

JUANFRAN *GARCÍA GARCÍA*

Suponemos que, en el juicio contra Juanfran por la adopción de este nombre deportivo, el jugador aportará como prueba exculpatoria que sus dos apellidos son García, el más común entre los españoles.[3]

Este Juanfran, lateral izquierdo de los de carril arriba y abajo, jugó dieciséis temporadas en Primera División. Internacional absoluto, fue convocado para el Mundial 2002, pero Al-Ghandour («Durante quince años me he preguntado por qué los españoles están cabreados conmigo»)[4] nos envió a casa antes de que pudiera debutar.

Juanfran pasó por Levante, Valencia, Celta, Ajax y Zaragoza, antes de volver al Ciutat de València para acabar su carrera con casi cuarenta años. Sin embargo, es posible que se le recuerde más por ser uno de los cabecillas del primer presunto amaño de partidos de la Liga que ha sido llevado a juicio. Juanfran y todos los demás jugadores resultaron absueltos.[5]

---

3. Según el INE de 2016, se apellidan García 1.473.189 españoles. Le siguen González (927.393) y Rodríguez (926.148).

4. *Los otros: enemigo Al Ghandour,* enero de 2019.

5. El Levante-Zaragoza (1-2) de mayo de 2011 con el que el equipo maño se salvó del descenso. La Fiscalía Anticorrupción solicita la repetición del juicio porque «el magistrado alcanza unas conclusiones fácticas incoherentes con los indicios que él mismo da por probados y que están apoyados en datos objetivos, informes, documentos bancarios y libros contables».

En *Saber y empatar* no somos Tebas y no estamos capacitados para distinguir entre la «verdad real» y la «verdad jurídica». Pero lo cierto es que el magistrado nos robó el corazón definiendo así nuestro deporte: «La naturaleza aleatoria del fútbol hace que resulte imprevisible y por ende difícilmente conciliable con las reglas de la estadística, de forma que no siempre gana el mejor equipo, ni el que mejor juega, ni el que conserva durante más tiempo la posesión del balón, ni el que más veces tira a la portería, concurriendo muchos factores y variables, incluida la suerte». Amén.

JUANFRAN *TORRES*

Rebautizado como «Juanfrán» por Simeone, el esforzado lateral es uno de los estandartes del periodo *cholista*. Extremo de la cantera madridista, reciclado a lateral por Gregorio Manzano, fue pieza clave en todos los equipos del «Cholo» hasta su salida: «Prefiero dejar el Atlético antes de que el Atlético me deje a mí. Yo soy rojiblanco, de sangre, para toda la vida, y no quería que algún día me dijeran: "Mira, no puedes continuar aquí"».

Juanfran también corrió la banda del Espanyol, donde consiguió una Copa del Rey, Osasuna y São Paulo, sorprendente destino de jubilación en estos tiempos.

JUANFRAN *MORENO*

También canterano madridista y también atacante diestro reciclado a lateral. Tras descender con el Betis, fue traspasado al Watford (pero no llegó a debutar) y cedido (tres años) al Deportivo. Se llegó a rumorear *manoletísticamente* su fichaje por el Barcelona, nada menos. Acabó en el Alanyaspor, donde se lesionó la rodilla de gravedad.

Menos mal que ahí estaba José Ramón de la Morena para darle ánimos: «Pero Alanyaspor es una ciudad preciosa, ¿no?».[6]

LOS SISSOKO

¿El Sissoko del Tottenham es el Sissoko del Valencia? No. Por si quieren saltarse este apartado.

MOHAMED *SISSOKO*

El del Valencia.

La pretemporada 2003/04 de Rafa Benítez no iba muy bien. García Pitarch, director deportivo del Valencia, no conseguía los refuerzos que necesitaba. «He pedido un sofá y me han traído una lámpara», comentó tras el fichaje de Canobbio. Quizá buscando un butacón, un puf o un reclinatorio, reparó en Momo Sissoko, un prometedor delantero centro que andaba por el filial.

Benítez acometió el reto de transformar una lámpara de araña en un escritorio Luis XV y adaptó a Momo al centro del campo. De ahí ya no se movió, y fue pieza importante en ese Valencia del doblete. Benítez, enamorado de aquel mueble que había pulido con sus propias manos, se lo llevó al Liverpool. Allí jugó algunos partidos en modo Kareem Abdul-Jabbar con unas gafas protectoras, debido a una patada en la cabeza que le propinó Beto, del Benfica, y que le afectó la retina.

Ya sin lentes, pasó por muchos equipos: Juventus, Paris Saint-Germain, Fiorentina, Levante, Shanghái Greenland, Pune City, Ternana, Mitra Kukar, San Luis, Kitchee y Sochaux.

6. *El transistor*, de Onda Cero, 29 de octubre de 2019.

MOUSSA *SISSOKO*

El del Tottenham.

Su momento cumbre tuvo lugar el 30 de noviembre de 2019 al anotar el gol de la victoria (3-2) ante el Bournemouth. Un Mourinho alborozado se unió a los cánticos de la grada entonando el «Oh Moussa Sissoko» sobre los acordes de *Seven Nations Army*, de The White Stripes. Que *The Special One* coree tu nombre debe de ser lo más, suponemos.

A diferencia de Momo, Moussa decidió jugar con Francia, pero no fue convocado para la selección campeona del mundo en Rusia 2018. Más *box-to-box* que su homónimo valenciano, pero menos «culo de mal asiento», su carrera le ha llevado también a Toulouse y a Newcastle.

ABDOUL *SISSOKO*

El hermano pequeño del jugador del Valencia.

Sissoko II no ha disfrutado de una carrera como la de su hermano, pero no le ha ido mal. Del Troyes pasa a la Factoría Pozzo. Casi sin jugar con el Udinese, le ceden al Brest, Hércules y Granada, como es norma de la casa. Una temporadita en Mallorca y la ruta futbolera habitual: Akhisarspor y Al Kuwait.

IBRAHIM *SISSOKO*

El que no es hermano, ni es el del Tottenham.

Extremo formado en la Académica de Coimbra, su llegada al Deportivo en 2013/14 hizo titular a *Marca* «El fichaje de Sissoko hará bailar a Fernando Vázquez una muñeira». Solo por esto mereció la pena la contratación.

LOS MARCELINOS

Aunque existieron otros Marcelinos históricos como Marcelino Martínez Cao (autor del gol con el que campeonamos en la Eurocopa de 1964)[7] o Marcelino Pérez Ayllón (lateral titular en Argentina 78), la gran confusión se produce al hablar de los Marcelinos que salieron de la cantera *sportinguista*. Desambigüemos, por si acaso.

MARCELINO *GARCÍA TORAL*

Marcelino destacó como centrocampista en el Sporting y fue convocado para el Mundial juvenil de 1985, en el que España fue subcampeona. Marcelino fue titular, junto con Rafa Paz, Nayim o Goikoetxea (el del gol a Alemania, no el de Maradona).

Solo jugó en Primera con el club de su tierra, y acabó su carrera muy pronto en el Elche, vía Racing y Levante. Su destino fue el banquillo, donde combina éxitos indiscutibles con salidas tarifando.

Su despido en el Valencia fue un lío, sí, pero nada comparado con el de Villarreal. Martín Presa, presidente del Rayo Vallecano y experto pisador de charcos, lo justificó con el elegante estilo que le caracteriza: «Roig no tiene ninguna culpa, al igual que un directivo de Lufthansa no la tiene de que se cuele un piloto loco en la empresa».[8] Martín Presa quizás ajustaba cuentas. El año anterior, el Rayo se había jugado el descenso en la última jornada y acusó a Marcelino de dejarse ganar contra el Sporting, que mantuvo la categoría.

MARCELINO *ELENA*

«Marcelino es el peor fichaje en la historia del Newcastle de lejos. Es el único jugador que ha sido abucheado al entrar al campo. Hay una completa falta de respeto hacia él como hombre y como futbolista.»[9] Parece que al editor de *True Faith* no le impresionaba demasiado su juego.

Costó diez millones de euros y solo jugó diecisiete partidos en tres temporadas. Claro que, para los aficionados del Mallorca, Marcelino es el Dr. Jekyll: central del histórico equipo de Cúper, marcó el primer gol en competiciones europeas. Y en un partido le mordió Dennis Wise, con el caché que da eso. Incluso debutó y se despidió con la selección.

Tras su retirada, Marcelino volvió a ser noticia por una estafa. En Mallorca se hizo amigo de «Fafi», una vecina que se hacía pasar por princesa egipcia. Decía ser sobrina de Mohamed Al-Fayed, el exdueño de Harrods y expropietario del Fulham. Fafi le ofreció participar en un negocio de compra de inmuebles y Marcelino invirtió 1,8 millones de euros. Pero esos chalés nunca aparecieron, a pesar de las convincentes excusas: «Cuando Marcelino y su mujer pedían ver esas viviendas recibían "excusas peregrinas", como que la modelo Claudia Schiffer o la hermana del rey habían alquilado los inmuebles y por eso no se podían visitar».[10] Fíate tú de las princesas egipcias.

---

7. Ver capítulo «Nacieron en una Eurocopa».

8. Andreas Lubitz, el copiloto del vuelo 9525 de Germanwings (una compañía de Lufthansa), estrelló voluntariamente el avión en los Alpes franceses. Murieron ciento cincuenta personas.

9. Declaraciones a *The Guardian* recogidas por Diego Torres en *El País*.

10. *El Comercio*, 6 de mayo de 2013. Fafi murió en febrero de 2014, sin haber llegado al juicio por la denuncia de Marcelino.

29.
LOS 4
FANTÁSTICOS

«Cuando lanzo el balón perfecto, es imposible defenderlo.»
RORY DELAP

Si se encuentra usted con el partido apurado, quizá pueda contratarlos. Estos cuatro hombres cuentan con unas habilidades sobrenaturales. Son capaces de decidir un partido de un saque de banda. De sortear al VAR por milímetros para no caer nunca en fuera de juego. De sacar de esquina utilizando el exterior de la bota para que el balón llegue exactamente adonde debe llegar. De salir casi sin calentar para remontar un encuentro con tu equipo en apuros.

Estos superfutbolistas no son los mejores en sus puestos, pero en lo suyo son insuperables. De otro planeta.

RORY DELAP

Este futbolista inglés, internacional con Irlanda, habría hecho las delicias de Benito Floro con su portentoso saque de banda. El hombre elástico era un arma a la medida del Stoke City, uno de los equipos con menos concesiones a la belleza de la última década. Cogía el balón y lo secaba con su camiseta antes de tomar carrerilla y mandarlo tan lejos como los límites humanos permiten.

JUAN SABAS

Dos décadas antes de que Zidane diera instrucciones a Lucas Vázquez en el minuto 70, este pequeño delantero ya revolucionaba partidos saliendo desde el banquillo. Su nombre es sinónimo de revulsivo. Con la camiseta del Rayo Vallecano, del Atlético de Madrid o del Albacete, Sabas ejercía de antorcha humana calentando los minutos finales. Y si no tenías cuidado, te acababas quemando.

FILIPPO INZAGHI

Es una pena que este delantero italiano se retirara en 2012, antes de la implantación del VAR, porque habría sido una buena pieza para calibrar el sistema, y un quebradero de cabeza para los arquitectos que tiran el punto de fuga en los *shows* televisivos. «Pippo», el hombre invisible, hizo carrera en línea con la defensa rival. Y qué carrera: dos Champions y un Mundial.

LAURIE CUNNINGHAM

Lanzador impenitente de córners con el exterior del pie derecho que aterrizaban en el área con la precisión de un misil tierra-aire, el eléctrico extremo inglés contaba en su currículum con dos hechos realmente fantásticos: salió aplaudido del Camp Nou vistiendo la camiseta madridista y consiguió que toda una generación de niños regateadores en el patio del cole fuera denominada «cani».

30.
LOS MEJORES JUGADORES QUE NUNCA VISTE JUGAR

«Desde que llegué me dicen que el mejor ya jugó en Rosario y es un tal Carlovich.»
DIEGO ARMANDO MARADONA (al fichar por Newell's Old Boys)

El colectivo de odiadores eternos del fútbol moderno quizá tenga razón en un asunto: la exagerada proliferación de retransmisiones de partidos, de programas resumen, de tertulias y de debates deja sin espacio a la imaginación. Cuando nos teníamos que conformar con un partido a la semana y un rato de moviola en *Estudio estadio*, era más lo que adivinábamos y lo que nos contaban en *Carrusel* o en el *Marca* que lo que podíamos estudiar con nuestros propios ojos.

Gran parte del imaginario de nuestros ídolos está compuesto de historias y recuerdos que se han ido transmitiendo por diversos medios. Tal vez si los hubiéramos disfrutado con la tecnología actual (que te da acceso a todo lo que está pasando hasta en el banquillo de un equipo de Tercera regional) ya no les consideraríamos tan maravillosos. O quizá lo serían más. Quién sabe.

Además, también existen grandes futbolistas a los que no vimos jugar por la sencilla razón de que, efectivamente, nunca jugaron. Detalle que complica de manera poderosa su visualización. Brillantes inventos tuiteros, fichajes que ficharon y se marcharon sin debutar, contrataciones sospechosas…, la épica del mejor jugador al que nunca viste jugar se construye por caminos enrevesados.

ROBIN FRIDAY

Hay que reconocerlo. Para el título de este capítulo nos hemos «inspirado» en la biografía de Robin Friday *The Greatest Footballer You Never Saw*, de Paul McGuigan (exbatería de Oasis) y Paolo Hewitt. Es un título magnífico porque ser *the greatest footballer* es siempre discutible. Pero si eres uno que *you never saw*, ahí se acaban todas las discusiones. Si no lo has visto jugar, si no hay imágenes, todo son recuerdos. Memorias que crecen o se diluyen. Leyendas que se transmiten de unos a otros aumentando un pequeño porcentaje en cada conversación. El mejor jugador de tu recuerdo es quien tú quieras que sea.

Para aquellos que le vieron jugar en los setenta, hay pocas dudas: es Robin Friday. Un jugador de los que merece la pena pagar la entrada solo por verle. Una estrella del rock vestida de futbolista, un George Best a lo bestia. Tremendo pelotero en el campo, extraordinario jugador fuera de él. Como nuestro Julio, era un truhan y era un señor, le gustaban las mujeres y le gustaba el vino. El problema es que no paraba aquí la cosa y no había sustancia a la que hiciera ascos.

El personaje lo tiene todo para convertirse en leyenda, pero la clave es que solo llegó a jugar una temporada en Segunda División, por lo que casi no existen imágenes suyas en acción. En realidad, su currículo presenta apenas tres temporadas en el Reading y una en el Cardiff, antes de retirarse a los veinticinco años y morir por sobredosis a los treinta y ocho.

Cuentan que, tras marcar un golazo con el Reading, el árbitro (que después fue internacional) declaró: «Es el mejor gol que he visto en mi vida, incluidos los de Pelé y Cruyff». Y que, tras otro tanto, se le ocurrió dar un beso en la boca al policía que estaba vigilando el córner: «El poli parecía solo y tenía pinta de estar cabreado, así que decidí animarle un poco». Otro día, de viaje con el equipo, pararon junto a un cementerio, robó un ángel de una tumba y lo acomodó junto al presidente, que se estaba echando una siesta en el autobús.

«Si te tranquilizas un par de años, podrías llegar a ser internacional por Inglaterra», le aconsejó su entrenador en el Reading. «Tengo la mitad de años que tú y ya he vivido dos veces tu vida», contestó Robin.

DUNCAN EDWARDS

No deja de ser una elucubración, pero hay quien dice que Inglaterra habría ganado el Mundial de Suecia 58, o al menos se lo habría puesto más difícil al joven Pelé, si el avión del Manchester United no se hubiera estrellado unos meses antes en Múnich, a la vuelta de un partido de la Copa de Europa en Belgrado. Ocho futbolistas perdieron la vida en aquel accidente, pero ninguno tan prometedor como Duncan Edwards, un centrocampista total capaz de jugar donde hiciera falta. «Es el jugador ante el que me he sentido más inferior», admitió la mayor leyenda del fútbol inglés, su compañero Bobby Charlton, que sobrevivió a la tragedia.

Se cuenta que Matt Busby, el mánager del United, y su mano derecha, Jimmy Murphy, cruzaron Inglaterra en una noche para ficharlo. Edwards era un gran seguidor del Wolverhampton Wanderers, que en ese momento no era un equipo cualquiera (pasó por el mejor de Europa durante años, cuando no existía aún un torneo que lo validara), pero le convencieron. «Todos los entrenadores sueñan con encontrarse con un genio en su carrera, uno —dijo Busby muchos años después—; yo fui afortunado y pude conocer a dos: George Best y Duncan Edwards.»

Debutó en el United con diecisiete años. A los dieciocho era ya internacional. Murió a los veintiuno, tras dos semanas enganchado a una máquina de diálisis en un hospital alemán. Un amigo suyo dijo al periodista Frank Taylor (otro de los supervivientes) que tal vez hubiera sido mejor así: «Los médicos me dijeron que, de haber sobrevivido, Duncan ya no hubiera podido jugar más al fútbol. Él no hubiese resistido eso».[1]

EL *TRINCHE* CARLOVICH

Búsqueda rápida en Google: «Trinche + leyenda» = 31.600 resultados.

Y ya estaría.

---

1. *The Day a Team Died*, Frank Taylor (Souvenir Press, 1983).

Tomás Enrique *el Trinche* Carlovich es una leyenda. La historia del antihéroe que pudo ser, pero no quiso. O no lo suficiente. Predestinado por su talento a jugar en River o en Boca. A capitanear a la selección en un Mundial. Mejor que Riquelme. Mejor que Messi. Mejor que Maradona. Cuatro partidos en Primera, una vida en el ascenso. Y un partido, un solo encuentro, de esos sobre los que se construyen los *blockbusters* de Hollywood. En el que se atisba lo que pudo ser y no fue.

Era un miércoles de abril de 1974. Cancha de Newell's Old Boys. La selección argentina está preparando el Mundial 74. El *sparring*, una selección de jugadores de Rosario, la mitad de Newell's y la otra mitad de Rosario Central. Carlovich rompe el empate como figura de Central Córdoba de Primera C. Va a jugar con Mario Killer (excelente nombre para un defensor, pasó por Sporting y Betis), con Carlos Aimar (el recordado entrenador que reventaba el pecho de los jugadores del Logroñés), con Zanabria, con Kempes.

Pero el bueno es él. Bailan a la selección y se ponen 3-0. Los internacionales les piden que aflojen. Zanabria alucina con Carlovich, un jugador de Tercera: «Recuerdo que jugaba como si estuviera en el patio de la casa. Sin ninguna presión. Hacía lo que se le venía a la cabeza y esa noche jugó un partido increíble. A su manera se hacía dueño de la mitad de la cancha. Después de ese partido, nunca más lo vi. Me pareció un *crack*».

Tan *crack* que hasta *Informe Robinson* fue a Rosario a conocer a la leyenda. Tan *crack* que, un día que fue expulsado, ambas hinchadas protestaron porque querían continuar viéndole jugar y el árbitro acabó rebobinando su decisión. Tan *crack* que son incontables los caños de ida y vuelta que cuentan que le vieron ejecutar en un palmo de terreno. Tan *crack* que solo existen unos minutos de vídeo en los que se le ve en acción, y pertenecen a la película *Se acabó el curro*.

«Estuve a punto de ir a Francia y al Cosmos. Los pases no se hicieron no sé por qué. Lo de Estados Unidos fue cuando yo jugaba en Mendoza. En el Cosmos estaba Pelé y me llegaron comentarios de que se había puesto celoso.»[2] Hay que ser trinchista. No queda otro remedio.

SAYALONGO

Antes de la llamada «sociedad de la información», el periodista se enfrentaba a la escasez; tenía que buscar noticias debajo de las piedras si era preciso. Ahora se enfrenta a la abundancia, a la saturación. Hay un veterano periodista que suele aconsejar con gracia a sus compañeros más jóvenes, cuando les ve horas y horas en la redacción, sentados frente al ordenador: «¡Niño, que la maquinita esa está para meter noticias, no para sacarlas!».

Internet, y de manera especial las redes sociales, se han convertido en el gran caladero de la mayoría de los medios. Los lectores lo saben y a veces les ponen a prueba, por decirlo finamente. Lo que hacen es putearlos, demostrar la ausencia de esas buenas prácticas que tanto pregonan. Son capaces de invertir en el empeño cantidades absurdas de tiempo, maldad e ingenio. Y muchas veces tienen éxito.

Hay muchos casos, pero nuestro favorito data del verano de 2011, cuando varios usuarios del foro de ACB.com se pusieron de acuerdo para «trolear» a quienes les pudieran estar leyendo. Se inventaron un futbolista africano cuya llegada a Málaga era inminente y al que bautizaron como Oghenne Sayalongo en honor a Sayalonga, una pequeña localidad de la provincia. Así comentaron en el foro la presunta noticia:

Runtledge: El Málaga acaba de birlar al Arsenal a Oghenne Sayalongo, mediocentro

2. *Trinche: un viaje por la leyenda del genio secreto del fútbol de la mano de Tomás Carlovich*, de Alejandro Caravario (Planeta, 2019).

malí de dieciséis años, perla de la cantera del Rennes.

Máximo Décimo: Fichajazo.

Kurrambisflyincircus: Creo que se escribe Saya´longo, y también le había echado el ojo el Barcelona...

Hasta crearon una cuenta de Twitter (falsa, naturalmente) del jugador en la que lanzaba un guiño al Málaga:

OghenneS25: *Malaga..., le soleil..., la plage... Shhhh je ne peux pas en dire plus!* («Málaga..., el sol..., la playa..., *shhhh* no puedo decir más».)

Al día siguiente, el diario *As* publicó un breve titulado: «Sayalongo, fichaje joven». El texto decía así: «El Málaga se ha adelantado al mismísimo Arsenal en el fichaje de Oghenne Sayalongo, un mediocentro malí de dieciséis años procedente del Rennes francés. Se trata de una perla con enorme futuro».

MAGALLANES EN EL SANS CLUB

Recordar a Federico Magallanes resulta ya de por sí complicado. En 1998, este delantero uruguayo fichó por el Real Madrid, pero no llegó a debutar. Luego jugó diecisiete partidos con el Racing de Santander y marcó un gol. Es posible que alguien le recuerde de su paso por Sevilla, Eibar, Mérida... Pero nadie, absolutamente nadie, lo hará por su etapa en el modesto Sans Club francés.

En 2006, el blog *Notas de Fútbol* publicó un breve perfil wikipédico de este buen hombre titulado «El malfario [sic] de Magallanes». El título ya prometía, y el texto no decepcionó. En el repaso a la trayectoria del jugador, experto

en descender equipos, se nos decía que tras salir del Sevilla había pasado una temporada en «el modesto Sans Club francés».

El bloguero, sin duda, consultó la ficha de Magallanes en alguna web francesa. Y ahí donde cualquiera podía leer «sans club» («sin club», en francés), él leyó Sans Club.

La leyenda no había hecho sino comenzar. Tras *Notas de Fútbol*, otros blogs y foros replicaron aquella mágica campaña de Magallanes. Algunos incluso situaron al equipo en la Ligue 2 (lógico, era «el modesto Sans Club francés»). Tras el resbalón del *amateurismo* web, el periodismo convencional fue detrás de cabeza. Las revistas *Fútbol Life* y *Don Balón* también reservaron un hueco en su sagrado papel al gafe de Magallanes, alusión incluida al Sans Club; un club «modesto», sí, pero con una repercusión mediática que ya quisieran otros.

AYALA EN EL VILLARREAL

En 2007, el Villarreal anunció el fichaje de Roberto Fabián Ayala, ídolo en el Valencia bicampeón de Liga de Rafa Benítez (2002 y 2004). El central argentino acababa contrato y firmó por tres años con una cláusula de rescisión de seis millones..., que ejecutó dos semanas más tarde para irse al Real Zaragoza. «Se están dando pasos firmes, la apuesta [del Zaragoza] es grande —se justificó—; espero que consigamos, como mínimo, repetir competición europea la próxima temporada y, si puede ser, mejorar.» Con una pequeña parte de lo ingresado por Ayala, el Villarreal fichó aquel verano a Diego Godín y fue subcampeón de Liga. El Zaragoza descendió.

DEMICHELIS Y JONNY EN EL ATLÉTICO

Si vieron jugar a Martín Demichelis con el Atlético de Madrid, a la fuerza tuvo que ser en verano. Lo fichó a coste cero (acababa contrato con el Málaga) en julio de 2013 y se lo endosó por cinco millones al Manchester City a finales de agosto. El Atleti acabó ganando la Liga aquella temporada. El City también.

Cinco años después, el Atlético pagó siete millones al Celta por Jonny Otto, al que cedió de inmediato al Wolverhampton Wanderers. Se suponía que era un proyecto de futuro (firmó por seis años), pero a los seis meses los Wolves se lo quedaron por diecisiete millones. Normal. ¿Quién no querría tener a su lado a un tipo llamado Jonny Otto?

WILTORD EN EL DEPORTIVO

Sin ser una gran estrella, Sylvain Wiltord fue un jugador muy notable en la primera década del siglo: ganó dos ligas con el Arsenal de «los invencibles» y hasta dio una Eurocopa a Francia con un gol de oro en el año 2000. Augusto César Lendoiro, que en los años noventa fichaba sin medida (aquellas plantillas del Deportivo parecían de fútbol americano), lo ató muy joven, en 1996, y lo dejó un año cedido en su equipo de origen, el Rennes. El Girondins de Burdeos le ofreció un contrato mucho mayor y a Wiltord ya lo de ir a La Coruña dejó de apetecerle. Lo hizo, eso sí, para presentar junto a Lendoiro la nueva camiseta, que nunca llegó a vestir. Ni en un amistoso. Ni en un entrenamiento. Lendoiro se lo vendió al Girondins por cuatrocientos millones de pesetas (le había costado trescientos) y un porcentaje sobre un futuro traspaso: cayeron novecientos millones más por su venta al Arsenal, tres años después. Todos contentos. Y el que más, Wiltord: «Menos mal que se arregló todo; antes que jugar en el Deportivo, habría preferido retirarme».

LOS JUVENILES TODOPODEROSOS DEL *PC FÚTBOL*

Podríamos apostar, y seguramente no perderíamos, que un buen número de los lectores de *Saber y empatar* han oído hablar del *PC Fútbol*. Y quien dice oír hablar dice renunciar a gran parte de su vida social para invertir horas y horas en un videojuego tan adictivo[3] como algunas sustancias prohibidas. Y, sin embargo, cualquiera podía adquirirlo en el kiosco por tres mil pesetas, como quien compraba *Don Mickey*, *El Caso* o *Garibolo*.

La versión 5.0 de *PC Fútbol* vio la luz mediada ya la temporada 1996/97 e incorporó numerosas novedades (no las llamaremos «mejoras» porque lo mejor, por definición, no puede mejorarse). Una de ellas era la cantera. Aparte de fichar

---

3. Para los más nostálgicos del juego, recomendamos la lectura de *Promanager. PC Fútbol, droga en el kiosco*, de Jaume Esteve.

a Cafú y Ronaldo (el bueno) para el Moscardó, cuyo estadio Román Valero habíamos ampliado ya hasta las ciento veinte mil localidades, se nos daba la opción de formar juveniles. Así, llegaban a tu club tiernos valores que, con un poco de paciencia (tampoco demasiada), alcanzaban una media estratosférica que dejaba en el banquillo a Cafú, a Ronaldo (el bueno) y a todo el que se les pusiera delante.

Las promesas tenían nombres aparentemente *random*, como Usandi o Araguás, que parecían generados por el juego. Sin embargo, correspondían a jugadores reales. Se puede decir que el responsable de que estos jóvenes alcanzaran un tipo de fama nunca visto (ser famoso por un videojuego) fue el seleccionador sub-16 de la época, Juan Santisteban. Los desarrolladores de *PC Fútbol* tomaron como base su convocatoria para el Europeo sub-16 de Bélgica y el Mundial sub-17 de Ecuador, ambos celebrados en 1995.[4]

Gonzalo Colsa, que jugó aquellos dos torneos, hizo una larga carrera en Primera División (Racing, Atlético de Madrid, Mallorca...). En edi-

ciones posteriores, los desarrolladores afinaron más incluyendo a **Gabri** o **David Albelda**, pero en general puede decirse que los muchachos no respondieron a las expectativas que el juego (y, por tanto, miles de *pcfutboladictos* en toda España) había depositado en ellos. Hemos seguido la pista a algunos de los que aparecían en aquella primera remesa 5.0.

JON USANDIZAGA *USANDI*

Beasain (1998-2001).

También conocido como Usandizaga, fue convocado para los dos torneos por Santisteban cuando era juvenil de la Real Sociedad, a cuyo primer equipo no llegó. Militó durante tres temporadas (79 partidos, 5 goles) en el Beasain, de Segunda B. En las elecciones municipales de 2007 fue el número siete (y no «el 7 de España», precisamente) en la lista de Eusko Abertzale Ekintza-Acción Nacionalista Vasca al Ayuntamiento de Tolosa (Guipúzcoa). No alcanzó el escaño. Meses después, el Tribunal Supremo ilegalizó el partido por su vinculación con ETA.

JOAQUÍN MOSO

Real Zaragoza (1994-2001), Gimnàstic de Tarragona (2001/02), Eibar (2002/03), Albacete (2003/04), Pontevedra (2004/05), Hércules (2005/06), Osasuna B (2006/07), Linares (2008/09), Sporting Mahonés (2009-11), Sariñena (2013/14).

Aunque fue subiendo escalones en todas las categorías inferiores de la selección, incluida la sub-21, el salto a la élite se le resistió. Pasó siete años en el Real Zaragoza, el equipo de su ciudad,

---

4. Y con distinta suerte: España fue subcampeona de Europa al perder la final contra Portugal y no superó la fase de grupos del Mundial.

pero solo formó parte de la primera plantilla durante la temporada 1999/2000 y no llegó a debutar. Había tenido un prometedor comienzo, como portero de urgencia del filial con solo dieciséis años. A los veintitrés comenzó a buscarse la vida en equipos de Segunda División y vivió dos descensos, con Nàstic y Pontevedra. Durante su temporada en Tarragona le tocó medirse en la Copa del Rey al Real Madrid y dejó su portería a cero en el partido de ida (1-0). Algo poco meritorio, ya que el Madrid (plagado de suplentes desganados, empeñados en alimentar el histórico desdén blanco hacia la Copa) no tiró a puerta, para enfado de Tomás Roncero: «¿Cómo para Moso?», se preguntaba al día siguiente de forma retórica en su columna. A su proximidad fonética, Moso y Messi sumaron en aquel momento su capacidad para sacar de quicio al opinador estrella del *As*.

LEO BERMEJO

Real Madrid (1999-2001), Onda (2001/02), Villarreal (2001/02), Jaén (2002-04), Wisla Cracovia (2003/04), Calasparra (2003/04), Pájara-Playas (2004/05), Alcoyano (2004/05), Huesca (2005/06), Puertollano (2006/07), Sant Andreu (2007/08), Lorca Deportiva (2008/09), Sangonera (2009/10).

El Real Madrid se hizo con este lateral izquierdo badalonés que despuntaba en la cantera del Espanyol. Ya era un fijo en las categorías inferiores de la selección, desde el mencionado Mundial sub-17 de Ecuador. Una lesión le dejó a última hora fuera del equipo que ganó el Mundial sub-20 de Nigeria 1999. Con Roberto Carlos sancionado, llegó a ser convocado por Vicente del Bosque para un partido de Champions League 2000/01 en Moscú, contra el Spartak. Pero las lesiones volvieron a aparecer. Y lo macha-

caron: dos operaciones en el mismo hombro, dos tríadas y varios destrozos más en las dos rodillas.

DIEGO ZANGIROLAMI

Caerano (1996/97), Santa Lucia (1997-99), Pordenone (1999/2000), Bellunoponte (2000/01), Portogruaro (2001/02), Città di Jesolo (2002/03), Conegliano (2003/04), Pergocrema (2004-08), Pizzighettone (2008/09).

A diferencia del marsupilami, el animal ficticio creado por André Franquin para las historietas de Spirou y Fantasio, Zangirolami existió. Jugó durante más de una década en equipos de las series C2 y D (equivalentes a la Segunda B y a la Tercera españolas, más o menos). Otra cosa es que deviniera en sucesor natural de Franco Baresi, como su media en el juego parecía indicar.

ANTONIO ARAGUÁS

Aunque nosotros recordamos a Araguás, él hizo carrera con otro nombre: Toné. Nacido en Barcelona, creció en La Fueva y pronto fichó por el equipo de la provincia, el Huesca. Allí lo descubrió el Deportivo, que en aquellos años ya peleaba la Liga con los grandes. Toné fue al Mundial juvenil. Ganó contra el Real Madrid la Copa de Campeones de División de Honor Juvenil 1995/96 y le ofrecieron una plaza en el Fabril, el filial deportivista, pero echaba de menos a su familia[5] y decidió volver a Aragón. Jugó hasta 2011 en la U. D. La Fueva, de regional, con la que logró un ascenso a Tercera.

---

5. *Heraldo*, 4 de abril de 2011.

JORDI FERRÓN

F. C. Barcelona (1995-1999), Rayo Vallecano (1999/2000 y 2001/02), Real Zaragoza (2000-02 y 2003-05), Albacete (2004-08), Badalona (2008-14).

Quizá no era un lateral-centrocampista de banda derecha tan espectacular como Dinamic Multimedia había programado, pero Ferrón puede presumir de ser bicampeón de la Copa del Rey (2001 y 2004) y subcampeón olímpico en Sídney 2000. Formado en La Masia, no le dieron bola ni Cruyff ni Robson ni Van Gaal. Debutó en primera con el Rayo Vallecano. Fue coordinador de deportes del Ayuntamiento de Badalona y, A DÍA DE HOY, en el momento de enviar este libro a imprenta, es entrenador del equipo femenino del Espanyol.

DANI MALLO

Deportivo de La Coruña (1996-2003 y 2004-06), Elche (2003/04), Sporting de Braga (2006-08), Falkirk (2008/09), Girona (2009-13), Lugo (2013-15), Albacete (2015/16), Atlético de Calcuta (2016/17), L'Hospitalet (2016/17).

Junto a Moso, Dani Mallo fue otro de los grandes porteros del juego. Tras media vida en las categorías inferiores del Deportivo de La Coruña, parecía llamado a ocupar la portería local en Riazor, pero solo jugó siete partidos, la mayoría en la Copa. No era fácil abrirse paso en aquellos años con Molina como titular e internacionales en la plantilla como Munúa y Juanmi (sí, el del club de «Una y no más»). Hasta regresó Songo'o como tercer portero. Dani Mallo emprendió tres aventuras en el extranjero y de la última volvió con el título de la Superliga india.

IVANO MONTANARO

Casarano (1996/97 y 1998/99), Nola (1997/98), Castrovillari (1999/2000), AC Martina (2000-02), Siderno (2000/01), Grottaglie (2002/03), Vigor Lamezia (2003/04), ASD Francavilla (2005-07), Massafra (2007-09), Sogliano (2008/09), Tricase (2009/10), Novoli (2010/11), Fragagnano (2011/12).

Como su paisano Zangirolami, este delantero de melenita rubia cuyo trasunto cibernético amenazaba con comerse el Calcio jamás cruzó al otro lado de la pantalla. Formado en las categorías del Torino e internacional sub-18, hizo carrera en el infrafútbol italiano hasta los treinta y cinco años. Hoy se mantiene en activo en los ordenadores personales de miles de nostálgicos que regatean a los modernos sistemas operativos para seguir echando su partidita de *PC Fútbol*. Montanaro podrá presumir de ello y, por supuesto, de contar con su propio epígrafe en esta obra. Ya no podrán decirle que no ha empatado con nadie.

EMPATAR

Por ANTONIO PACHECO

Empatar no tiene buena prensa. Es lógico. Imaginen a Luis Aragonés proclamando: «Y empatar y empatar y empatar y volver a empatar y empatar y empatar… ¿Queréis que me tire media hora? Eso es el fútbol». No, no podría ser: el fútbol no va de eso. Es lamentable, pero va de ganar a toda costa. Por lo civil o por lo criminal. De penalti injusto en el último minuto, VAR mediante. Ganar siempre es *trending topic*. Empatar está infravalorado.

Recordemos por un instante aquellas situaciones de nuestra vida en las que dimos por bueno el empate. Ese momento en el que la chica de nuestros sueños (que no nos hacía ni caso) nos saludó con un «¡Hola, Fulano!» en el pasillo del cole, cuando pensábamos que desconocía nuestro nombre. Aquella revisión de examen en la facultad en la que asistimos al milagro de la transformación de un 4 en un 5. El día que fuimos a una entrevista de trabajo y volvimos con la felicidad de haber firmado nuestro primer contrato, casi sin pensar en el exiguo sueldo. La mañana en la que nos llamaron del colegio de nuestro hijo porque se había dado «un golpe tremendo en el recreo» y nos encontramos con el proverbial chichón y poco más.

Empatar mola.

Empatas, como mucho, cuando discutes sobre si el Madrid de la Quinta del Buitre era mejor que el Madrid *zidanero* de las Champions consecutivas. Si el «*Very emotional*, ¿no?» de Tévez es superior al «*Morry christmas*» de Ramos, o viceversa. Si la defensa de tres, en realidad, es una defensa de cinco con postureo. Si Riqui Puig es el nuevo Iniesta o el nuevo Lucendo. Si interesa más el *tiki taka* o el «¡Sabino, a mí el pelotón, que los arrollo!». Si Simeone es un Maguregui sofisticado. Si Nayim vio adelantado a Seaman o tiró un voleón a ver qué pasaba. Si Benito atizaba más que Pablo Alfaro o que Godín. Si el «Extra de Liga» de *Don Balón* tenía más *glamour* que la «Guía Marca». Si el Mané del Cádiz es el Mané bueno, y no el del Liverpool. Si volveremos a ser, alguna vez, campeones del mundo.

La belleza del conocimiento enciclopédico sobre fútbol descansa en las infinitas vertientes que ofrece. Tú puedes asegurar que sabes de fútbol porque recuerdas, como es mi caso, que el nombre real de Bio (un delantero centro brasileño que pasó sin pena ni gloria por el Barcelona) es William Silvio Modesto Verissimo. Este saber te sitúa por un microsegundo, o eso crees, en un pedestal de superioridad sobre la mayoría de los mortales, hasta que te baja de un plumazo un comentario desdeñoso de tu compañero de tertulia: «Sí, metió catorce goles con el Terrassa en segunda en la 1977/78». Puedes jugar la carta de saber que nació en 1953, pero barruntas que solo puedes aspirar al empate. Y lo das por bueno.

Pero, a veces, sales a jugar el partido del saber futbolístico consciente de que estás derrotado de antemano. Ni siquiera aspiras al empate. Me pasa con Miguel, mi compañero en la dupla atacante (o en el doble pivote, dependiendo del capítulo) que ha perpetrado este libro. En los uno contra uno de conocimientos irrelevantes que hemos dilucidado durante la redacción de este vademécum del absurdo futbolístico, ha quedado claro que Gutiérrez es el «saber» y Pacheco, en el mejor de los casos, es el «empatar». Qué lujazo jugar este partido con alguien así, oiga. Qué manera de jugar al saber de fútbol, qué técnica depurada, qué contragolpes tan bien llevados. Qué envidia. Un *fuoriclasse*.

Saber y saber y saber para (en el mejor de los casos) empatar, empatar y volver a empatar... Eso sí es el fútbol.

AGRADECIMIENTOS

DE LOS AUTORES:

A Lawerta, un genio capaz de transformar los melones que le lanzamos en una jugada de gol.

A Carlos Marañón, idolísimo, por regalarnos su amistad y ahora también un maravilloso prólogo.

A Carlos Ramos, por leer aquel tuit. A Manuel Montero, Nacho Ballesteros y el resto de profesionales de Editorial Córner.

A los amigos/sabios que de forma tan amable nos han ayudado a confeccionar la lista de «Los 40 lamentables»: Diego Basadre, Nacho Palencia, Dani Meroño, Lartaun de Azumendi, Rafa Lamet, Enrique Marín, Javier Mercadal, J. M. Román, Lucía Taboada, Jota de la Fuente, Ángel García Muñiz, Rodrigo Fáez, Alejandro Pacheco, Ravi Ramineni, José Mendoza, Domingo Amado, Fernando Sebastián, Álvaro Canibe, Antonio González, Chimo Baeza, Neus Pachón, Héctor Fernández, Juanjo Ramos, Miquel Moro, Alejandro Oliva, Roberto Pescador, Toni Padilla, Abraham Guerrero, Lolo Ortega, Manuel Martín, César Hurtado, David Navarro y Juan Cruz. Este libro también es vuestro.

DE MIGUEL:

A Antonio Agredano, Enrique Ballester, Borja Barba, Sergio Cortina, Ramón Flores, Pol Gustems y Galder Reguera. El mejor equipo en el que he jugado.

A la banda del Astur: Rodrigo Alonso, Julián Ávila, Rubén Benchaya, Germán Burrull, Iñaki y Dani Cano, Fernando Carrión, Raúl García, Roberto Hernández, Fernando Puente y David Sánchez de Castro. Los VIP, ya sabéis, pueden llegar un poco más tarde.

A María Carbajo, Antonio García, Antonio Gil, Javier Jiménez Vaquerizo, Iñigo Marín, David de la Peña, Daniel Senovilla y Jorge Solana, por compartir tantas horas de redacción. Ojalá nos reencontremos algún día.

A Elías Israel, por confiar en mí de forma casi kamikaze. A Miguel Ángel Uriondo, amigo antes que jefe.

A Javier Ares y Alexis Martín-Tamayo, por la radio. A Sergio F. Núñez, Pablo Juanarena y Andrés Rodríguez, por el #Nodcast. A Borja González, por hacer posible que @lalibreta volviera a escribir.

A Antonio Toca, Nacho Gómez Hermosura y José Manuel Tallada, por muchas cenas más.

A Juan Carlos Álvarez, Fernando Carreño, David Mosquera y Carlos García, por su pequeña pero importante ayuda en la preparación de este libro.

A Alfonso Toba e Irene Martínez, por abrirme siempre la puerta de su casa.

Y por supuesto a Pach, el alma de *Saber y empatar*, por convencerme de volver a publicar siete años después. Tampoco me resistí mucho, la verdad. Solo por nuestras conversaciones ya ha merecido la pena.

DE PACH:

A Álex, que en el fútbol siempre sufrió el síndrome del hermano pequeño, cuando es el más grande. A Julio, que me llevaba a jugar a cualquier campo, a cualquier pueblo, a cualquier hora. A Encarna, que solo fue un día a verme jugar, pero me clavó: «Has estado todo el rato corriendo para arriba y para abajo, sin ningún provecho».

A los Ávila: Nico, César y Eloy, mis hermanos en esto de jugar al balompié. A Nuria, que aguantó mis entrenamientos a deshora y mis partidos en tres ligas. A Marcos Vuelta, cabeceador imparable. A Roberto Solozábal, por el libro que no fue. A José Antonio Sánchez, el mejor con el que jugué. A Angie, la única fan futbolera que tuve. A Quiquegol, el rey del gol. A Chiqui Palomares, futuro delantero centro del Madrid. A Jesús Sáinz, profesor extraordinario y pelotero excepcional. A Ángel Zazo, que me hizo del mejor equipo posible.

A los de Los Lunes de Carlovich: Carlos Ranedo, Carlos Marañón y Alejandro Oliva, por compartir la pasión en la búsqueda del absurdo futbolístico.

Al *Dream Team* del Pitaco: García Flores; Larraza, Fermoso, Román, De la Osa; Gutiérrez, López, Pacheco, Ranedo; Ocaña y Marañón.

A Paco Olmedo, César Barba y al CD Brillouin, paradigma de la defensa zonal.

Al Regateando Followers.

A Piti Hurtado, hermano, contigo empezó todo.

A Emilio Butragueño, que me soltó: «Tú debes de ser muy madridista», mientras leía un texto que escribí para el *welcome pack* de jugadores del Madrid. La cima de mi carrera profesional con el mejor jugador de todos los tiempos.

A todos los que les entregué el balón en malas condiciones.

Y a Miguel, por ser un guía inmejorable en el camino hacia el empate. Sea cual sea el resultado de este partido, lo mejor es que he ganado un amigo.

Este libro es fruto de intensas conversaciones futboleras mantenidas durante la segunda mitad de 2019 en el nuevo Café Gijón (también conocido como Vips de La Vaguada). Fue corregido durante el estado de alarma decretado en la primavera de 2020 e impreso varios meses después en los talleres de Egedsa.

Entre lo uno y lo otro, el Real Madrid ganó la Liga, el Sevilla la Europa League y el Bayern la Champions tras meterle ocho al Barça. Messi trató de irse pero se quedó. El Espanyol bajó a Segunda para disgusto de nuestro estimado prologuista, Ronaldinho pasó unos meses en prisión y la revista *Panenka* se nos adelantó publicando en su número de junio un cuadro muy similar al que llevamos en la página 217.

En estos meses hemos lamentado las pérdidas de Ico Aguilar, Radomir Antić, Goyo Benito y Biri Biri («Señor Benito, no me pegue usted más»), José Luis Capón, Norman Hunter, Joaquín Peiró, Michael Robinson, Lorenzo Sanz y el Trinche Carlovich —quizá el único personaje que no habías identificado en la cubierta de *Saber y empatar*—. Nuestro recuerdo para todos ellos.